禪宗美學

編輯室導讀

「此情可待成追憶，只是當時已惘然」，李商隱的這兩句話不知讓多少人為之黯然，為之心惻，讓人覺得「好美」；元好問的「問世間情為何物，直叫人生死相許」，也讓多少曾經情海浮沈的男女覺得心有戚戚焉，覺得這種「一語道破心中情」的感覺，真的「好美」；蔣捷的「悲歡離合總無情，一任階前點滴到天明」，一種莫名的感傷湧上心頭之際，浮出的也是一種蕭瑟淒涼，卻又「好美」的感覺；為什麼，短短幾個字的排列組合，描述出不同的景況或心境，卻會讓人在不同時候讀來，會升起「好美」的感覺？或者，我們可以更明確的問，什麼是「美」？

落英繽紛、楓紅片片是美；海天一色，蒼穹難盡是美；清麗脫俗，脈脈含情也是另一種美。所以，美的出現，不在形象之上，不在事物之上，而在感受者的心情上；在感受者的念頭上；在感受者與被感受事物的交融中。如果，你可以認知到，美不是先天的、不是一成不變的，它是因人、因地、因事而變化產生的，不同時候，不同形式的美可以由相同或不同的人感受到，那麼這本《禪宗美學》中所描述的想法與境界，即將帶領你進入一個心靈美學的領域。而且也可以讓人驀然發現，原來在生活裡，我們無時無刻不生活在一個充滿禪宗美學的範疇世界裡，只是隨著每個人生活與心性的不同，所貼近和體悟的境界也不一樣。

這本《禪宗美學》，主要是環繞著「心」與「物」這一思路而開展的，用佛家的語言，就是「心法」與「色法」之間的對應與作用關係。書中也很明白的點出，中國的美學，主要是受三派的影響，以儒家的角度來看是倫理型的；從道家的角度來看是純審美型的；從佛家的角度來看是現象學型的。這種觀點不僅是區分出三派的不同點，也同時指出了佛家美學思想上所強調的心/物相合的觀念，類似西方現象學上的主體與客體相互辯證所產生「互為主體」的作用概念。佛教所強調的美學，基本上不是以物質或是一成不變的實存物體作為表述的對象，而是強調精神領域與物質領域的結合作用。由於佛家強調的如何讓人可以超脫塵世的羈絆而得到解脫，所以，對人類精神世界的關注必然超過對世俗物質的重視。也因此，對現象作用的重視必然超過對本體/本質物質的關切。正如從「見山是山」轉變成「見山不是山」再向「見山（依舊）是山」過渡，山水何曾有變，變的只是人的心與物之間的感應。

而這種感應轉化成眼前所見之物、心裡所思之事和腦中所藏之智，成為人對一切萬事萬物的認知，通過這種認知，人產生種種感官上的作用，並且依照這種感官作用來升起種種情感或習性，美的感覺，也是如此。

作者在書中開宗明義的揭示，中國美學歷經兩次大的突破，第一次是莊子的美學革命，第二次是玄學到禪的美學突破。其中第二次突破又分成兩波，第一波為玄學美學，第二波為禪宗美學，兩波的特點大體可以概述為從「無」向「空」的延伸與轉換。這說明作者是由時空環境的變化來看待美學的變化與發展。由莊子向禪宗過渡的美學，代表與包含的不只是單純的審美觀的不同，更是哲學角色時代意義的不同。作者認為研究中國的美學必須把握一個重要的規律/原則，即它是屬於「哲學美學」而不是「文藝美學」，這種美學的特點是具有自然主義傾向和人格化特質，也所以審美的經驗是走在藝術的經驗之前的，當人「遺忘」對許多世俗議題的關注時，審美的關注便由此升起，而也由此進入了美學的經驗裡面。所以，玄學美學的自然觀、情感觀、審美人格、審美經驗以及藝術理論的發展是建立在主客觀的互相作用上而成為可能的，可以說是一種「無」的境界。然而，佛教/禪宗卻是以其更為精緻靈敏的思維理論和感性觸角使這種美學的境界更往下發展，跳脫出從「有」到「無」的思維而進一步以「空觀」做為基礎來做為看待世界和自己的意象方式。這種從「無」到「空」的發展，是禪宗美學的重要發展，代表由魏晉的前禪宗美學時代向禪宗美學時代的過渡，也代表作為禪宗美學的基礎與發展原則的確立。

我們理解了禪宗美學的基礎觀念是建立在空觀之上，也理解了禪宗的審美經驗與美學內涵是由心法與色法所共同作用組成的現象美學。還有另一個值得我們注意的重點，即作者認為對於類似像佛教詩歌音律以及佛像雕塑等等藝術作品的研究，只能被當成「佛教美學」所需要研究的課題，但卻不是「禪宗美學」研究的課題。因為這些藝術成就的表現仍是屬於前禪宗美學的討論範疇，如果執著在這些作品而將之視為研究禪宗/佛教美學的重要進展，那只是對佛教/禪宗「文藝美學」的分析探討，是無法真正掌握以「現象」作為發展重點的禪宗美學內在意涵的。所以，我們不能從這些作品中來探討禪宗美學的意義，而必須從作為宗教現象學的大乘般若學來理解，這一點是相當重要的原則。

掌握了上面的原則，我們就可以清楚的瞭解作者想要提出與研究的禪宗美學究竟為何，作者在本書中所要表達的禪宗美學，並不是透過實體事物與實存藝術作品去分析論述禪宗美學的概念與範疇，而是通過禪宗在修行過程中對自然、對修行、對人格心性、對緣起等所表現出來的種種意象與境界，轉化成文字語言或其他形式來傳達其內心世界的審美經驗。這種美學是屬於形而上的，是一種主體與客體交互作用的當下共鳴所孕育出來的極致美學，沒有一定的形式或型態，而是在不同時空中依循著主體與客體之間的作用形成，同時也在不同時空中與其他主體產生共鳴或是遭到解構。作者跳出文藝美學的框架而直指禪宗美學的基本核心，認為奠定禪宗美學的基礎來自於三個部分：一是「空」，關於般若；二是「悟」，關於涅槃；三是境，是「空」和「悟」的辯證統一。這三者的作用形成了禪宗美學/審美經驗的最基礎也是最高原則，也區分了禪宗與儒道兩家美學觀和審美經驗的差異。換言之，在這三個核心概念下所產生的行為，由禪宗的審美經驗看來，都可以是一種美的表現，都是一種美的境界，也是真正禪宗美學所包含與注重的美學範疇。

所以，作者在第一章和第二章中，花了極大篇幅來說明禪宗美學觀念的發展以及基本原則內涵，而從第三章開始，正式進入了分析與說明禪宗美學的表現方式與表現作用，從禪宗的修行法門的「諦觀與頓悟」，到第四章探討禪宗在修行過程中對自然所產生審美經驗的「從氣到色—自然觀的變遷」，第五章探討心靈與外境事物作用下所感受的境界/意境表現的「說不可說之境」，一直到第六章探討意境轉化成可以美學文字表現的「禪化與詩化」，作者始終扣緊禪宗修行過程中「人心/我者」與「外境/他者」互為主體的概念，同時分析比較其他非禪宗學派在該章節所要探討領域中美學的表現方式或呈現手法，藉由其他非禪宗學派所表達出來的美學方式來對比禪宗美學方式的特色。這些非禪宗學派所表現出來的美學概念/範疇與禪宗美學有同有異，但更多時候卻是一種相互承接、相互依托的關係。換言之，彼此也呈現一種互為主體的辯證發展關係。禪宗美學不是僅限於禪宗修行人方能體悟，它是一種與自然萬物相合相應所產生的感受，是一種意境或境界的不可言說之妙的感受，只要能夠理解禪宗意境上的「空觀」與「悟性」的作用，能夠理解萬事萬物與本心自性相互作用所產生的互為主體的辯證關係，則無一事不美，無一處不美，無一時不美，因為，美就在每一個當下在每一次自心作用下呈現出來。

我們或許可以認為「禪意在心，美感自現」，正所謂「不見夕陽山外山，道是無情卻有情」，方寸之間，寰宇自現。然則，作者在論述的字裡行間也不經意的透露出一個對禪宗美學的體悟上十分重要的前提，即是審美經驗的產生是伴隨著修行的實踐經驗而來的，正如青原惟信禪師膾炙人口的偈：

> 老僧三十年前未參禪時，見山是山，見水是水。及至後來，親見知識，有個入處，見山不是山，見水不是水。而今得個休歇處，依前見山是山，見水只是水。

這種山水之見是將實際修行體驗透過對自然景色的觀點描述表現出來的一種美感的表現，但是這種表現卻不是一蹴可幾的，不是今天「見山是山」，明天就可以「見山不是山」了，這種境界的體悟與轉化全在個人的修為，也因此禪宗重視的是機鋒、是話頭、是隨緣自現的生命體悟，而不是皓首窮經的學問研究；是實踐力行的生活禪，而不是文字造作的口頭禪。禪宗美的境界來自於自心本懷的體悟與感觸，而不來自於知識的積累與分析。任何想要以知識文字來探求禪宗美學概念範疇的人，到最後只會流於禪宗文藝的分析考據或強解賦意，卻無法真正由內心去體認到那一份由「空」和「悟」在生活實踐中所流露出來的美，自然也無從領悟到禪宗美學的真諦。

宗博出版社《經典對話系列》
主編　賴皆興

目錄

引論　從莊、玄到禪

——古代美學的兩次突破

一

我在本引論中援引西方社會學家、史學家和哲學家在研究古代文明發展時所使用的「突破」概念。這個概念已為余英時先生在研究中國文化時所使用。它的意思是，古代大的文明在其發展過程中大多都經歷過各個不同的「哲學的突破」或「超越的突破」。那是說：

> 某一民族在文化發展到一定的階段時對自身在宇宙中的位置與歷史上的處境發生了一種系統性、超越性和批判性的反省；通過反省，思想的形態確立了，舊的傳統也改變了，整個文化終於進入了一個嶄新的更高的境地[1]。

余先生用突破的概念來描述儒道墨三家的崛起，而又把傾心的重點放在儒家的禮樂文化上。按之西方學者的觀點，中國古代的突破最不激烈，是「在傳統中變遷」，而按之余文的觀點，儒家的突破在諸家的突破中「自然是最溫和平正的一支」，這主要是因為儒家繼承了古代的經典和禮樂傳統並能「將一新的精神貫注於舊傳統之中」而具有「開來於繼住的性質[2]。

---

1 余英時《道統與政統之間》。

2 同上。

值得注意的是，儒家的突破無論如何強調，也不能改變古代史官文化或禮樂文化的基本性質，而恰巧因為儒家的創始人孔子和孟子、荀子沒有真正進入統治階層，才將先秦各國統治階層也極為尊重和普遍奉行的同一文化，經過轉換落腳到了知識階層，而以繼承光大者自居，形成了與政統不同的道統。另一方面，在道家（主要是莊子）看來，「禮壞樂崩」的局面標誌了禮樂文化的沒落，是無藥可救的了，而儒家挽救這一文化的努力本身，也是必須予以懷疑和批判的。儒家連同生養她的文化土壤，都是道家所要突破的對象。當然，中國古代文化的突破是一個大問題，不是本書的主題。

本書的意圖是將突破概念應用於研究古代文化的一支即美學上面。我的基本看法是：莊、玄和禪這些非主流文化對儒這一主流文化及其所代表的禮樂文化傳統的突破，所運用的主要武器或重要武器就是美學。

二

本書使用突破的觀念來描述中國古代美學史上幾個大的發展階段。此意義域中的突破，是指某一時期美學的理論和實踐創生了古代美學的新質，美學在整個文化中的地位得到了突然的提升，由質和位的變遷，美學史循了全新的走向。這其中，最本質的是審美心理的變化，心理是最為廣泛傳播和根深蒂固的東西。例如，莊子美學的出現導致中國人純粹審美經驗的生成，超越了禮樂文化，擺脫了美善糾纏不清的局面，造成了影響極為深遠的美學突破，相應地我們所觀察到的美學理論的視野也更為清晰。

中國美學史上，至少有過兩次意義巨大的突破，第一次發生在先秦，由莊子所完成，第二次延續的時間要長一些，歷經魏晉至唐宋。宏觀地看，兩次突破有著歷史的延續性：莊子的意義被魏晉人發掘出來了，於是波瀾大起，匯成一股審美的文化潮流。玄學美學的突破可以說是莊子的「普及版」。從美學上看，儒家美學的教化主題黯然失色，被迫從主流文化退居非主流文化。兩次突破之間是本土文化內部各種力量的消長變化。我又把第二次突破分為兩波，第一波玄學美學，魏晉開始，第二波禪宗美學，唐開始。這兩波之間呈現如下的特點：首先，兩波構成一條連續的曲線，這曲線有先後兩個波峰，即由玄到禪，其次，這一連續曲線的兩個波峰當中輸入了一股外來的文化動力，即西域佛教，它的中國化軌跡形成第二個波峰。非本土文化進入中國並形成對本土文化的突破，這是一個新的歷史現象。這正是本書所關注的課題。

審美的本質，簡而言之，是為人們提供感性的足以提升人格的高級精神享受。中國古代的美學，有兩個大的特點，其一，它是人格主義的，儒道兩家概莫能外。人格可以分為道德人格和審美人格。儒家偏重道德人格，孔孟荀是如此，他們的審美經驗只是助成道德目標的附庸。道家偏重審美人格，莊子乾脆把道德的語彙從他的審美語境中清除了出去[3]。魏晉時期左右兩翼的玄學家則勉力於綜合道德和審美兩種人格，只是這種綜合有以善為主（王弼）或以美為主（嵇康）的不同。禪宗也是講人格的，它所說的「悟」、「清淨」、「定」、「慧」、「解脫」和「自由分」、「佛性我」等等，都是關乎人格的。不過這種人格的眼界卻是看空的。其二，中國美學是自然主義的。莊子的「齊物論」和「逍遙

3 莊子在批判社會和儒家救世主張時不免運用倫理道德的語言，但那只是為了「破」，他在「立」（構建）自己的哲學時則斷然拒絕進入倫理道德的語境。

遊」固不待言，儒家也頗傾心於「仁者樂山，智者樂水」（孔子）式的與自然比德。魏晉玄學家們則復興莊子傳統，標舉清風朗月以為人的胸襟。至於禪宗，它固然把世俗界與自然界看空，然而禪者之悟卻十之六七（至少是極大量的）與自然有關。從是否承認自然界為實有的角度看，如果說儒道是持主實（有）的自然觀（自然主義），那麼禪宗就是持主空（幻）的自然觀（唯心主義）。主空的自然觀與看空的人格觀兩相結合，就產生了一門全新的美學：心造的境界——意境。禪宗看自然，一方面巧妙地保留了它的所有細節，似乎依然是莊子、孔子和玄學家們眼中的那一個自然，另一方面，它卻把同一個自然空化和心化了。由此，審美直觀發生了質變，或者說，自然被賦予了新的意味。這種變化是潛移默化的，又是巨大的。它所貢獻於中國人的，是一種極其細巧精緻、空靈活泛和微妙無窮的精神享受。它重新塑造了中國人的審美經驗，使之變得極度的心靈化，相對於莊子的逍遙傳統，它也許可以稱為新感性[4]。正是在這個意義上可以說：雖然禪者不再是自然人，不過禪宗的審美經驗卻仍然可以是自然主義的。眾所周知，佛教藝術在中國藝術史上造成了非常大的影響，但若要論到以新的美學境界推進中國人尤其是士階層的高級精神生活，佛教中具此大能力的大概只有禪宗。這就是禪宗的美學突破。

三

中國早期的美學，以教化為其基本品格。遠在孔孟以

---

4 本書所用「新感性」一詞，只是在中國古代美學的論域中有效，即它是相對於莊子或玄學的感性而言，具有看空的特點，與馬爾庫塞的「新感性」概念涵義不同。馬氏《新感性》一文見於劉小楓主編《人類困境中的審美精神》，東方出版中心1994年11月第1版。

前，古代的政治家和宮廷的教師們已經將禮教和樂教作為貴族弟子的基本教育系統地予以實施並且頗獲成就。禮樂文化或史官文化是一個連續的、在積累中前進的文化。原始儒家也不能例外，自稱「吾從周」的孔子只是接著商周兩代將其禮樂文化提煉、升進為儒家哲學和教育學，美學是滲透在兩者之中的。孟子的美學以其浩然之氣式的人格之狂而顯得極有個性，但其總的方向還是與禮樂文化的善的目標和儒家的救世主義全然一致，也是在傳統中的革新。荀子講到禮樂，這樣說：「樂行而志清，禮修而行成，耳目聰明，血氣和平，移風易俗，天下皆寧，美善相樂。」(《荀子・樂論》)荀子在先秦儒家當中可以稱得上專業美學家，然而他的理論中教化傳統不僅被接了下來而且更為系統和清晰，達到了很高的理論水平。就原始儒家所取得的學術成就來看，孔孟荀強有力地推進了禮樂傳統的文明化和意識形態化進程，不過，也許是過於入世和尊重歷史的緣故，先秦儒家既已學會了區分美與善，但卻往往不免徘徊於兩者之間，並且總是自覺不自覺地偏向他們所高揭的仁義之善。審美經驗未能獨立和強大，也就從根本上消去了造成美學突破的可能性。

　　第一次美學突破發生於先秦諸子百家爭鳴時期的中晚期，此突破幾乎完全繫於道家的第二位領袖莊子一人之大力。莊子的美學意義，已經有許多學者予以指出，這裏主要從突破的視角作一描述。作為原始儒家思想的反撥形態，莊子的思想極其重要，其中有許多針對著社會敗落、人心虛偽和儒家救世主張的批判，這是莊子破除的一面。而美學作為莊子樹立的一面，要來得更為重要，它具有絕然不同於禮樂傳統的文化性質，構造上幾乎沒有文化參照和價值參照，完全是一個新的精神形態——關於人的審美關注、潛在能力和自由創造的哲學。莊子的人與自然的親和關係，相對主義時空觀，對技藝的揚棄和超越，疏離了權力關注、技術關注和道德關注的審美關注，忘我的自由創造，等等，構成了中國人審美經驗的諸基本要素。這些，都出現於莊子所編造的寓言之中，史官文化的傳統典籍是沒有記載的。作為文本，它是獨創的，前無古人的[5]（而儒家的文本是繼承的，接著史官文化說的）。

莊子美學充分注意到時空的相對性、運動的絕對性和人生的短暫：

> 物之生也，若驟若馳，無動而不變，無時而不移。（《莊子・秋水》）
>
> 人生天地之間，若白駒之過隙，忽然而已。（《莊子・知北遊》）

莊子美學是講究親證的：

> 斲徐則甘而不固，疾則苦而不入，不徐不疾，得之於手，而應於心，口不能言，有數存焉於其間。（《莊子・天道》）

這是一種純粹個人經驗，它與文化傳承的一般方式不同，不是灌輸式而是體驗式的，不是見諸於語言文字而是心理的，不是群體性而是個體性的，是一種親證。

莊子美學把人也視為自然有機的一分子，主張在純粹的

---

5 葉維廉這樣評價莊了的寓言：「寓言的奇特性和戲謔性，則是一種攻人之未防的『異常』策略，使人飛越常理而有頓悟。」(《中國詩學・言無言：道家知識論》)。

個人經驗之中親證人與物的統一：

> 與造物者為人（偶），而遊乎天地之一氣。（《莊子・大宗師》）
>
> 天地與我並生，萬物與我為一。（《莊子・齊物論》）

「齊物」，是一項極高明的美學策略，它以天地宇宙的真實存在和無限廣袤賦予人一種回歸精神家園的喜悅和超越感。由此，莊子美學進而在天地的渾淪一氣中追求無我的逍遙：

> 若夫乘天地之正，而御六氣之辯，以遊無窮者，彼且惡乎待哉？故曰：至人無己，神人無功，聖人無名。（《莊子・逍遙遊》）

何況，這種無我，其實是真正的有我，因為在逍遙式的自由創造中出現了一個自由的人格：

> 宋元君將畫圖，眾史皆至，受揖而立，舐筆和墨，在外者半。有一史後至者，儃儃然不趨，受揖不立，因之舍。公使人視之，則解衣般礴臝。君曰：「可矣，是眞畫者也！」（《莊子・田子芳》）

這一則寓言雖頗短小，卻意義重大，其中最值得考較者有二：首先，後至的一畫史與先到的眾畫史相異在何處；其次，宋元君對畫史的態度。我以為，就前者，可以看出眾畫史之所以失敗，根本是因為他們為權力關注和技術關注所困擾。權力關注是指眾畫史應召畫圖，因而切望為宋元君所器重的心理，技術關注是指他們過於重視自己畫技的心理壓力為自身所難以承受，唯恐人際競爭失敗導致發揮失常，而結果恰恰如此。兩種關注都表明他們是有「我」的，而且把這種自我看得太重。而後至者之成功，則在於他全然沒有困擾著眾畫史的兩種關注，對權力之威，他是「後至」又「儃儃然不趨，受揖不立」，不拘禮法，倨傲得很；對技術發揮，他並不在心，而是「解衣般礴贏」，去除衣服，赤身裸體，看似與繪畫頗不相干，其實他視裹在身上的衣服為自己藝術創造的障礙。同是為繪畫作準備，那一群畫史是進行技術準備，而這一個畫史則進行心理準備。這是一種「無我」的審美關注。基於此，宋元君首肯之，於後至者對自己的倨傲態度也毫不介意，甚至以為理所當然。顯然，宋元君首肯的是畫史的審美人格，這是一個真正自由的我，大寫的我。此時，畫史甚至並未進入實際的繪畫操作過程，然而他的畫技的高超發揮卻無疑已經有了保證，因為他已經成功地創造並自然而然地進入了繪畫的自由境界。

從情感論上看，莊子是無情而真正有情的。所無者世俗之情，如對權力、名利、技術等的崇拜心理和攫取欲望，它們是喜、怒、哀、懼、愛、惡、欲、悲諸情感，具有人為、刻意、虛偽和扭曲的性質，違異於人性之本真。所有者自然情感，具有前者所不具備的真誠，不知悅生，不知惡死，忘卻了自己有肉體（我），也不要外在的功名（物），快樂通於天地萬物：「以虛靜推於天地，通於萬物，此之謂天樂。」（《莊子・天道》）虛靜成為莊子們的平常心態，他們崇尚與天地合一的快樂。自由自在的逍遙之樂，就是純粹的審美之情。

從此，中國人的純粹的審美態度被培養了起來，這是突破成功的根本標誌。作為精神和價值的世界，它是嶄新的，超凡脫俗的，為中國人受用不盡的。道家美學的發展以及它與儒家美學長期的互相衝突、容受和發明，匯成了中國美學史的大河。這條大河中流注著純粹的美和非純粹的美，其中純粹美一支之源頭為哲人莊子所引出。正是基於此，我們稱之為美學的突破。

四

玄學美學的基本特點，是以道家為主兼顧儒家的道儒綜合美學。它的突破點在由對人倫鑒賞的重視進而極度崇尚人格美，由對自然的觀照、體貼進而走向逍遙式的自由，由對情感的推重進而導引了緣情的詩學。

宗白華先生在他的《美學散步》中斷定：晉人持「人格的唯美主義」。

> 司馬太傅齋中夜坐。於時天月明淨，都無纖翳。太傅歎以爲佳。謝景重在坐，答曰：「意謂乃不如微雲點綴。」太傅因戲曰：「卿居心不淨，乃復強欲滓穢太清邪？」(《世說新語・言語》)

這是極為典型的一例，由觀賞自然風光的不同視角引向針對人格的批評，雖出乎戲語，其份量不可謂不重。這一條，無論是論人還是論天，都看向純淨，那自然是審美的標準。魏晉時期當得起這一標準的人物有許多，其中較早且具有典範意義的是阮籍和嵇康。正是嵇阮們，繼承了莊子美學的飄逸本性，並將其循著自然原則的軌跡極度地推進到令人高山仰止的人格境界。二位是魏晉風度的代表，他們的人格具有強烈的審美品質。審美人格的挺立是魏晉美學的一個非常引人注目的現象，我在一本小書《狂與逸》中寫有這樣一句話：

如果沒有「《世說新語》時代」人們(包括阮嵇陶)對人格之逸的義無反顧的追求，中國美學史就會失去她一段最燦爛的光輝。

在那本小書裡，我把魏晉審美人格定性為逸。逸是一種自由情結。而魏晉六朝美學史大致可以簡要地概述為從逸的人格向逸的藝術之展開過程。這一時期藝術批評中著名的「風骨」、「氣韻生動」、「逸格」諸概念，都是將人格與藝術融匯在一起的結晶。

值得著重提出的是陶淵明，他的「渾身靜穆」，他所營造的烏托邦式的「桃花源」境界，以及他的田園詩，一起凝聚成逸的極致，對後來的美學具有典範的意義。

自然，是中國美學的一個支點。自然在莊子，是時間上空間上都無限廣袤的一個連續體，它渾淪一氣，是無比豐富、變化無窮的「天籟」(自然的音樂)。它「惛然若亡而存，油然不形而神，萬物畜而不知」(《知北遊》)。有時人與物可以換位，如莊子夢蝶，不知是莊子為蝴蝶，還是蝴蝶是莊子。莊子眼中的自然是活的，有品格的，這裏有泛神論的傾向。到了魏晉，自然的美學成為思想解放運動的重要一翼。大玄學家王弼提出：「天地任自然，無為無造，萬物自相治理」(《老子注》五章)，他的自然觀講道不違自然，萬物就是本體(道)自己運動的表現。王弼的這一見解，從哲學高度表述了魏晉玄學的自然觀，與他的「聖人有情論」是相為呼應的。玄學的左派領袖嵇康就音樂美學提出了「自然之和」的哲學本體，他的音樂美學達到了魏晉美學的高峰。他的「越名教而任自然」(《釋私論》)的口號，標誌著人格美的理想已經由名教而轉到自然上去了。他的人格理想是「以無措為主，以通物為美」(同上)，又並非沒有人道的原則立場。強調自然原則又不廢人道原則，是他與莊子不同的地方。

向秀、郭象的《莊子注》以為自然界是許多個別的物「塊然而自生」，沒有什麼別的力量使它產生，另一方面又以為這些個別的物之間「彼此相因」而互相為「緣」，它們是「對生」，「互有」的，這種彼此相因就是「玄合」，玄合是看不到的，因而它是「無」，卻是不作為本體之「無」，如在王弼那兒。向郭的自然觀可概括為「獨化而相因」。他們的這一觀點，首肯物在時空當中存在之個體性，因此眾多自然現象就可以被當作審美觀照的對象而孤立起來，而同時它們又是無形地「玄合」著的，這種自然觀，可以在某種程度上視為禪宗美學自然觀的前導。當然，禪宗是要講自然的空化，萬事萬物沒有自性，與向郭主獨化之「有」，每一個體的事物都有其存在的理由，是基本不同的。

自然作為美學的支點，它有一個很重要的特點是自然美與人格美的統一。《世說新語》中人們賞會山水是如此：

> 簡文入華林園，顧謂左右：「會心處不必在

遠。翳然林水，便自有濠濮間想也，覺鳥獸禽魚，自來親人。」(《言語》)

王子猷嘗暫寄人空宅住，便令種竹，或問：「暫住何煩爾？」王嘯詠良久，直指竹曰：「何可一日無此君？」(《任誕》)

莊子的自然中有醜的一面（禪宗也是不避醜陋的），到了魏晉玄學醜就幾乎不提了。自然總是那麼美輪美奐，可以令「人情開滌」，把人超升為「風塵外物」。這確實如宗白華先生所論是人格的唯美主義，用哲學的術語概括，那是自然原則下的人格化。

陶淵明是一位當時並不有名的隱士，後人把他稱為田園詩人，大致不錯。陶淵明大概可以說是古代詩人當中與自然親和最為成功的一位：

結廬在人境，而無車馬喧。問君何能爾？心遠地自偏。採菊東籬下，悠然見南山。山氣日夕佳，飛鳥相與還。此中有眞意，欲辨已忘言。(《飲酒二十首》)

他的人格與自然，還有詩，全部地融為一體，成為一種最純粹的逸。

陶淵明的自然還表現為一個烏托邦，那就是著名的《桃花源記》所描繪的那個小小的社會，我稱之為「桃花源」境界[6]。其中「四海之內皆兄弟」式的純粹自然的人際關係，是對儒家倫理秩序的突破，不妨說也是對莊子式獨來獨往的

6 參看拙著《狂與逸》。

突破。這一境界有幾個要素，如自然作為肉體和精神雙重意義上的生存環境，勞動為生存之必需，人們互相結成團體，我們似乎可以把它們與禪宗的特點作某些聯想。

魏晉之際，玄學情感哲學以自然情感論（包含氣論）的情感本體來超越道德情感哲學，偏重於個體情感的弘揚，強調普遍的實現依賴於個體的實現，情（特殊）的淨化先於德（普遍）的超升。王弼的「聖人有情論」和嵇康的「聲無哀樂論」是兩個有代表性的理論。在王弼看來：「萬物以自然為性」（《老子注》二十九章），聖人與常人一樣，也是有喜怒哀樂之情的，只是聖人能做到不為外物所累以致轉移了他的本性，因而他固然「不能無哀樂以應物」，卻能運用自己高於常人的智慧（神明）來不使情感隨著物欲、名利欲轉而失落自我。聖人在精神上是極超脫的，有很高的境界。這一神明超詣的境界融溶且淨化了情感。王弼以性（體）情（用）不二方法，扭轉了何晏聖人無情論的偏頗，孕育了玄學情感哲學，而玄學情感哲學又為魏晉崇情思潮輸進了哲學的營養。

嵇康是玄學情感理論的另一位代表人物。按照他的聲無哀樂論，音樂之美是沒有情感的內涵的，它只是「和平」，然而卻可以使各具不同德性的音樂的聽者得以增進各自的德性，例如廉潔的伯夷變得更廉潔了，仁愛的顏回變得更仁愛了，等等。這一針對著德性的綜合作用他稱之為「觸類而長，所致非一，同歸殊途」（《琴賦》），它的性質是審美的。嵇康與莊子不同的是他講善，不過這個善不是普遍的倫理概念，而是每一個體的個性德性即寓於特殊的普遍或是具有個性的普遍。嵇康的理論與王弼也有不同，嵇康並非以善為主導來統一美，而是以美為主導來統一善。這種統一下的情感也並非單純的審美情感，而是所謂的「同歸殊途」，殊途者即不同個體各自的德性，同歸者即審美經驗將那些不同的德性統攝起來，使之增強了，它們表現為各個不同的融溶了個體德性的審美情感。

這種情感哲學落實到文學上面，就有曹丕所唱「文以氣為主」(《典論・論文》)，氣是人的個性氣質，分為清濁，陸機所唱「詩緣情而綺靡」(《文賦》)，蕭繹所唱「流連哀思」、「情靈搖蕩」(《金樓子・立言》) 為文學的首要特徵，等等。至於《世說新語》時代人們的崇情，更可以從上面的引文中見出。

以上對古代美學從莊子到魏晉玄學的兩次突破作了初步的描述，現在可以進而對它們在中國美學史以及更廣義地在中國文化史上的意義作一簡要分疏。據上述，我們看到第一次突破為中國人創造了一種純粹的審美經驗，然而它在當時只是百家爭鳴中的一家，並未佔據文化的主導地位，在以後的一個長的時期內，儒家的教化美學仍然是美學的主流，莊子精神幾乎被埋沒，中國文化的成長整個地十分拘謹。到了魏晉時期，教化美學走到了窮途末路，經歷著第二度的「禮壞樂崩」之局面，虛偽人格比比皆是，儒家說教所倡的自覺式的自由太過勉強刻意，讓人望而生厭，已不再有吸引力。這一切造成了巨大的反推力，把人們推向自然式的自由，推向逍遙之祖莊子。美學終於積聚了足夠的能量，於是釀成了波瀾壯闊的第二次美學突破運動，莊子傳統被重新發現並弘揚光大。那一波突破，純粹之審美經驗普及到了幾乎所有的知識份子，造就了當時通脫的時代精神、逍遙的文化氛圍和審美的自由人格（雖然當時政治上極為緊張）。

此時，一種本不屬於中土的高級文化正在向中古時代的中國悄悄逼近，這就是佛教。佛的進居，將使中國美學的歷史進程再起波瀾。

五

研討佛教者大都知曉老莊為佛教之階梯，禪宗美學則為魏晉美學所接引而堂皇進入中國的文化系統。玄學美學造成了古代美學的重大突破，這是一個事實，然而無論怎樣突破，現實生活的審美的一面，自然及其美的客觀存在，人格的主體性等等，還是為玄學美學所充分肯定和高揚，只是它的品格為逍遙罷了。換言之，玄學美學的基調是樂觀的，她的品格還是人間性的。而作為外來文化的佛教，它的基調卻不同了，它是把世界看空的，所謂看破紅塵。作為中國化的佛教，禪宗並沒有改變這一基調。它在美學上的特點在於：借助神秘的直觀以證成自身的佛性。一方面將以往人們視為實有的大千世界如自然山水、人的美色、社會存在、文化累積和道德權威等僅僅當作不斷變幻的現象即假相，另一方面又比任何學派都更重視人對自身主體性（佛性）的親證。正如淨覺所說「內觀四大五蘊空無所有而得自在，外觀十方佛土空不可得而得自在」（淨覺《注般若心經》）。內觀外觀所見都是空，只有「自在」才是真如佛性。這種面向空觀的視角轉換，刷新了中國人偏於求實的審美心理，導致了審美經驗中主客體關係的再度調整，也導致了審美價值的重新定位。於是就掀起了第二次美學突破的第二波浪潮。這第二波並非前一波的簡單否定，而是因著第一波的慣性，接引入佛教的推力，進一步深化和擴展的一波，兩波之間有著歷史和邏輯的內在一貫性。

中國的美學突破，從莊子的第一次開始就有審美經驗走在藝術經驗之前的特點。那就是，首先在總的哲學世界觀及其思維體系中形成其關於感性世界的分支美學思維，即審美心理、審美經驗等，同時或爾後它們漸次滲透到生活的方方面面，其中自然也包含藝術創造，而不是相反，從藝術創造及其產品抽象概括出審美心理和審美經驗。因此，人們並不是從藝術潮流和藝術資源去反觀審美突破，而是首先把握住審美突破，進而才更深刻、更透徹地理解了藝術現象。[7]因此，研究美學突破在方法上必然是全局性的和逆向的（對藝術而言）。研究禪宗美學也應如此。因此，我們將從禪宗論心、物及其關係入手來研究它的美學。

禪宗是佛教的一支，嚴格地說，它其實是一種中國式的精神現象哲學，從一定意義看，它又是人間性的。在中國的哲學當中，禪宗最關心也最重視人的靈魂解脫。它在天人關係中破除天命，破除偶像，拋開經典，突出自性；在自力他力關係中主張自心是佛，認為拯救還得靠自己，老師只是學生入道的接引人，是成佛的外緣，擺渡而已。《壇經》依傳統佛經，發四弘大願：「眾生無邊誓願度，煩惱無邊誓願斷，法門無邊誓願學，無上佛道誓願成。」但是又提醒：眾生「自有本覺性」，須「各於自身自性自度」，又說：「見自性自淨，自修自作自性法身，自行佛行，自作自成佛道。」(《壇經校釋》第38頁)，於二十三字一句話中連用八個「自」字，真正可以說是把人的主體性推到了極點。強調頓漸之悟，主張一切親證，崇仰智慧的光明，追求自由的人格，還有自然的境界——意境化，等等。這些，都與人的審美經驗緊密相關。

7 中國的文藝理論批評史不能代替美學史，文藝學不能代替美學，這是其中的一個重要原因。

在情感方面，禪宗是要用空觀去除一切世俗的情感，即煩惱、惑。《楞伽經》倡八風吹不動，八風是利、衰、毀、譽、稱、譏、苦、樂，它們能在眾生性海中吹起種種煩惱的波浪，都是人在俗世中非要經歷的種種情感。這些情感與莊子無情論所要去除的種種情感大同小異。而禪宗在悟後所得的快樂，卻不再是莊子式的逍遙感，而是所謂法喜禪悅，是涅槃，那是一種解脫煩惱後的澄明感、清淨心，被佛教稱為「第一義樂」。借用人本主義心理學家馬斯洛的概念，那麼悟就是一種高峰體驗。覺悟中情感的澄明，並非如儒家是德性的自證，也非如原始佛教、基督教是對外在的如來或上帝的皈依和感念，它是自皈依，是孤明獨發，因而其間必然具有某種審美的性質。禪宗的優長更在於它指示人們學著去達到「即煩惱而菩提」的情感境界。一方面說自心清淨，另一方面又不避煩惱，也就是慧能偈中所說的：本來無一物，何處惹塵埃。在煩惱中證悟本來無一物的情感之本然狀態，做到淨染一體，顯出那一顆「平常心」。這是極高明的意見。然而平常心在俗世中極難穩定，除了繼續修為，往往總須有一種境界來支持它，把它繫托於獨一無二、不可重復的個體經驗，正像悟是獨一無二、不可重復的一樣。這就與禪的自然觀有關係了。

禪宗對自然的看法，繼承了佛教大乘空宗的心物觀，認為心是真正的存在（真如），而把自然看空，自然成為假相或心相（心境）。這是中國以往的任何哲學派別都沒有的見解，如道和儒都把自然視為真實的存在，是有。王弼以體用論無有，是把「無」視為本體內在於萬物，因此萬物是自己

8 此公案早期禪籍《歷代法寶記》、《曹溪大師別傳》和《祖堂集》中均有記載。

運動的，也不把自然看成「空」或「無」。

禪宗自然觀的美學品格，首先在於自然的心相化。惠昕本《壇經》中著名的「風吹幡動」的公案[8]，說慧能在廣州法性寺看到兩個小和尚正在爭論，一個說是風動，一個說是幡動。慧能卻說，不是風動，也不是幡動，而是「仁者心動」。這本來是一個客觀世界的物理問題，但慧能卻把它轉變為禪宗的精神現象（意識）問題。風吹幡動，是一個視覺上的直觀，然而境隨心轉，習禪者卻可以從這個直觀了知自己精神上的變動，最終產生某種了悟。這裡有一個重要的變化，那就是自然的風和人造的幡已經脫開它們的具體的時空存在而被孤離，失去了廣延和綿延的性質，成為超時空的自然，標誌著某種心境。於是，這一類的直觀就被賦予了宗教領悟的意義。我們所重視的是，宗教的意義其實是借助美學的即感性的方法而得來。它牽涉到「心」與「境」即美學上的心物關係。「心」是什麼？是純粹直觀；「境」是什麼？是純粹現象。質言之，這是一類特殊的審美經驗，其特殊之處在於，它一改莊子和孔孟們人與自然本然的親和融溶關係，自然被心境化了。禪宗開創者慧能的這一則早期公案為禪宗審美經驗定下了基調，在禪宗美學史上具有極為重要的意義。

我們再來看另一則著名公案：

> 老僧三十年前未參禪時，見山是山，見水是水。及至後來，親見知識，有個入處，見山不是山，見水不是水。而今得個休歇處，依前見山只是山，見水只是水。（《五燈會元》卷十七《青原惟信禪師》）

這是青原禪師自述對自然山水輾轉變化的三個看法。第一步，見山是山，見水是水。未參禪時見的山水為客觀實體，那是與觀者分離的認知對象。第二步，見山不是山，見水不是水。參禪以後，主體開始破除對象（將之視為色相），不再以認知而是以悟道的角度去看山水，於是山水的意象就漸漸從客觀時空孤離出來而趨向觀者的心境，不再是原先看到的山水了，而是在參禪者親證的主觀心境和分析的客觀視角之間游動，還是有法執。第三步，見山只是山，見水只是水，彷彿是向第一步回歸。此時，主體的覺悟已告完成（「得個休歇處」[9]），山水被徹底地孤離於時空背景，認知的分析性視角已不復存在，然而山水的視覺表象依然如故，只是已經轉化為悟者「休歇處」的證物。正如百丈懷海所云「一切色是佛色，一切聲是佛聲」，這個完全孤離於具體時空背景的個體化的山水其實只是觀者參悟的心相。這一直觀的心相保留了所有感性的細節，卻又不是自然的簡單模寫，它是心對物象的「觀」，是兩者的統一，具有美學上的重要意義。馬祖道一云：

> 三界唯心，森羅萬象，一法之所印。凡所見色，皆是見心。心不自心，因色故有（心）。……於心所生，即名爲色。知色空故，生即不生。」（《祖堂集》卷十四《江西媽祖》）

9「休歇」一詞，可能來自臨濟義玄，他云：「你一念心歇得處，喚作菩提樹。你一念心不能歇得處，喚作無明樹。無明無住處，無明無始終。你若念念心歇不得，便上他無明樹，便入六道四生，披毛戴角。你若歇得，便是清淨身界。你一念不生，便是上菩提樹。」（《古尊宿語錄》卷四《鎮州臨濟（義玄）慧照禪師語錄》）

「心不自心，因色故有」，見色即見心，這是禪宗心物關係理論的一個很重要的觀點，影響很大。禪宗中另有泛神論的一派，這一派主張「青青翠竹，盡是真如，郁郁黃花，無非般若」(《祖堂集》卷三《慧忠國師》)。由此，我們不難理解禪宗文獻中何以描繪了那麼多的自然現象（法相），前述青原禪師的三種山水是，禪家常說的三種境界也是，儘管不必都是泛神論。三種境界，第一境「落葉滿空山，何處尋行跡」，喻示[10]自然茫茫尋禪不得，舉目所見無非客觀對象；第二境「空山無人，水流花開」，雖然佛尚未尋到（也尋不到），但「水流花開」則喻示了對我執法執已經有所破除的消息：「水流花開」，是一無欲非人的聲色之境，水正流、花正開，非靜心諦視無以觀，觀者正可以藉此境以悟心；第三境「萬古長空，一朝風月」，喻示時空被勘破，禪者於剎那間頓悟。禪宗最激烈地破除偶像崇拜，以走向自然取代那個高懸俯視的「他者」似乎是它尋求解脫的必由之路，自然作為色相、境界，被賦予了不可或缺的「唯心」的意義，是個體解脫的最直觀的親證。禪宗這樣看待自然，明顯地不同於莊子，卻又與莊子精神有著內在的關聯。莊子是親和自然，禪宗是於自然中親證，目的都是獲得自由，所不同的，前者為逍遙，後者為解脫。

禪宗自然觀的第二個美學品格，體現在將自然現象作任意的組合。自然現象被空觀孤離以後，它在時空中的具體規定性已經被打破，因此主觀的心可以依其需要將它們自由組

10據《廣雅釋言》云：「喻，曉也」。本書以後經常用「喻示」一詞，其中 「喻」即取其「曉」義。因此「喻示」並非通過譬喻使曉喻的意思。同樣，本書使用「喻象」一詞也並非指譬喻，喻象是象在直觀中的興現。

合，形成境界。這種作法，其實在慧能已經打下基礎。慧能臨終向眾弟子傳授三十六對法的「秘訣」：

> 舉三科法門，動用三十六對，出沒即離兩邊，說一切法，莫離於性相。若有人問法，出語盡雙，皆取法對，來去相因，究竟二法盡除，更無去處。（《壇經校釋》第92頁）

這基本是一個相對主義的方法。以相對的、有無窮組合的兩極來破除「我執」「法執」等邊見，是禪宗誘人覺悟（接引）的重要方法。懷讓也說「佛非定相」（《祖堂集》卷三《懷讓和尚》）。禪宗主張「本來無一物」（慧能偈），不過它的「無相」並非消滅一切色相，只是說色即是空，因而無窮的色相卻是自有其用的。色相或心相從美學上看就是喻象。

我們從禪宗將自然物象依對法的原則重新組合的方式瞭解到，在禪宗自然現象即喻象。如「三冬花木秀，九夏雪霜飛」、「石上栽花，空中掛劍」、「無柴猛燒火」、「紅爐焰上碧波流」、「黃河無滴水，華岳總平沉」、「雪埋夜月深三尺，陸地行舟萬里程」等等。這些成對的喻象總是違異於人們的日常生活經驗和科學原理，只有那種強調主觀的思想學派才會打破自然秩序作這種組合。這種思維方式，可以說是有意消解人們習以為常的心理意象，支解常規的時空觀念，在中國以往的思想學派中是沒有傳統的，然而這在看空的般若學卻是輕而易舉的事情。

11 雪中芭蕉有佛教出典，進一步的論述請參看本書第四章。

唐代大詩人、大畫家王維深諳佛學，他的《袁安臥雪圖》，竟將一叢芭蕉畫在雪中[11]，時空發生了嚴重的錯位。這種構象方式與魏晉著名人物畫家顧愷之畫人物頰上加三毛以增生動傳神的構象方式相比，有本質的不同。顧氏基本是寫實，誇張只是應畫中人物構象生動的需要，而王維的雪中芭蕉畫境迥出天機則完全是為了揭示某種精神境界。心舍於有無，眼界於色空，皆幻也。離亦幻也。至人者，不舍幻而過於色空有無之際。故目可塵也，而心未始同。心不世也，而身未嘗物。物方酌我於無垠之域，亦已殆矣。……道無不在，物何足忘。（王維《薦福寺光師房花藥詩序》）王維所主色空不舍不離的觀照方式，契合於禪宗的對法，似無可懷疑。《袁安臥雪圖》在美學史上意義重大，它標誌著禪宗對傳統美學和傳統藝術的突破。它以解構和重構[12]的方式，成功地導入了禪宗精神及其思維方式。從此，意象可以是寫實的，在自然中有其範本，是固有傳統，也可以是喻象，在自然中沒有其範本，為新創。

後來，禪宗在自身的發展中吸收了華嚴宗「法界緣起」、「理事無礙」的思想，它的自然觀表現出更為宏觀和深化的特點。華嚴宗主張「無有不一之多，無有不多之一」（法藏《華嚴經探玄記》卷一），多依賴於一而存在，一也依賴於多而存在，理（一）事（多）無礙。這是一與多（一般與個別）的辯證關係。永嘉玄覺說：

> 一性圓通一切性，一法遍含一切法，一月普現一切水，一切水月一月攝。（《永嘉證道歌》）

12 此處借用解構主義的辭彙，但並不引入其觀念，只是為了描述的方便。

這是說，「空」和「色」，「性」和「相」是統一的，一即一切，一切即一。「一」是什麼呢？是空、般若、智慧，同時又是無窮的色、相、境。反過來，「多」是什麼呢？是無窮的色、相、境，也是空、般若、智慧。禪宗要「藉境觀心」，學禪者與自然溝通，是為了找回和證成靈明鑒覺。馬祖道一認為學禪者可以做到「觸境皆如」，宗密把他的主張概括為一句名言：「觸類是道而任心」（《圓覺經大疏鈔》卷三下），是說人在任何時間、任何處所都可以得道（覺悟），因此大可以任運自在，隨處作主，一切皆出於自願和自然。這種「隨緣消舊業，任運著衣裳」的生活態度，十分接近莊子，是很吸引士大夫的。

禪宗追求的是個體的某種覺悟境界，在這種境界中自己也成為佛。如果執著於空無，那麼主體的解脫是得不到證明的，因此只有採取色即是空的相對主義方法，將色和空、性和相統一起來。這種統一必然體現為境界。境界一方面是心境，另一方面又是喻象，不僅是自己悟，也可以誘導別人悟。境界有如下特點。其一，它是出世間的，主空的。其二，它是悟的，心靈的，獨特的（禪的經驗始終是獨一無二的）。其三，它是內化了的意象（也可以是動作，姿勢或表情）。其四，該意象是真如或般若的喻象，是超絕時空的。其五，該意象有時是以時空錯位方式組合而成的。我們可以把禪宗的境界與禪宗常言的「燈」作一聯想，此時，覺悟的個人就像禪宗的燈，是一個光明卻孤獨的點，燈與燈之間可以傳，但是卻不可也不必燃成一片，因為每一盞燈的實質與背景都是一個，即形而上之空。

境界的意義非同小可，後來王國維就是以境界概括中國藝術的美學特徵。個別體現一般，用（末）印證體（本），是一種辯證法。不過莊子更喜歡大氣磅礴的美學，他還沒有體用範疇，就是到了魏晉，體用範疇出現了，也主要用於玄學思考，還沒有具體地延伸到美學上來。這裡的關鍵似乎在於莊學的傳統是不把自然物象從時空中孤離的。可以這樣說，莊子的逍遙是「遊」（親和）出來的，而禪宗的解脫是「證」（覺悟）出來的。晉時謝靈運所創始之山水詩，即通過遊覽過程以最後引出玄理，其實是將親和與悟結合起來，但這個悟還不是禪宗式的。山水詩固然是美學意境產生的前提，不過早期的山水詩還是以模山範水者居多。無論就精神品格還是就意象組合方式而論，都還比較單純，大體可以歸入古詩傳統。從美學上看，莊子的傳統較為樸素，玄學就顯得複雜一些了，而禪宗的方式則更為精緻。再看繪畫，顧愷之人物畫的美學品格是「傳神寫照」（《世說新語・巧藝》）和「以形寫神」（《歷代名畫記》卷五）。畫家宗炳是個佛教徒，他論山水畫主「以形寫形，以色貌色」，以為「山水以形媚道」，求「萬趣融其神思」的「暢神」（《畫山水論》）之功，並不把山水看空，似乎還是玄學的傳統。

我以為，境界和意境作為美學史的概念，應該在禪宗起來以後，唐代才告成立。禪宗境界對精神生活的意義在於，通過感性去「證」和「悟」精神本體。這種方法是心性學的，同時也是美學的。因為它比以往的審美經驗更為心靈化（心相），我把它稱為新感性。我們從唐代以後美學和藝術的發展中看到，禪宗的直觀方式向中國的山水畫、寫意畫導入了精神的深度，使之心靈化和境界化；向中國詩歌的緣情傳統導入了更為虛靈空幻的意（已經大體不是詩言志的

13 關於意境的產生時期及其性質，有不同的看法，我以為意境完全是禪宗 的產物，另有專文論述。

「志」），形成了詩的意境[13]。

禪宗是一種追求自我拯救或解脫的教宗，「自心是佛」是它樹立的一面，超脫世俗煩惱而成佛是它破除的一面，因而它需要從莊子親和自然的逍遙傳統汲取並改造一些東西，於是導致禪與莊的自由觀和自然觀的很多相近和很多不同。這些不同尤其有助於我們理解兩次美學突破的特點。前面已經有所涉及，這裏再予以細繹。

莊子追求自然中的逍遙，雖然人可以與蝴蝶互為夢，不過那是物化，即物（作為物的人）與物的換位，是擬物或擬人，禪宗尋覓境界中的頓悟，更關注主體的心境，一切物都為心所造。莊子以相對主義的齊物論來泯滅物我之間的一切差別，使人同於物，與萬物平等。人的本根在自然，人投入自然的懷抱與自然親和，歸穴是「托體同山阿」（陶淵明語）。那是由齊物而逍遙，獲得自由。而禪宗以相對主義的對法來破除我執法執，似乎是齊物了，其實是將自然從時空孤離，從而使之化為喻象，歸於心境化。莊子的相對主義是完全倒向自然，放棄分析的思維，從而獲得自由感。禪宗的相對主義是在空、有之間動態依違，最後憑藉頓悟找到一個空有兩不執或兩破的色即是空的點——境界，從而獲得自由感。因此，自然在莊子更多的是一個蘊涵著道的變動不居的實體，是一曲無限綿延的和諧的交響樂，嵇康也認為音樂具有自然之和，在禪宗則是一個既無還有，既有還無的喻體，更多的是一種心相，自然被無數頓悟的心靈所直觀，並切割成許多小的片斷，為之分享，正如一月映於千江。莊子是愈親近、愈深入自然愈自由，時空流動變遷即是道；禪宗是愈孤離自然，愈逼近那個頓悟的點愈自由，時空凝定即是佛。莊子講虛靜和逍遙，禪宗講清淨和空，莊子是由無到有，由靜到動，由心到物，無為而無不為；禪宗是以無制有，以靜制（證）動，使物歸於心。莊子的泛神論是客觀唯心主義的，禪宗的泛神論是主觀唯心主義的，因此，兩者就有主物化和主境化的區別。根據如上，可以論定莊子美學的基調是追求逍遙的，而禪宗美學的基調則是追求解脫的。從無到空，從物化到境化，從逍遙到解脫，中國古代美學經歷了兩次大的突破。觀察美學的歷史，與倫理學的歷史正好相反，唱主角的始終是非主流文化，引導審美心理的變遷，引導藝術思潮的興盛，是莊、玄和禪，而不是儒。這種現象說明，作為主流文化的儒家思想體系是有著嚴重缺陷的。然而造成突破的兩種非主流文化同樣也是有缺陷的，這就給我們提出了一個歷史的課題——有沒有發生中國美學的第三次突破？如果有，那麼它又是怎樣一種形態？

如所周知，佛教進來以後，經過幾百年的歷程，中國文化中儒道釋終於融合，禪宗倒反而衰微了。從哲學上看，宋明新儒學完成了釋與儒的會通，相繼產生了理學和心學，至於美學上是否也存在這樣一個會通性的突破，這是頗可懷疑的。我們且舉出明清之際的大哲學家王夫之，他以「性日生而日成」（《詩廣傳・大雅》）的樂觀主義的人性論和「循情而可以定性」（《詩廣傳・齊風》）的主情美學對儒家的無情和治情美學作了出色的總結，也在相當的程度上超越了佛教和道家的美學，如他借助法相宗的現量概念以說明人的直接經驗的審美性質是相當成功的，不過，他的哲學尤其是美學在很長的時期內湮沒無聞，不像莊子借魏晉玄學而大為流行，也不似禪宗對失意士大夫有著巨大吸引力。美學史界對船山美學的重視更只是晚近的事情。欲觀察古代美學的最後形態，也許可以曹雪芹的小說《紅樓夢》為例，此書名為「夢」，這個夢並非莊子夢為蝴蝶之夢，它是佛教幻化之夢——人世變遷，皆同夢幻。那「空空道人因空見色，由色生情，傳情入色，由色悟空」，而男主角賈寶玉最終不免出走。書中的男男女女，「看破的，遁入空門；癡迷的，枉送了性命。——好一似食盡鳥投林，落了一片白茫茫大地真乾淨」，後面那一句，是佛教的話頭，既是一句偈語，也是一個境界——意境。從《紅樓夢》看，中國封建社會晚期的美學仍以釋和莊的思想為主流，似無可懷疑。

附言

以上我以美學上的突破為視角，描述了中國古代美學兩次突破的宏觀歷程，當然，還有另一種綜合的視角，即美學與倫理學、認識論三者相會通的研究角度，對美學史的宏觀描述也極為有用。前者為分析的方法，優長在突出階段性的特點，比較宜於純美學的描述，但往往給人以孤軍突進之感，後者為綜合的方法，好處則在史觀的全面性，比較宜於非純美學的描述，因為講究綜合，有時會顯得過於四平八穩。研究宏觀中國美學史，兩者都不可偏廢，而其長處則可以互補，可以對中國古代美學史有一個相當全面和細緻的瞭解。我以為，中國古代美學史有三次大的綜合，第一次是荀子的美學，他從美學角度綜合了禮樂文化，第二次是魏晉美學，以玄學綜合了儒與道的美學，代表人物是王弼和嵇康，第三次是船山美學，他綜合了儒道佛的美學。前兩次都產生了巨大的影響，第三次幾乎沒有什麼影響[14]。

---

14 關於古代美學的三次綜合，我將另撰文專述。

本書所論禪宗美學，是關於禪宗哲學、倫理學和心理學之哲學形態的美學。為此，我的撰述定位於三個方向。其一，禪思想的美學方面，即著力於探究禪的感性層面及其與禪的哲學思辨、價值體系和心理特徵之關係。其二，禪宗美學與儒家美學、道家美學的比較，比較的目的在於揭示禪宗美學的特點，為其作中國美學史的準確定位。其三，禪思想影響及於魏晉以後中國士人的審美心理與藝術創作、鑒賞，導致中國美學發生若干質的變化，對此進行描述和深究。三個目的達到，本書即告完成。基於如此定位，凡不與三個目標之揭示有關的藝術現象均不擬涉及，即使其與禪宗有涉，凡與三個目標之揭示有關的非藝術現象，論述中將時有援引，即使其與美學無涉。如關於禪與石窯造像之關係，似將之置於藝術史更妥，否則將有蕪雜之弊。

第一章 禪宗美學前史

禪宗美學前史

我們在引論中對古代美學的兩次突破所作宏觀的敘述，可以視為禪宗美學的初步定位。佛教（尤其是大乘般若空宗）作為一種外來宗教文化，如何為中國固有思想所接引並形成中國獨有的禪宗，又如何在這一過程中形成禪宗的美學。過去治哲學史、思想史和佛教史者多重視前一方面，對後一方面較少下功夫。與玄學美學受到非同尋常的推重並在美學史上得到相應的定位形成對比，禪宗美學興起的歷史過程卻並未得到應有的關注，因而禪宗美學固然在近若干年中蔚為古代美學研究的重鎮，卻從未獲得美學史上的相應定位。定位不明確，定性也將大受影響，這不免在某種程度上削弱它的理論力量。反過來看，如果禪宗美學的定位不明確，那麼玄學美學的定位，尤其是它的後期發展和下限，也是不能真正明確的。

我以為，較為清晰的禪宗美學前史是研究禪宗美學的前提，也是整個中國美學史研究無可忽視的重要一段。禪宗美學與玄學美學相接並形成兩波的過程，很值得細細考究。兩波有相同之處，更有相異之處，同與異都在相承相接中展開，這是複雜難明之所在，同固然要搞清楚，異則更須弄明白，不然美學的歷史還是模糊的。為了解決這個問題，我們將不一般地描述玄學美學，而是循著從玄到禪的歷史發展，重點地研討玄學美學與禪宗美學的內在關聯和過渡，為讀者描畫出古代美學第二次突破的兩波之間所發生的審美經驗的基本變化、美學觀念發展理路的延展和轉折。

從美學史的發展看，玄學美學在自然觀、情感觀、審美人格、審美經驗中的主客關係諸問題，以及藝術理論方面都有極為突出的理論推進，這是毋庸置疑的，而佛教卻以它更為精緻靈敏的理論思維和感性觸角使之發生質的變化，它集中並滲透於以空觀為基礎的看世界和看自己的意象方式。如果說玄學美學的基調是「無」，那麼禪宗美學的基調就是「空」。從「無」到「空」，醞釀於魏晉時期的廣泛而深刻的美學突破，形成了重要的前禪宗美學問題，導引了古代美學歷史性的轉型，這一轉型以禪宗美學的興起而告完成。唐朝以後，古代中國就進入了新的美學時代。[1]

一、玄學與魏晉審美心理

1.情感與人格

玄學論辯，情感是一大主題，並與人格問題緊緊相聯。

何晏與王弼展開了著名的聖人無情或有情之爭。何晏把人依與情感的關係而分為三類：最高的是聖人，他任性而無情，純與自然為一；其次是賢人，如顏淵有情而能喜怒當理；最低是普通人，任情而喜怒違理。聖賢二者都能不為情所困，眾庶之類普通人就做不到了。何晏所循其實是莊子的思路，把喜怒哀樂愛惡欲諸情感視作非自然。何晏的觀點當

1 如王維《鳥鳴澗》詩中的名句，「人閑桂花落，夜靜春山空」，其中的「閑」字尚可以與莊子的逍遙精神掛上鉤，而「空」字則既沒有道家的氣息，也沒有玄學的意味。至於由人閑而花落，因夜靜而山空，詩句所描寫的意象境界，絕然是北宗禪的靜默。王維還有「空山不見人，但聞人語響」(《鹿柴》)，「聲喧亂石中，色靜深松裡」(《青溪》) 等詩句，對空的觀照是借助對聲與色的觀照而實現的，而聲與色則是禪宗大德所無數次地觀照了的現象，正所謂「一切色是佛色，一切聲是佛聲」(百丈懷海、黃檗希運)，禪家的空觀培養了他對自然界的色彩、動靜的敏感和細緻。因而，同是冠之以田園詩人，陶潛詩與王維詩，兩者的美學品格是基本不同的。請參看本書第四章。

時在玄學界得到廣為推崇，後起之秀王弼起來駁斥之。

> 聖人茂於人者神明也，同於人者五情也。神明茂，故能體沖和以通無；五情同，故不能無哀樂以應物。然則聖人之情，應物而無累於物者也。今以其無累，便謂不復應物，失之多矣。（何邵《王弼傳》）

王弼的見解是一個發明，意思是，人的智慧（神明）再高超，「尋極幽微」，也不能去自然之性[2]；人性出於自然，因而人是不能沒有情的。在王弼看來，聖人與常人一樣，也是有喜怒哀樂之情的，只是聖人能做到不為外物所累以致轉移了他的本性，因而他固然「不能無哀樂以應物」，卻能運用自己高於常人的智慧（神明），使情感不至隨著物欲、名利欲轉而失落本我。聖人有情而無情，是「體沖和以通無」的天賦智慧在起作用。王弼的有情論背後有一個「以無為本」的本體在支持著它，人們若要不為情所拖累，則最好是返回去守住「無」，那是無為，因而他說「智慧自備，為則偽也」（《老子注》二章）。

王弼是運用體用不二哲學方法較為成功的玄學家。體用不二的原理，其實就是統一世界的一種思維方法。王弼把「理」視為必然性，「物無妄然，必由其理」（《周易略例・明象》），這個「無妄然」即是出於自然的必然性，因此說「萬物以自然為性，故可因而不可為也，可通而不可執也」（《老子注》二十九章）。從人性論上說也一樣，人的自然之

2 湯用彤《王弼聖人有情義釋》言此性實為情，見《湯用彤學術論文集》第256頁，中華書局1983年5月第1版。

性是沒有善惡的，不過表現為情，就有正邪之分，對此，王弼主張性其情。他這樣說：

> 不性其情，焉能久行其正？此是情之正也。若心好流蕩失眞，此是情之邪也。若以情近性，故云性其情。情近性者，何妨有是欲。若逐欲遷，故云遠也；若欲而不遷，故曰近。但近性者正，而即性非正，雖即性非正，而能使之正。……能使之正者何？儀也，靜也。（《論語釋疑》）

這裡我要對「性其情」說作一辯證。王弼此處所云「性其情」，並非以性制情之謂，而是由體發用之謂。如果心好流蕩失真，那麼情離開性，就是邪，如果情近性（情向性回歸），那麼情就趨正。在後一種情況下，連欲也是正常、正當的。性與情實為體與用，不能分離：情離開性，就意味著用遠離體，情靠近性，則表明用趨近體。這裡宜留意「近性者正」與「即性非正」之別，性是本然之體，體無善惡，是一個真正的「無」，因此「即性非正」，質言之，性不能制情，制情即人為，這是將性（體）與情（用）打為兩截，從體用論的角度看不可取。不過儘管「即性非正」，近性卻是可以正情，這是因為人性之中本來具有儀則、規範，它們是自然之理，如果能做到清淨無為，那麼也就自然順乎自然之理。王弼一方面把當然之則溶入於自然之體，以本體統一了善與真，另一方面又以體用關係來理順理性與感性（性與情），意在把情感收向本體，這樣就又統一了善與美。因此，他沒有回到儒家「治情」、「以道制欲」和「寡欲」（荀子和孟子）的老路上去。

王弼論情性，標出了一種很高的人格境界。他以為，聖人在覺悟水平上與常人有絕然的不同，他在精神上是極超脫的，境界很高。這一神明超詣的境界融溶且淨化了情感，所以聖人一方面「不能無哀樂以應物」，另一方面又「能體沖和以通無」，做到「應物而無累於物」。故而王弼的理論雖然並未從審美出發來綜合真與善，卻已經具有廣義的審美性質。王弼的這種性（體）情（用）不二方法為玄學對真善美的綜合提供了哲學武器，孕育了玄學情感哲學，而玄學情感哲學又為魏晉崇情思潮提供了哲學的營養。

有意思的是，王弼不僅把儒家的寡欲論和治情論打破了，而且似乎把莊子的無情論也給打破了。人的七情六欲得到承認，儘管是在形而上的理論層面上，不是直截了當的崇情，然而它卻是一個時代開始的標誌。我們知道，莊子以為追名逐利的行為是非自然的，而情感是與物欲和德性聯繫在一起的，於是他決然將道德領域從自己的生存界域劃出去，懸置起來。莊子所唯一認可的情感是超功利的審美情感，而這類情感在他的「詞典」中是不被冠之以「情」的。再細細想來，那種超功利的審美之情其實倒真正是「應物而無累於物」的，那是逍遙的精神境界。因此，我們不妨說何晏對莊子的理解是褊狹了，而王弼是以體用關係中的「無累」之情取代莊子審美式的逍遙之情，其實離莊子並不遠，可謂是殊途同歸。不過，莊子所始終難以介入的人倫關係，王弼卻以體用關係合理地將其悄悄地引入，也就是說，人們在人倫社會中，一方面可以活得很超脫，不拘謹，另一方面卻又可以自然而然地做到不違犯人倫準則，這種積極與消極之辨，是玄學家與原始道家的大別所在，是殊。王弼以天才（哲學）之手為魏晉崇情思潮開啟了閘門，大變終於來臨。

如果說何王們是玄學陣營中的右翼，那麼嵇阮們就是左翼。王弼更偏向於老子式的思辨，不那麼標舉莊子，嵇康則宣言自己更師莊周。他把莊子大氣磅礴的自然觀念上升為哲學本體——「自然之和」，此一和諧以樂律的形式合符於自然界的規律，是哲學之真。嵇康如王弼也講道德之善，不過那並非普遍的倫理概念，而是每一個體的個性德性（寓於特殊的普遍或是具有個性的普遍）。嵇康提出了著名的「聲無哀樂論」，成為晉室渡江以後玄學的三大論題之一。按照他的理論，音樂之美是沒有情感的內涵的，它只是「和平」，而處於社會生活中的人因其各自的生存境遇而懷著各種不同情感，他們聽音樂，音樂的和諧就將各人或哀或樂的情緒感發了出來。聽者的哀樂之情受到感發，其情感就可能重歸自然之和，此時，主體固然還未能忘懷哀樂之情（不能忘懷是因為它們是與自己的生存境遇緊緊結合在一起的），但它已不單單是給人以痛苦（或歡樂），而是在和諧的心境中感受這份痛苦（或歡樂）。嵇康的音樂理論也是遵循了玄學的有無之辯，合符於自然律的音樂沒有情感，為「無」，而生存於社會中的人有情感，是「有」，音樂之「無」賦予人以自然之和，人於是在和諧的心境中回味咀嚼自己的喜怒哀樂（有），「無」就給「有」提供了自然基礎（和諧心境），情感於是有可能被淨化和昇華。嵇康進而提出，音樂固然不能將情感傳遞給人人，卻可以經由和諧而增進各人與其哀樂之情結合著的德性，例如廉潔的伯夷變得更廉潔了，仁愛的嚴回變得更仁愛了，等等。這一針對著德性的綜合作用他稱之為「觸類而長，所致非一，同歸殊途」（《嵇康集・琴賦》），它的性質是審美的，而且向上提挈了作為個體德行的道德之善。嵇康的音樂美學達到了魏晉美學的高峰。

從人格上看，嵇康高唱「越名教而任自然」(《嵇康集・釋私論》）的口號，標誌著人格美的理想已經由名教而轉到自然上去了，這在理路上是與他的聲無哀樂論相應的。他的人格理想是「以無措為主，以通物為美」（同上），又並非沒有人道的原則立場。強調自然原則又不廢人道原則，是他與莊子不同的地方。嵇康的哲學美學以真為基礎，強調美善並濟，三者統一於自然之和。與王弼不同的是，嵇康並非以善為主導來包容美，而是以美為主導來提挈善（美的本質是和諧，因而比善更貼近自然之和的本體）。這種綜合下的情感也並非單純的審美情感，而是所謂的「同歸殊途」，殊途者即不同個體各自的德性，同歸者即審美經驗將那些不同的德性統攝起來，使之增強了，它們表現為各個不同的融溶了個體德性的審美情感。這樣，審美情感對於各種不同德性就具有極大的兼容性。他的美善二元並濟模式是情感哲學的一個極富特色的理論[3]。

竹林七賢之王戎是一著名的孝子，他有一句名言：「情之所鍾，正在我輩。」《晉書・王戎傳》說他性至孝，不拘禮制，居喪期間飲酒食肉，或觀弈棋，而容貌毀悴，拄著杖才站得起來。《世說新語・德行》記：「王安豐遭艱，至性過人。裴令往弔之，曰：『若使一慟果能傷人，濬沖必不免滅性之譏。』」按之《孝經》「毀不滅性，聖人之教」之訓，則王戎宜為不孝。七賢之阮籍也是如此，居母喪，飲酒二斗，舉聲一號，吐血數升，不光在家吃肉，還在司馬昭的公

3　嵇康的聲無哀樂論極可以拿來與佛教的般若空觀比較。音樂就好比是般若，音樂沒有情感內涵，只是和諧，般若也只是空。因為音樂只是和諧，所以它就成為普遍的本體。皎然《白雲歌寄陸中丞使君長源》說白雲：「白雲遇物無偏頗，自是人心見同異」，戎昱《秋月》說月亮：「思苦自看明月苦，人愁不是月華愁」，也是這個意思。關於嵇康美學，請參看拙作《嵇康美學》，浙江人民出版社1994年12月

堂上吃，禮法之士何曾以不孝罪控告他，事可參看《晉書·阮籍傳》。孝與名教未必一致，晉人之崇情和脫略名教於此可得有力的一證。

玄學情感哲學以自然情感論（包含氣論）的情感本體來反撥僵硬的儒教道德情感哲學，它偏於個體情感的弘揚，強調普遍的實現依賴於個體的實現。中國人性論史上第一次出現這樣的局面：情（特殊，個別）的淨化先於德（普遍，一般）的超升，審美經驗的重要性強過道德經驗。王弼的「聖人有情論」和嵇康的「聲無哀樂論」都是如此，只是後者更美學化也更個體化。王弼的理想人格還是經他改造後的孔子等聖人，而嵇康的理想人格就純是「普通（自然）人」（《釋私論》云「以無措為主，以通物為美」）了，兩者的基本品格為「無為」或「自然之和」，其玄學思路是本體論而非道德論的。從此，儒家大一統的塑造單一理想人格的教化觀念被突破，莊子式的審美經驗復活了，人性人格（包含德性）變得豐富無比和生動多彩了。

2.自然與逍遙——莊子精神的現象學轉換

向秀和郭象的《莊子注》，通過對《莊子》的讀解[4]，來闡發他們自己的思想。向郭的思想，是何王和嵇阮以後玄學的又一重鎮。他們的逍遙觀和自然觀，表現出不同於莊子也不同於王弼的特點，為玄學美學通向禪宗美學的重要樞紐。

> 夫無力之力，莫大於變化者也。故乃揭天地以趨新，負山嶽以舍故，故不暫停，忽已涉新，

4 當代有人稱之為「誤讀」。其實古人早已發現，《大慧普覺禪師語錄》卷二二有云：「曾見郭象注莊子，識者云：卻是莊子注郭象。」

則天地萬物無時而不移也。世皆新矣，而自以爲故；舟日易矣，而視之若舊；山日更矣，而視之若前。今交一臂而失之，皆在冥中去矣。故向者之我，非復今我也。我與今俱往，豈常守故哉？（《莊子・大宗師》注）

《莊子注》講運動變化是絕對的，實際上是對運動變化作了靜觀的描繪，認為物體在這個瞬間處於這個位置，在下一個瞬間就處於另一個位置，於是運動就被看作是無數瞬間生滅狀態的連續。一切事物都沒有穩定的質的規定性。在這「日新之流」中，什麼都留不住，一切現象即生即滅，「皆在冥中去矣」。這樣，「有」就成了「無」。「玄冥者，所以名無而非無。」（《莊子・大宗師》注）這個「玄冥」或「無」並非「有不能生無，無不能生有」的「無」（沒有），而是無形無象的「無」（虛無）。

《莊子注》以為自然界是許多個別的物「塊然而自生」，塊然指物的「獨」，即物是以個體的形式而存在的。這個「自生」的物，除了自身，沒有什麼別的力量可以使它產生，這叫做「自為」或「獨化」。但另一方面，又不否認世界上存在著普遍的聯繫，只不過以為這種聯繫是「彼此相因」，事物都是「對生」、「互有」的。

彼我相因，形景俱生，雖復玄合，而非待也。（《莊子・齊物論》注）

天下莫不相與爲彼我，而彼我皆欲自爲，斯東西之相反也。然彼我相與爲脣齒，脣齒者未嘗相爲，而脣亡則齒寒。故彼之自爲，濟我之功弘

矣，斯相反而不可以相無者也。（《莊子·秋水》注）

質言之，世上所有事物間的關係就如人形與影子、唇與齒一般，互相為「緣」而非為「故」，「故」是事物之間邏輯或時空上有因果或先後的關係，「緣」則是無形的無所待的聯繫，為辯證的相反而相因，為「玄合」。至於事物之間如何玄合，卻是看不到的，因而它是「無」，但不是如在王弼那兒是作為本體之「無」（道），作為「母」或「根」，因為萬物都是「自得耳，道不能使之得也」（《莊子·大宗師》注）。玄冥之境並不是一個本體。

《莊子注》中體現的自然觀，可概括為「獨化而相因」或「獨化於玄冥之境」，具有現象學的色彩，一方面可以引向對個體的存在之鏡的哲學反思，即從哲學上認識到個體的真實存在必然是自為而非相待的，相應地，這個真實存在只據有一段極短暫的時空；另一方面又可以將莊子式大氣磅礡的自然轉化為個體的、片斷的自然現象，它也只據有一段極短暫的時空[5]；這種存在論或現象學上的短暫時空，作為個體性高揚的真實條件，首先在中國哲學史上導出了時空孤立化的觀念，儘管同時承認所有個體的人和個體的自然物彼此都是相互為用的。

我們要非常重視自然觀的這一變化，既因為它標誌著中國哲學思辨的深入，同時也因為它為美學自然觀的進展打開了通路。這一新的自然觀，將莊子所感歎把握不住的時間之流作了靜態的分割，首肯物在時空當中存在之個體性（短暫

5 以將運動變化絕對化的方式靜止地理解自然之物，可以同時不廢時間之流，這一點可能有別於佛教超絕的時空觀。

的時空規定），因此眾多自然現象就可以被當作審美觀照的對象而孤立起來（即所謂獨化），而同時它們又是無為、無形地在時間之流中「玄合」著的（互相有關聯）。這種既講「獨」又講「緣」的自然觀，可以在某種程度上視為禪宗美學自然觀的前導。當然，禪宗是要講自然的空化，以為萬事萬物沒有自性，與向郭主獨化之「有」，每一個體的事物都有其存在的理由，是基本不同的。

從莊子經《莊子注》再到禪宗，其觀照自然的視角總的走向是從宏觀到微觀，從動態到靜態。莊子有著更多的泛神論傾向，而從《莊子注》到禪宗（佛教）則現象學意味逐步增強。以後，中國美學中純美學一路，大體就是莊子傳統與佛教現象學視角的結合（禪宗的看空是現象學方式的強化），禪宗美學或大而言之佛教美學都是如此。作一個粗略的譬喻，就自然觀而論，莊子美學是「大寫」的，禪宗美學是「小寫」的，而玄學美學則是居於「大寫」與「小寫」之間。

《莊子注》還重新闡釋了人的逍遙：

> 夫小大雖殊，而放於自得之場，則物任其性，事稱其能，各安其分，逍遙一也，豈容勝負於其間哉？（《莊子・逍遙遊》篇目注）

與莊子獨講無待之人不同，向郭的逍遙則兼談無待與有待。無待者聖人，是玄學的老套。而論「有待」更重要，那是說獨化的個體若要「任其性，稱其能」，就需要滿足一定的條件，即所待。

> 夫質小者所資不待大，而質大者所用不得小矣。故理有至分，物有定極，各足稱事，其濟一也。（《莊子・逍遙遊》注）

《莊子注》提出「體其體，用其性」（《莊子・則陽》注），物各有性，為體（質即體），物性之自然，為用，如果「順物而暢」，於是能達到體用統一。這種體用的統一落實到了個體的人之上，就是人的逍遙。《莊子注》其實是以自然為自由，以為最高的境界是無數個體的「自得之場」，其本質還是無為，所以向郭以為「道無能也」，而不是如王弼的道是一個「無」的本體。

向郭的注《莊子》，在情感理論上要弱於王弼，然而在自然觀方面卻要強大得多，與「獨化」說相呼應，向郭其實是把王弼的有情之聖人降落到平常人，並把他們理解為具有自然秉性的個體，對聖人的推崇似乎只是一個幌子。在魏晉時期，個體人格強化的另一面就是聖人理想的弱化，或者用另一個術語來表述，那是人格的名士化，如向秀所屬竹林七賢小群體的兩位領袖嵇康與阮籍，前者倡「以無措為主，以通物為美」的人格理想，後者主「大人先生」的風采，以名士風度和自由寬容的社會理想突破了右翼玄學的聖人理想，陶淵明更只求做一個田園中的逍遙派，已不預名士之列了（事實上他與當時的名士也根本無接觸）。向郭的《莊子注》恰恰是為這一潮流作了哲學上的發揮，儘管在政治批判方面他們遠遜於嵇阮們。向郭強調了個體在其所處的「無妄然」的境遇中獲得自由，把偶然現象視作必然（在那個短暫的時空點上），「泯然以所遇為命」。顯然，這一觀點有著弱者道德的理論傾向，但是它也有其美學上的優點。它所傾心的個體的逍遙，就相當於自然之物的獨化，把個體及其境遇當作現象學上的觀照對象來思考，更像是一種審美經驗，於是，個體的自由就具有了美學的品格。這種自由，與禪宗所倡個體的覺悟境界有些接近。與莊子比，《莊子注》弱化了莊子的審美經驗，不過它又為另一種更為精細的審美經驗的出現作了重要的理論準備。如果從這個角度想去，那麼這種弱化似乎又有邏輯上的必然性。

3.謝靈運的意義

謝靈運，此人在中國文學史上有著相當高的地位，同時，他也是中國佛教開始發展階段一個重要的人物。謝氏著《辨宗論》，推崇佛教，參加過對大本《涅盤經》的修訂[6]，又長於作遊覽體的山水玄味詩，為中國山水詩之開山祖。作為一個對佛教有甚深偏愛、與佛教徒廣為結交的名士，他在玄學美學與禪宗美學的轉換之間具有極為特殊的意義。

與謝氏同時，佛教徒竺道生提出了著名的一闡提人也能成佛論，其理論根據有兩條：「一切眾生，莫不是佛，亦皆泥洹」（《法華經疏・見寶塔品》）和頓悟成佛。依他的見解，任何人都有佛性，因而任何人都可以成佛。而依玄學家的見解，凡人與聖人之間有著一條鴻溝，即便是顏淵也與孔子有一間之隔，不可能成為孔子那樣的聖人。在個人主義風行的魏晉，出現這樣的理論，一方面是玄學左翼淡化聖人理想，或不再渴望成為聖人，追求自由人格（名士派）的結果，另一方面則可視為玄學右翼調和儒道的努力在理想人格

6《高僧傳・慧嚴傳》曰：「《大涅槃經》初至宋土，文言致善，而品數疏簡，初學難以厝懷。嚴乃共慧觀、謝靈運等依《泥洹》本加之品目。文有過質，頗亦政治，始有數本流行。」皎然《秋日遙和盧使君遊河山寺宿揚上人房論涅槃經義》曰：「翻譯推南本，何人繼謝公。」

問題上所留下的缺憾。謝靈運作《與諸道人辨宗論》，在當時關於聖人如何可能、是否可學的激烈爭論中，支持竺道生的頓悟說。認為釋氏主張聖人「積學能至」，途徑是漸悟，孔氏（其實是玄學）則以為聖人不可學不可至，而道生提出去掉前者的漸悟，又去掉後者的不可至（即凡聖鴻溝），那麼聖人就是不可學而可至，此為孔釋二家的折衷。謝氏以為，這樣就跨越了凡聖鴻溝，解決了玄學所未能解決的問題。這種思路，也可以他對佛教總的看法證之。他說：「六經典文，本在濟俗為治耳，必求性靈真奧，豈得不以佛經為指南耶？」（見何尚之《答宋文帝讚揚佛教事》，《弘明集》卷十一）從魏晉以降人文主義思潮的發展趨勢來看，崇揚個人主義和主張社會平等、寬容似乎是其必然邏輯。然而上述結局卻未能由玄學所引出，而是歷史地落到了作為外來文化的佛教身上，佛教主動地與玄學調和，其結果乃是為中國學術和思想開闢了新的方向。

思想史家認為，謝靈運對竺道生頓悟成佛論的推崇，標誌著佛教進一步探向中國文化深處，並開始溶入中國傳統思想成為其有機組成部分。在我看來，中國美學有著人格化的基本品格，謝氏對佛教頓悟成佛說的接納，以外來文化的形式延續了這一品格，標誌著傳統美學中人文主義精神的進一步強化，標誌著人格美理想的普及化，從而為玄學美學轉向禪宗美學創造了條件。

謝靈運是中國山水詩的開創者，他的山水詩的意象組合依中國傳統的方式，而在意味上有所轉變，值得重視，雖然與禪宗形象思維的意象組合方式仍大不一樣。

江南倦歷覽，江北曠周旋。懷新道轉迥，尋

異景不延。亂流趨孤嶼，孤嶼媚中川。雲日相暉映，空水共澄鮮。表靈物莫賞，蘊眞誰爲傳。想像昆山姿，緬邈區中緣。始信安期術，得盡養生年。（《登江中孤嶼》）

作為東晉功臣謝玄的孫子，入宋以後仕途上已然失意，又被放於永嘉，他雖頗嚮往和推崇佛教，然不免徘徊於出與入、生與死之間，未能把此關參破、看空。此詩中尤其應該細細琢磨的是作者在大自然中的遊歷過程，他並未如莊子一般真正深入到自然的節奏中去，親和自然，去作逍遙遊，而是貌似逍遙，其實心思卻重得很；同時，也未能如禪宗那樣把自然全然看空，將自然心象化。自然景象作為「客」，此時仍十分地與「主」（詩人）融洽，「主」看「物」（「客」）的方式仍與莊子傳統不遠，然而「主」卻不那麼全身心投入，不那麼親切體貼，心思與景物若即若離地別為兩路，其間產生一定程度的張力。於是，詩歌的結構變得複雜起來，一方面是在遊覽中觀物，另一方面是借觀物以悟理，兩者水乳交融的境界很難達到，讀來自然就並非渾然一體，讀者的感受也在作者的心思與景物之間倚輕倚重，為之複雜化。讀謝靈運的詩，讀者須準備一種同情的態度，方能與之共鳴。而此共鳴大多須待詩中的「秀句」加以引發。中國的詩歌發展到謝靈運，自然的山水景物開始具有某種現象學的意義，它決不排拒人，卻也不再那麼樸素，也絕非使人感覺十分地可親，足以真正地寄託於斯，人如果對它採取觀的態度，那麼它可以使人有所悟（「一悟得所遣」《從斤竹澗越嶺溪行》），只是謝靈運並沒有真正做得到「慮澹」而「輕物」（同上），故而尚未大徹大悟。親和力消減的另一面，就是悟解力的增強。

這裡，我們把謝與陶作一比較，是頗有意思的。長謝二十歲的東晉詩人陶淵明，雖然也與名僧慧遠有來往，不過他的詩卻似乎沒有怎麼受佛教的影響。

> 結廬在人境，而無車馬喧。問君何能爾？心遠地自偏。採菊東籬下，悠然見南山。山氣日夕佳，飛鳥相與還。此中有眞意，欲辨已忘言。（《飲酒二十首》）

陶氏純粹是莊子一派，視自然為親人，詩人眼裡的田園與詩人的心胸全然融為一體，具有真正的逍遙。讀者不必採取同情的態度即可與作者達到情緒上的共鳴。再來讀一下他的《歸去來兮辭》片斷：

> 舟遙遙以輕颺，風飄飄而吹衣。問征夫以前路，恨晨光之熹微。乃瞻衡宇，載欣載奔。……

那種由仕途回歸自然的喜悅，在謝詩中是讀不到的。陶氏心目中的自然是實的，而謝氏心目中的自然卻是虛的。在前者，親和自然即是悟，在後者，悟在親和自然之後，親和是悟的條件，卻不是悟本身。前者為純粹的自然主義，後者則在自然主義之外更添了一層現象學式的意象主義的意味。這就是陶詩意象中之可親的田園與謝詩意象中之可悟（觀）的山水之區別所在。中國文學史上陶謝並稱，二人分別開創了田園詩和山水詩的傳統，其重要性不言而喻。然而，從上述的比較中，我們也許更可以嗅出兩者的不同之中恰恰傳遞了那麼一絲佛教滲透入中國文學以及稍稍偏離莊子傳統造成新的美學品格之消息，他們兩人的詩文確實代表了中國美學的兩種有聯繫而又不同的智慧與經驗，而且，謝氏所開創的路子在以後將借助於律詩而有更為重要的發展。

二、玄學接引下的般若學

1.《世說新語》中的名僧與名士

> 漢末魏晉六朝是中國政治上最混亂、社會上最苦痛的時代，然而卻是精神史上極自由、極解放，最富於智慧、最濃於熱情的一個時代。因此也就是最富有藝術精神的一個時代。（宗白華《論〈世說新語〉和晉人的美》，見《美學散步》）

宗白華將這一個同時發現了自然美和人格美的時代，稱為「世說新語時代」，並著重強調此一時期人們所持的「人格的唯美主義」，誠為不刊之論。

這樣一個審美的時代，以往研究者多從玄學的角度來予以談論，現在我們試著換一個角度，來觀察一下活躍於「世說新語時代」的崇佛者們。

讀《世說新語》，以人數計，涉及佛教徒者凡十七人，其中尤以支道林為多，以篇目計，涉及僧人者凡十七篇（世說共三十六篇），以條目計，涉及僧人、佛寺、佛經者凡六十八條，可見此時代佛教流傳之盛況[7]。

東晉的一段時期，支道林成為清談領袖，《世說新語》

7 以上統計據徐震堮《世說新語校箋》附《世說新語人名索引》。

「言語」、「文學」、「賞譽」等十一篇中有四十九條出現他的名字。其中《文學》篇第三十六條云：

> 王逸少作會稽，初至，支道林在焉。孫興公謂王曰：「支道林拔新領異，胸懷所及乃自佳，卿欲見不？」王本自有一往雋氣，殊自輕之。後孫與支共載往王許，王都領域，不與交言。須臾支退。後正值王當行，車已在門，支語王曰：「君未可去，貧道與君小語。」因論《莊子・逍遙遊》。支作數千言，才藻新奇，花爛映發。王遂披襟解帶，留連不能已。

這一條講支道林如何以玄理折服心傲氣盛的王羲之（逸少），談的題目是莊子逍遙遊，仍範圍於玄學。參與其中的孫興公（孫綽）曾作《道賢論》，以七名僧比魏晉之際的竹林七賢，他們是法祖匹嵇康，道潛匹劉伶，法護匹山濤，法乘匹王戎，支遁匹向秀，法蘭匹阮籍，丁道邃匹阮咸。

又《文學》篇第四十條云：

> 支道林、許掾諸人共在會稽王齋頭，支爲法師，許爲都講。支通一義，四坐莫不厭心；許送一難，眾人莫不抃舞。但共嗟詠二家之美，不辯其理之所在。

這一條是講佛經，眾聽者對二人辯難的具體內容似乎不太關心，倒是對二人講佛法的辯難方式和過程頗有興趣，並視之為美。可見，名僧支道林確實成為當時的玄學領袖、著名的清談家。僧與士一身而二任的支遁是一個標誌，意味著公元四世紀佛教向中國高級知識階層滲透的成功，從此，名僧可以與名士比肩。

湯用彤《漢魏兩晉南北朝佛教史》對這一現象作過一個分析：「自佛教入中國後，由漢至魏，名士罕有推重佛教者。尊敬僧人，更未之聞。西晉阮庾與孝龍為友，而東晉名士崇奉林公，可謂空前。此其故不在當時佛法興隆。實則當代名僧，既理趣符老莊，風神類談客。『支子特秀，領握玄標，大業沖粹，神風清蕭。』（弘明集日燭中語）故名士樂與往還也。」湯氏論名僧「理趣符老莊，風神類談客」一斷語，頗中肯綮。意思是說名僧們所談佛理與老莊精神是相符的，風度亦還是魏晉風度。

支道林的風度之中更融有強烈的人文精神，《世說新語・言語》記：

> 支公好鶴，住剡東岇山。有人遺其雙鶴，少時翅長欲飛，支意惜之，乃鎩其翮。鶴軒翥不復能飛，乃反顧翅垂頭，視之如有懊喪意。林曰：「既有陵霄之姿，何肯爲人作耳目近玩！」養令翮成，置使飛去。

支氏所云鶴的「陵霄之姿」，體現的其實就是他自己追求逍遙的自由精神。他淹留京師三年後上書告辭，有云「上願陛下，時蒙放遣，歸之林薄，以鳥養鳥」(《高僧傳》)，這些正可以與嵇康《與山巨源絕交書》中論鹿的名句對讀：「少見馴育，則服從教制；長而見羈，則狂顧頓纓，赴蹈湯火，雖飾以金鑣，饗以嘉餚，愈思長林，而志在豐草也。」兩者的精神是一致的，只不過支氏說得雅致，而嵇氏則更為峻烈。約一千五百年後，龔自珍著名的《病梅館記》則是這種精神在他那個特定時期的重演。

> 支道林常養數馬。或言：「道人畜馬不韻。」支曰：「貧道重其神駿。」(《言語》六十三)

這也是一則著名的典故，看來支道林養馬在旁人眼裡是不太合乎僧人氣格的，被譏為「不韻」，用語是玄學的，似乎是指摘他未能脫俗，而支氏則申言，看中的是馬的「神駿」。以上兩則典故，都體現了支道林的自由人格和審美境界，不像嚴守戒律的僧人之所為。

我們且引《世說新語》中另一些關於佛教的條目來作進一步申論。

> 庾公入佛圖（佛寺），見臥佛，曰：「此子疲於津梁。」於時以爲名言。(《言語》四十一)

此語道來非常灑脫，絕無佛教的莊重感，但論印度佛教佛救渡眾生的生存方式則極為準確。當時的名士也很有喜歡讀佛經的，如「三日不讀《道德經》，便覺舌本間強」(《世說新語・文學》)的殷浩，《言語》四十三條說他曾讀《小品》[8]，寫下了二百張記有疑難處的書簽，欲問難於支道林。《高逸沙門傳》中亦記浩曾欲造訪支而不得。《語林》

8 值得著重指出的是殷浩讀佛經，是在他被黜期間。《世說新語・言語》記：「殷中軍被廢東陽，始看佛經。初視《維摩詰》疑『般若波羅密』太多；的見《小品》，恨此語少。」另《文學》第五十九條亦記有殷浩被廢讀佛經事。

中說，殷浩於佛經所不了處，請支遁為之釋疑，王右軍阻支成行，對他說：「淵源（殷浩）思致淵富，既未易為敵，且己所不解，上人未必能通。縱復服從，亦名不益高；若佻脫不合，便喪十年所保。可不須往。」這三條合起來一個意思，即殷浩讀佛經十分深入，曾經頗有意與支遁展開一場名士與名僧的最高級清談，惜為王羲之所阻。可以想見，此類清談辯難，對當時士人瞭解佛教和名士名僧交流是大有裨益的。

但也有隨意而不準確的，如，《言語》五十一條，顧和帶著他的孫子和外孫，顧敷（七歲）和張玄之（九歲）去佛寺，看見佛的涅槃像，弟子中有哭泣的，也有不哭泣的。顧就問二位孫何以故。張玄之解答道，得到佛祖恩惠的就哭，未能得到恩惠的就不哭。而顧敷則答道，不對，應該是忘情者不哭，未能忘情者哭。[9]張玄之所答肯定錯，而顧敷所答則一味循著玄學的思路，以忘情與未能忘情來區分二者。這種以玄學思維作解佛教的方法，固有其高妙之處，卻是全然不顧佛教的本義的。[10]

以上大多是關於人格和情感的，再來看看此時僧人對於自然的看法。

> 殷（浩）、謝（安）諸人共集。謝因問殷：「眼往屬萬形，萬形來入眼不？」（《世說新語・文學》）

9 《世說新語・文學》亦記僧意與王修辯難聖人有情。

10 湯用彤《言意之辨》云：「東晉佛徒釋經與名士解儒經態度相同。均尚清通簡要，融會內外，通其大義，殊不願執著文句，以自害其意。故兩晉之際有名僧人，北方首推釋道安，則反對格義；南方傾倒支道林，則不留心文句。」（《湯用彤學術論文集》第230頁）

謝安思維很敏銳，此一問題似乎不在傳統儒、道、玄的論域之內，它的提出，顯然是受到佛教的影響。劉孝標注引《成實論》：「眼識不待到而知，虛塵假空與明，故得見色。若眼到色到，色間則無空明。如眼觸目，則不能見彼。當知眼識不到而知。」意思是說，眼識無須對象（「不待到」）就可以「知」（塵為虛）；塵為虛，只是借助空和明，人們才見到了色；如果眼與色直接相觸（「到」，意即頓然、當下相觸），則空與明就沒有了。因此，謝安問題的前半問「眼往屬萬形」是合乎佛教教理的，眼識識空，色背後還是空；後半問「萬形來入眼」則是不合乎佛教的，因為萬形只是借了空與明才被視為色，「萬形」是沒有自體的，它當然也就不能作為體（即使是客體）而「入眼」了。此條有問無答，劉孝標認為有闕文，可惜見不到殷浩的回答，使我們無法知曉他對此一問題的看法。不過無論如何，當時的名士們已經對此類相關於美學的基礎性問題有了理論上的興趣，把它作為清談的一個題目，是確切無疑的了。[11]

僧人對自然的實際看法是這樣的：

> 道壹道人（竺道壹）好整飾音辭，從都下還東山，經吳中。已而會雪下，未甚寒，諸道人問在道所經。壹公曰：「風霜固所不論，乃先集其慘澹；郊邑正自飄瞥，林岫便已皓然。」（《言語》）

這種對自然的賞會，全然持玄學家親和與同情的態度。

11 關於眼與色（視覺與對象）的關係，是禪宗感性經驗理論的一個重要方面，本書第四章第二節將就此展開詳盡的論述。

聯繫前述支道林論鶴與馬的人格化、唯美的思路，則可知「世說新語時代」（東晉）僧人們仍多將自然看作一有生命的實體，佛教大乘空宗看空的自然觀似乎尚未有大的影響。至少，名士派的名僧們是如此。

2.從獨化到即色是空

中國人早期的自然觀，無論是道還是儒，都把自然視為實有而把人生價值的某些部分如道家眼中的名利（包括名教）、儒家眼中的物欲視為虛幻（一部份儒家也是這樣看的），因而有「無」的哲學（如無情）。到了玄學，「無」的哲學升進為本體論，但是並不否認自然為實有，相應地，在人格論上則追求任自然的逍遙。後來，佛教帶進來「空」的哲學，原先不爭的事實，即自然的實有，生命的大化流行，開始受到根本的懷疑和衝擊，甚而至於將自然宇宙全然看空。這在中國哲學史上是一個翻天覆地的大變，在中國美學史上亦是如此。

湯用彤《漢魏兩晉南北朝佛教史》云：「釋家性空之說，適有似於老莊之虛無。佛之涅槃寂滅，又可比於老莊之無為。而觀乎本無之各家，如道安、法汰、法深等者，則尤善內外。……因此而六朝之初，佛教性空本無之說，憑藉老莊清談，吸引一代之文人名士。於是天下學術之大柄，蓋漸為釋子所篡奪也。」

向郭倡萬物自生，萬物無體而有自性（各當其份，各任其性），因之主逍遙，前已論之甚詳。不過向郭以及整個玄學的有些概念，如化、自然等，則成為援引佛學空觀進入中國的中介概念，以下將多有涉及。

道安為東晉最有名的佛教徒，是本無派的代表人物。本無即性空，本性空寂所以言本無，又可言真如。劉宋人曇濟論本無宗宗旨：

> 本無之論，由來尚矣。何者？夫冥造之前，廓然而已，至於元氣陶化，則群象稟形，形雖資化，權化之本，則出於自然，自然自爾，豈有造之者哉？由此而言，無在元化之前，空爲衆形之始，故謂本無。非謂虛豁之中，能生萬有也。（《名僧傳》抄《曇濟傳》引）

這裡，值得注意幾個概念：元氣、化、自然。這幾個概念並非來自佛教，它們是中國傳統哲學的觀念。其中「自然自爾，豈有造之者」一語，幾乎就是王弼、郭象們的語言，就是「虛豁之中，能生萬有」，也是玄學家們所不能同意的。不過道安之用這些個概念，並非主張元氣自然觀，而只是為了藉以說明「非謂虛豁之中，能生萬有」，即空無是本無的道理。借用這些概念來表述佛教的空觀，似乎必然帶來兩種語境相左從而導致理解困難的缺憾。我們從下面的話可以證成這一點：

> 聖人以四禪防淫，淫無遺焉；以四空滅有，有無現焉。淫有之息，要在明乎萬形之未始有，百化猶逆旅。（《出三藏記集》卷六，《大十二門經序》）

12　後來唐初僧王梵志的僧詩中還把人的身體也視為旅館，如《此身如館舍》：「此身如館舍，命似寄宿客。客去館舍空，知是誰家宅？」

將自然的林林總總視為旅館，這在中國傳統中是從來沒有過的觀念[12]。王弼要求體無，是以體用關係把無與有統一起來，以為體無才能全有。向郭主張萬物獨化於玄冥之境，這個虛無之境不是本體，而是在絕對運動之中的物的自生自為和彼此相因。強調了運動的絕對性，是有可能引出視自然為旅館的思想的，如「物無妄然，皆天地之會」(《莊子・德充符》注)，「冥然以所遇為命」(《莊子・人間世》注)，就有這種傾向。可以看出，向郭雖然並沒有提出這一思想，卻是不期然地與般若空觀有所冥會。[13]一旦把自然看空，那麼人就不可能產生與自然親和的念頭。雖然道安的《人本欲生經注》中還如莊子那樣說「恬然與造化俱遊」，可是這種不與自然親和的逍遙遊，其實是對莊子傳統的有意「誤讀」。中國傳統哲學要麼把自然視為實有，要麼把自然視為本體（可以是無的本體，如在王弼那兒），卻從不把自然視為真正的「無」或「空」。因此，道安的「自然自爾」之「有」，表面上看似乎是向郭式的觀念，其實卻是佛教因緣合和而成的意思。他的自然概念，也只是從自然為實有的觀念向自然為虛空的觀念轉換過程中的一個跳板。換言之，撇去語言表述上的模棱兩可之處，道安的觀念已經基本是大乘佛教的空觀了。「萬形未始有，百化猶逆旅」，空觀把自然的實有給否定了。於是，繼續看空不可避免。最明顯的變化是「自然」或「物」一變而為「色」：

> 夫淫息存乎解色，不系防閑也；有絕存乎解

13 向秀和郭象的思想尤其是他們的自然觀，確實與佛教大乘空宗有某種程度的接近。至少，《莊子注》形成了從王弼以來的玄學向佛學過渡的一個中間站。至於這個中間站本身究竟是中國思想發展的必然產物，還是受到佛教般若學直接或間接影響的產物，似難以遽斷。

> 形，不系空念也。色解則冶容不能轉，形解則無色不能滯。（道安《大十二門經序》）

相對於有與無，色與空為一對全新的概念，純佛學的概念[14]。佛教把世俗世界分為欲、色、無色三界，中間那個色界大概相當於我們的物質界。在這一界中，地、水、火、風四大元素集合起來，造成了色，稱為四大造色。因為四種元素所造色還只是清靜的物質性的東西，所以這一界為已經離卻了色欲、貪欲和財欲等生命欲望的人們所居住。依佛教原理，人通過眼、耳、鼻、舌、身五種感官，對一切現象界有所感知，稱為色法。感知分為五種，即色、受、想、行、識，稱為五蘊。色，既可以指現象界，也代表了佛教所理解的人對外界現象的感受。在般若學看來，色即是空，把色看空，透過色去悟解空，色界（自然）為解脫和超越的對象。佛教有心法與色法之分，指精神現象與物質現象。禪宗美學研究的兩個入手之處即是心法與色法。

支遁，前面我們對他的逍遙已經有所瞭解，是當時佛教六家七宗中即色宗的代表人物。

> 夫色之性也，不自有色。色不自有，雖色而空，故曰「色即爲空，色復異空」。（《世說新語・文學》注引《妙觀章》）

這一家的特點是就色而論空。倡即色是空，講萬物並無自性（色不自色），因此色是假有，是空，但也並非別有一虛空，而是色即是空。孫綽以支遁匹向秀，確實，向郭的獨

14 後來慧能《壇經》講對法，即把色與空作為三十六對之一。請參看本書第二章103頁以下。

化說與支遁的即色論有著某種相近之處。而僧肇批評即色論云：「夫言色者，但當色即色，豈待色色而後為色哉。」那是說，當下之色即是色，並不是色外另有色來決定此色的自性。其實，佛家都是主張對對象（現象）進行直接的當下的觀照，因此也都是當色即色的。細繹之，此「當色即色」實是莊子一派的理論，未真正看空，而與向郭的獨化主張相似。向郭講每一物自生，均有自己存在的界限與理由，而支遁講色為假有，是沒有自性的，色都應理解為空的現象。兩者運用體用方法是同，但其「體」則大異，一為有，一為空。色與空似乎是有與無的翻版，然而又確實超越了有與無的對偶。它在原理上仍然遵循了體與用的關係，卻是體用關係的一種全新的類型。

另一方面，儘管支氏即色義看空的意圖非常明確，然而他自己的人生哲學卻未必是真正看空的。且看支氏之逍遙義：

> 夫逍遙者，明至人之心也。……至人乘天正而高興，遊無窮於放浪，物物而不物於物，則遙然不我得。玄感不爲，不疾而速，則逍然靡不適。此所以爲逍遙也。」（《世說新語·文學》注引《逍遙論》）

此處「物物而不物於物」一說，仍範圍於莊子一派。這種逍遙，也並非是看空的自由。支氏逍遙義，與向郭之學相近，而即色義，與向郭之學相近而大異。支氏雖然著重論述了色空之關係，然而在他身上，自然或色卻仍然是看空的最大的障礙。

不過我們不能不看到，從支遁開始，色與空的對舉為中國人的審美心理和審美經驗開闢了新的領域。色的觀念漸漸地起來，與物（外物，指人的生理和名利欲求的對象）和自然（化）的觀念互相滲透而平分秋色，玄與佛漸趨合流，成為晉人審美經驗的新對象和新境界。玄言詩的創始人、山水詩的引路人孫綽的《遊天臺山賦》就表現出這一特色。賦題一「遊」字，那是莊子的傳統，其中云「太虛遼闊而無閡，運自然之妙有，融而為川瀆，結而為山阜」，將自然稱為「妙有」，也是玄學一路。賦的結尾則云：

> 於是遊覽既周，體靜心閑。害馬已去，世事都捐。投刃皆虛，目無全牛。凝思幽岩，朗詠長川。……挹以玄玉之膏，嗽以華池之泉，散以象外之說，暢以無生之篇。悟遣有之不盡，覺涉無之有間；泯色空以合跡，忽即有而得玄；釋二名之同出，消一無於三幡。恣語樂以終日，等寂默於不言。渾萬象以冥觀，兀同體於自然。

山水造化之中的遊覽可以使人「體靜心閑」，當然是「妙有」了。但是同時又有一種覺悟起來：如果終究未能把「有」徹底排遣，那麼對「無」的體認也就所不足了。於是就要將色與空的界限泯滅，從「有」以得「玄」。這個「玄」是妙道，是玄學與佛學統一的境界。於是真正瞭解，有與無只是起於一源的兩種名稱罷了，色、空、觀（三幡）也可以歸一於無。因此，孫綽既要求借助於佛學來將自然看空，「渾萬象以冥觀」，也要求自己能最終如莊子般與自然為一，「投刃皆虛」，「兀同體於自然」。從中我們可以看到，莊子式的審美經驗仍然佔據主要地位，但般若學的空有觀念卻已經成功地滲入了「遊」自然的審美經驗之中了。換句話說，逍遙遊的審美經驗已經更多地注入了觀和悟的佛學心理成分。這種審美品格，與前面講到的謝靈運山水詩的品格是完全一致的。

對當時佛教六家七宗作出總結的，是傑出的中道哲學家僧肇。他著有《不真空論》、《物不遷論》和《般若無知論》，他的非有非無的空觀與靜止的時間觀為美學的佛學化打下了哲學的基礎。前面我們已經講到，向秀和郭象以為，正是因為萬物自生而無所待，完全獨化了（有自性），彼此之間才可能發生相因的關係。這種聯繫在無形中形成一個「玄冥之境」。另一方面，向郭他們也否定了事物的質的穩定性，認為一切現象都不免是即生即滅的。僧肇則宣稱，世界上的事物本來都是不真實的，人們所看到聽到的無非是幻象，「萬物無非我造」(《般若無知論》)。如果說它有，它是幻象，「有不能自有，待緣而後有」(《不真空論》)，如果說它無，它倒是既有的形象（僅僅是現象），並非「湛然不動」之無。有或無都是因條件而相對的，只有通過「緣起」才可以說明白，「有也無也，心之影響也；言也象也，影響之所攀緣也」(《答劉遺民書》)，因此，只能說「非有非無」，不真即空。《物不遷論》說：

> 旋嵐偃岳而常靜，江河競注而不流，野馬飄鼓而不動，日月曆天而不周，復何怪哉？

表面上看來，它似乎仍是先秦辯者「飛鳥之影未嘗動」的命題，其實卻是一種很典型的大乘佛教的觀物法。認為過去不能延續到今天，今天也不是從過去而來，事物之間不相往來，也沒有變遷，世界永恒寂靜。「法」本無相常住，一切事象都是「緣起」而有，時空中的因果紐帶中斷了。僧肇能夠從宏觀上把運動看破，宣稱讓莊子驚歎不置的大化流行（變化中的自然）全然是假像。乾坤倒覆，不能說它不靜，洪流滔天，不能說它是動。推論到極點，就會走到以完全靜止的觀點來看待世界，有相不過是對無相的證明，這樣一來，實際上也就把時間和綿延給否定了。這一思想，表現了佛教自然觀真正的本質。而且此種觀照所形成的意象，因為將動靜相對的兩極統一到了一起，表現得極為鮮明生動，顯出一種全然不同於莊子和「世說新語時代」的美。

向郭和僧肇兩種自然觀有著根本的同，前者肯定世界的第一原理是「有即化」，為一個瞬間生滅的日新之流，主張人們應該「與化為體」即任化，並否認有一個造物主或絕對本體（甚至像王弼所說的那種「無」），而後者以為世界的第一原理是「至虛無生」，空靜是絕對永恒的，只不過應該借萬物的變化來揭示和體認這一寂滅實相，化不能作為體，卻可以「即萬物之自虛」，通過萬化（用）來觀空無的體。因此向郭們的任化就轉變為僧肇的「觀化」，觀化是為了把握不變者（不化即不遷）。從「縱浪大化中，不喜亦不懼」（陶淵明《形神影》）的達觀轉變到把自然界比作「幻化人」，說「非無幻化人，幻化人非真人也」（《不真空論》），其間的實虛轉換甚為明瞭。把自然視為假有這一觀的姿態，將極為深遠地影響中國美學的形象思維品格和意象的組合方式，而且，對實有的想像空間畢竟有限，而對假有的想像則可以超越時空而達於無窮。

與色的觀念相聯繫，境的觀念也被引入。如果說「色」

是為了翻譯一個中國文化原本沒有的概念而借用的傳統語詞，幾乎就是一個新詞，即佛教的現象界，那麼「境」則是中國語言中傳統的用語被賦予佛學意蘊後的產物，其詞義完成了從實向虛的延伸和轉換。《說文》：「境，疆也。」本義相當實，指疆界如國家的邊界。《莊子・逍遙遊》有云：「定乎內外之分，辯乎榮辱之境」，此「境」字意義轉虛。《列子・周穆王第三》：「西極之南隅有國焉，不知境界之所接，名為古莽之國。」此「境界」與《說文》意義相同，取的是實義。《莊子注》倡「獨化於玄冥之境」，這個「境」，是指人們所看不到的（虛無的）事物相互關係之網，其中存在的事物即為獨化之實存。向郭們把玄冥之境視為宇宙的規律所在。而佛教的「境」則不僅虛化而且空化了，專指心的對境，限於心理現象。東晉後期著名的佛學領袖慧遠《沙門不敬王者論》稱：「冥神絕境，故謂之泥洹。」「泥洹」即涅槃，指佛教的由覺悟而解脫的境界，它是絕頂的精神之境。正是這個境，劉勰稱之為「般若之絕境」(《文心雕龍・論說》)，為當時崇有貴無兩派所無法攀援的。

3.從不順化到頓悟成佛

上一節主要從自然觀的角度看美學觀的變化，以下將集中討論此一時期佛教的人格理想與美學的關係。僧肇又著有《般若無知論》，重點論述佛的人格，提出了般若智慧的理論。他說：

> 夫知與所知，相與而有，相與而無。……夫智以知所知，取相故名知。眞諦自無相，眞智何由知？所以然者，夫所知非所知，所知生於知。

> 所知既生知，知亦生所知。所知既相生，相生即緣法。緣法故非眞，非眞故非眞諦也。

他以為認識的主體與對象是互相依存的，能知「取相」，所知「有相」，兩者相生，這叫緣法。這種依賴於緣的知，它是有條件的，因而非真。把通常人們所認可的知識及其認識關係給否定了。真智觀真諦，它是不取所知的。諸法無相，智無分別，法空智空，統一於空。真正的智慧是非有非無的空的中觀。

> 夫聖心者，微妙無相，不可爲有；用之彌勤，不可爲無。不可爲無，故聖智存焉。不可爲有，故名教絕焉。是以言知不爲知，欲以通其鑒；不知非不知，欲以辨其相。辨相不爲無，通鑒不爲有。

這是說，般若聖心從體上看，是無相的，於是不能稱為有，從用上看，它又鑒照萬物，卻又不能判其無。正是因為不可為無，所以聖智的存在才得以證實，正是因為不可為有，所以名言對它是無所表述的。從體上看它是通鑒，從用看它是辨相。作為認知主體的般若（智慧）正是這兩者的統一。如果以無相為無相，那是執著於無相，就是有相。至人則能處有而不有，居無而不無。這裏的關鍵是須把有（現象）看作不真，不真就是空（本體），這是大乘佛教人格智慧的核心所在。

可以看出，佛教人格與儒、道人格是有著很大的不同的。就是在此一時期，著名的佛教徒慧遠發出了驚世之論，他的《沙門不敬王者論》倡佛教徒可以對王室不行禮敬：抗禮萬乘，高尚其事，不爵王侯而沾其惠。這一理論的一個基本根據，是佛教徒不必順化。如前所述，大化（氣）流行是儒道兩家思想立論的根據所在，教化的必要性其實也是基於大化的實存和享受生命，而佛教則是要從根本上否定自然、生命和時空的真實性。慧遠的不順化，是對大化（自然）和教化倫理的雙重否定。《沙門不敬王者論》中說：

> 有情於化，感物而動，動必以情，故其生不絕。其生不絕，則其化彌廣而形彌積，情彌滯而累彌深。其爲患也，焉可勝言哉？是故經稱泥洹不變，以化盡爲宅；三界流動，以罪苦爲場。

佛教以為，人的形軀是生命之桎梏，情為生命之累贅，對此二者越是執著，人的罪孽就越沈重。這樣，儒道兩家的人生而有情，感物而動的生命哲學就受到了根本的懷疑和衝擊。看破的結果，是否定自然之造化，否定有情之生命，以達涅槃之境：「不以情累其生，則生可滅；不以生累其神，則神可冥。冥神絕境，故謂之泥洹。」涅槃是對人生煩惱的超越，它不死也不生，沒有情感和欲望，是一種高度智慧的生存境界，是人的真實和本質。

這種對自然生命的否定，在美學上意義極大。魏晉六朝美學史上一個最重要的變化，就是高唱崇情和物感的人文精神，梁鍾嶸《詩品》云：「氣之動物，物之感人，故搖蕩性情，形諸舞詠。」劉勰《文心雕龍・物色》云：「情以物遷，辭以情發」。如何物感而生情呢？如四季的遷移：春風春鳥，秋月秋蟬，夏雲暑雨，冬月祁寒；如人事的遷移：嘉會、離群、戰爭、貶官等等，都足以「感蕩心靈」，於是非要陳詩展義，長歌騁情不可。這種美學是緣情的，重自然生命的和入世的。然而，如果把自然萬物和社會人事一一看空，那麼緣情美學也就被抽去了存在的基礎。其時，大乘佛教空觀就已經在悄悄地營造一種新的美學基礎。它主張一種比儒道兩家更徹底的無情論，在感性經驗方面是看空的，因此自然須被心化，被空化。緣情美學主張物感，是沒有境界可言的，然而「冥神絕境」的涅槃之境卻是一個純心靈的境界，它只以空（心）觀物而不以情感物。審美經驗建基於心物關係之上，如果一種哲學非常強調心智以至要把物象看空，主無相，那麼它的美學品格就已經大體奠立了。當然，不順化（出世的、超越的）的主空的美學此時還僅運作於哲學的層面，向藝術的展開的過程也未啟動，不可能與正處於成熟期的緣情美學抗衡。更重要的是，真正看空的審美主體尚未脫穎而出。於是竺道生出場了。

僧肇的無相哲學，將自然看空，倡般若無知，慧遠的不順化倫理，與儒家的教化倫理對壘，並倡「得性以體極為宗」(《高僧傳》卷六《釋慧遠傳》）的法性論，漸漸地樹立起空觀人格，佛教開始走向精神上的無冕之王地位。道生的頓悟成佛論是這一運動在晉宋間的一次高潮。湯用彤《漢魏兩晉南北朝佛教史》將竺道生在佛學上的地位，比作王弼在玄學上的地位。我們甚至可以進而把他與莊子作比，也是不過分的。他以實相法身代替莊子的自然之氣，以無相代替莊子的無為，以般若涅槃自證無相之實相，從而推出一個佛的真我——佛的人格。成功地從無把握並引出有，屬於中國哲學最精準最積極的東西。他高唱個性，其自由觀比之莊子也是有過之而無不及的。莊子從不明確倡我，道生則大談佛性我，王弼則更不在話下。

眾所周知，中國美學的儒家傳統是教化美學，即使在魏晉時期名教受到衝擊，教化也是名士們討論的一個重要題目。儒家的教化不僅是手段，而且是目的，它在主張個體成聖的同時，還有一個更大的目標，即形成大一統的群體人格。佛教則把教化成性轉變為頓悟成性（或覺悟成性），把人格理想從儒家的聖人轉變為佛陀。佛教當然也講教化，不過這僅僅是接引人們解脫的方便即手段而已。竺道生以為，「佛性我」是一個本體，它並不是那個生死輪迴中的靈魂（與慧遠倡靈魂不滅不同），因此，只要人一旦覺悟佛性為自己本有，那麼佛性就永恒常駐。他說：

> 一切眾生，莫不是佛，亦皆泥洹。（《法華經疏・見寶塔品》）
>
> 良由眾生本有佛知見分，但爲垢障不現耳。佛爲開除，則得成之。（《法華經疏・方便品》）

在竺道生看來，佛與涅槃同時存在於眾生，前者是本來就有的，而後者不過是有了垢障，就像明鏡蒙上灰塵，神明不見了。或者如《泥洹經》灰覆火偈所云，灰覆於火，並非沒有火，而是火為灰所覆看不到了。佛法的教導能夠除去鏡上的塵垢，撥開火上的灰燼，重見光明，於是眾生皆能成佛。即使是「一闡提迦」那種極惡的斷了善根的人（《泥洹經》認為不能成佛）也有佛性，是可以成佛的。凡是有生命的（含生之類），都有佛性。佛性觀念出來以後，人們期望成為聖人的念頭受到沈重的衝擊，甚而至於可以就此打消。涅槃、般若品格成為人格的素質。道生如此解釋《法華經》：

> 此經以大乘爲宗。大乘者，謂平等大慧，始於一善，終於極慧是也。平等者，謂理無異趣，同歸一極也。大慧者，就終爲稱耳。」(《法華經疏》)

平等大慧是人的平等、自由、終極智慧的品格，是沒有等級的。換言之，佛具有平民品格。

竺道生還提出了著名的「頓悟成佛」論：

> 竺道生法師大頓悟云：夫稱頓者，明理不可分，悟語極照。以不二之悟，符不分之理。……見解名悟，聞見名信，信解非眞，悟發信謝。理數自然，如果就自零。悟不自生，必籍信漸。(慧達《肇論疏》)

這是說，有兩種認識的過程，一種是稱為信漸的「聞解」，它是一個漸進的過程；另一種是頓悟，在剎那間完成認識過程。道生以為，由於真理是不可分割的整體，因此對本體的把握一定是一下子完成的，而信奉和漸修雖屬必需，卻並不能由此獲得真知。信漸不過是為頓悟作準備，覺悟就像樹上的果子，一旦成熟了，它自然就會掉下來，這才是大徹大悟。這種認識方法上的頓悟說呼應著「一切眾生，莫不是佛」的「佛性我」的人格理論。既然佛性是常在的人格本體，不覺悟只是因為蒙上了「垢障」，漸修也就不能也不必將佛性由外而輸入眾生成為內在的，只有頓悟才可能在瞬間挑破蒙在自身佛性上的「垢障」。「真理自然」，它是一個「不易之體」，它的光明「湛然常照」(《涅槃經集解》卷一引)。覺悟，就是為這一的終極本體所朗照，是對人生煩惱（生死）的超越，發現了永恒的光明（智慧）。如果人與人之間存在著智慧和人格上的差別，那全在於覺悟的水平。佛性為人所本有，不是灌輸的，而須依恃頓悟去發明。《大般涅槃經》云：「生滅滅已，寂滅為樂。」超越了，達到寂滅的境界，快樂就油然而生。

道生的頓悟成佛論，遙遙呼應著孟子主良知的性善論。孟子主張人性先天本有善端，這個良知良能後天需要在困難的環境中得到長期的磨煉，充滿了浩然之氣，大丈夫人格才能樹立起來。著名的成語「茅塞頓開」，就是從《孟子》書中發展而來的，不過孟子只是說，即便是一根小小的茅草，也可以把人心中的良知之道堵死，還沒有豁然頓開的意思，而道生的頓悟說則恰恰表達了這個意思。道生的佛性本有、無須灌輸的見解，比之孟子，是更為徹底的人性論，於中國學術是一大創見。

前面已經講到過本無派道安的自然不同於莊子和玄學的自然，是一種新的看空的自然觀，道生的自然觀念也體現出這一趨勢，而且更欲揭示出實相的本體屬性，表現為新解。他說：「真理自然。」(《涅槃經集解》卷一引）又說：「夫體法者，冥合自然。一切諸佛，莫不皆然，所以法為佛也。」(《涅槃經集解》卷五十四引）這個自然，指的是實相、法身或真理，它們是常駐於人人，不生不滅的，超絕的，而不是指天籟自然而然的存在如氣化流行或獨化。道生的學術又稱為「象外之談」，主張實相無相，起於象外。換言之，透過萬象去觀察，把它們看破，覺悟了，也就把握了實相（真實）。他說：「夫大乘之悟，本不近舍生死，遠更求之也。斯在生死事中，即用其實為悟矣。」（《維摩經集解》）這是他的自然之論的要害所在。這樣的自然觀念，把莊子和玄學的自然觀完全扭轉了，成為涅槃的觀念。

實相是一種無形之境：「至像無形，至音無聲，希微絕朕之境，豈有形言哉。」（《法華經疏》）透過萬象去把握真實，但這個真實是「希微絕朕之境」，無法言說，也不能直接表象，那麼就只能從直觀頓悟之。他又說：「悟夫法者，封惑永盡，彷彿亦除，妙絕三界[15]之表，理冥無形之境。形既已無，故能無不形。三界既絕，故能無不界。（《維摩經集解》）境不是一個實際的形，不是相，但正因為境是超絕於形相的，所以它能無不形和無不界。因此境總是有所表象而有所喻指的。「悟境停照」（慧達《肇論疏》），在直觀中頓悟，就是境。這其實是一個審美的途徑。

三、 前禪宗美學問題

美學的問題，主要圍繞於心與物這一對關係而展開，這個心就是指感性和具有智慧的人格，這個物就是自然和社會，包括作為對象的人本身。我們這裡所探討的美學問題，主要是佛學般若學影響於人的審美經驗而形成的新的美學問題。

回顧美學史，先秦的美學問題是，莊子倡虛靜、無為、以物觀物（泛神論）和逍遙（自由人格），孔孟荀倡對音樂的諦聽、人格與自然的比德、道德人格的審美品格，等等。到了玄學美學，美學問題則表現為體用思想的滲透、無的審

15三界：欲界，充滿欲念的感覺界；色界，有形的物質界；無色界，無形的精神界。

美品格、崇情（聲無哀樂論只是崇情論的一個美學表現）思潮、自然觀的唯美化和個體化，以及審美的自由人格，等等。到了東晉以後，佛教大乘般若學開始流行，中國哲學始領受強大空觀的洗禮而發生深刻變化，人性的注重開始轉向佛性的注重，自然和物被空觀轉換為色相，心物關係與色空關係相聯繫，清淨的觀念被引進而取代虛靜的觀念，逍遙遊的自由也慢慢轉變為漸悟和頓悟尤其是頓悟的自由，自然被空化以後，心化的境的概念也出現了。這些變化，一言以蔽之，集中地表現出佛教空觀的現象學的特點。莊子和玄學都有現象學的傾向，但真正完成現象學的轉變，則還是佛教的大力。上述這些，都無例外地影響到當時人的審美經驗和美學。以下對大乘空宗所涉及的美學問題作一概要的敘述。

（一）空的直觀

禪宗美學與莊子美學或玄學美學的區別，首先在於兩者直觀世界的本質不同。莊子美學從本質上看是一種生命美學，它肯定自然界，崇尚人的自然生命及其隨之而來的自由，並認為這種自由的根源就在於自然之中。莊子美學肯定時空的客觀存在，但覺得時空變化太快很難把握，有一種望洋興嘆之感。因此，莊子主張人認識世界的方法應是以物觀物，即人與物可以換位，人物化以後以物的眼光直觀世界和自己，無為而無不為，於是人就有了逍遙的自由。這樣一種直觀，是自然主義、擬物主義和審美主義的。玄學美學更明確地主張「無」的哲學，要求以體用思想來把握世界，把合規律性的無、自然之和等作為體，以為所有客觀的物象都是無的本體的存在方式，能夠瞭解物象背後的本體之無，就能夠真正認識世界和自己。玄學美學的基本思想是「體無」，所謂的「體」便是直觀，直觀萬象，以體認「無」的本體。玄學的直觀不像莊子的那麼單純而直接了，它把握對象，需要在一定程度上借助於思辨。尤其到了玄學的後期，如《莊子注》所說的「玄冥」[16]到底是什麼，不像《莊子》的「天籟」那麼可以想像、容易捉摸，它是一個作為萬物（無數個體）存在之所的看不到的冥合之「境」。如果說玄學無的直觀比之莊子以物觀物的直觀是虛化了，那麼佛學的直觀就更其虛化以至空化了。佛教大乘般若空宗的直觀，就是空觀，它的基本認知理論是無相，認為世界上的一切都不外是心之所造，可以感知界是色界，它表現為假有或假象（相），真實的存在處於感知界之外，稱為「象外」。空宗直觀的對象是空，這個空是超越時空的，是永恒的般若智慧和涅槃之境。

（二）悟的人格。

佛教帶給人格最重要的東西是個體的人對於空的覺悟，終極的悟境就是涅槃之境。頓悟是覺悟的高級形態，它把人提升到充滿光明的人格境界。從人格上看，儒家的教化美學所培養的是道德人格，審美是道德人格的一種品格和所達到的較高的境界，審美不是目的。道家的自然美學追求無為而無不為的自由人格，追求逍遙遊的境界，它摒棄了道德關注、權力關注和經驗關注，只留下了審美關注，因此審美就是目的。悟的美學是看空的美學，它通過悟或頓悟而導向佛

16 前面已經指出，「玄冥」不是一個本體，這不同於王弼的無或嵇康的自然之和。「天籟」就是自然的音樂，我們可以把它擬想為一首無比龐大的交響曲。嵇康的自然之和大概就是這個意思。而「玄冥」卻無法擬想，它具有更為濃重的形而上意味。

性我的豁顯。悟是什麼？是對空的直觀，是透過假象看到真實（象外），是剎那間突如其來地發現光明，是佛性我的挺立，是個體自由的境界。它同樣摒棄對道德、權力和經驗即世俗的種種關注，包括莊子所把握不了的時空，而把注意力集中到對萬象的看破，即所謂的無相。這種人格，最強大的精神力量是對空和佛性我的覺悟。如果說莊子的美學是對茫茫時空中倏忽變化之萬物的感性經驗，那麼佛教悟的美學就是對時空及其中之萬物的根本否定，是看空的感性經驗。看空世界的結果則是反過來對主觀之心的肯認，這個心就是般若（無相）與涅槃（佛性我）的狀態。宗炳《明佛論》就說：「中國君子明於禮義而暗於知人心，寧知佛心乎？」在儒、道、佛三種人格之中，儒是道德人格，莊純粹是審美（自然）人格，佛則是對兩種人格的超越。超越了道德和自然，佛教人格被空前地突顯了，同時他也被賦予了更大的「觀」的權能。

（三）緣起與境。

緣起理論是佛教空觀對「有」的新解，是看空的基礎。境構成佛學主體觀察世界的無數個窗口，而真正的境是對空的照，即寂照。雖然佛教所要引領人們去的境界是對空的領悟，不過人們的生存之地卻不是真空的，一無所有的空是頑空，不能成為佛教的真實，也不能構成美學的對象。佛教運用體用方法來引領人們去覺知空，教人通過有來把握無。色就是空，空就是色。認為世上存在的一切都是因緣和合而成，雖然有因與果、有條件，卻不是在真實的時空中發展和組織起來的。緣起構成世俗之人的生存之地，但這種生存不是真實的而是虛幻的，不是永恒的而是暫時的，是假有。人生有許多境，緣起的世界就構成無數的境，但這些境都不是人的究竟之境。究竟之境是涅槃之境，在這個境中，人對空有了真切的領悟，並發現了佛的真理（真如）就在自己身上。涅槃之境是真正的覺悟之境。

（四）清淨、寂與照

般若無知，「真般若者，清淨如虛空」（僧肇《般若無知論》引經論）。般若無相，無相即清淨，即虛空。清淨就脫離了生滅的煩惱。涅槃本身就是寂即淨與靜，寂指對佛性的覺悟，對清淨本性的把持。佛教進來以前，虛靜的觀念在中國的思想體系中有著極為重要的地位，莊子以為人的自由是經過心理調整而達到虛靜以後的自然結果。魏晉六朝美學中，虛靜也是一個重要觀念，劉勰就提出「陶鈞文思，貴在虛靜」（《文心雕龍・神思》）。虛靜是審美觀照和藝術創造自由的不言而喻的前提。而佛教的寂卻是更為本根的觀念，它指的是人的心智世界或佛性的本來面目，即對空之照，永恒之光明。寂的觀念出來以後，虛靜觀念所蘊涵的那部分本體性的東西就由寂（清淨）轉換而承接過去，虛靜反而被貶落為單純的心理調節技巧。從審美經驗上看，寂（清淨）是徹底的空，是最高的境，是心之光明，中國人的心靈世界於是被淘洗一過。如果說莊子的美學主物化，那麼佛教的美學就主境化和心化。境的觀念和照的觀念從前是沒有的，它們心化的、透過物象的、空的和光明的諸特點在中國美學史上也是全新的，二者是佛教美學尤其是以後禪宗美學的重要範疇。

我以為，禪宗美學前史所涉及的前禪宗美學問題大體就是以上這些。這些問題須歸結於中國早期佛教（主要是大乘空宗關於般若和涅槃的學說）的三個重要觀念，其一是空，關於般若的，其二是悟，關於涅槃的，其三是境，關於般若和涅槃的。就萬象而論，般若是無相之實相，是空，就佛性而論，涅槃是法身，即佛的人格，是有，如果以境把這兩者統一起來，造就一個看空的人格即佛性我，點燃起心中的一盞燈，發出一團孤明，那麼就達到了佛教審美經驗的最高境界。這三者，作為佛教審美經驗的佛學原理，在本質上區別於儒道兩家美學，成為奠定禪宗美學基礎的三個核心觀念。

四、等待第二波突破

我們任何時候看中國的美學，務必把握住一個規律：它首先是屬於哲學美學而不是文藝美學。中國美學有兩個大的特點，其一，自然主義傾向，其二，人格化傾向。中國美學從莊子開始，總是審美的經驗走在藝術的經驗前面，當人遺忘道德關注、經驗關注、權力關注和藝術關注（如果這種關注的性質是道德本質主義的、以德性教化為其本旨的）之時，審美關注[17]就出場了。而審美關注一旦到位，審美人格就隨之確立起來，藝術靈感也不期而至。藝術經驗多是走在審美經驗之後。

基於這樣的美學史觀，可以說，佛教對中國的文藝可能會有一些直接的影響，但它決不是主要的。佛教對中國的文學藝術，最初並沒有發生大的帶根本性的影響，傳統的詩、賦、文，都有其業已大致定位的體裁和習用的典故，佛教基本沒有給中國文學帶來新的體裁，而它的典故和話語系統進入文學領域則需要時間，需要佛經在社會各階層廣泛流行一

17 關於審美關注，請參看拙文〈中國古代審美情感原論〉，文載《天津社會科學》1998年第1期。

個時期。傳統的賦比興方法還是文學創作基本的方法，意象組合方式即形象思維方式的改變也需要一個時期。

這種情況，我們可以就詩歌、音樂和繪畫這些文藝體裁舉一些例子來予以說明。音樂方面，可以讀一下慧遠的《阿毗曇心序》：

> 其頌聲也，擬象天樂，若雲籥自發，儀形群品，觸物有寄。若乃一吟一詠，狀鳥步獸行也；一弄一引，類乎物情也。情與類遷，則聲隨九變而成歌；氣與數合，則音協律呂而俱作。拊之金石，則百獸率舞；奏之管弦，則人神同感。斯乃窮音聲之妙會，極自然之眾趣，不可勝言者矣。（僧祐《出三藏記集》卷十）

這基本是傳統的見解，了無新義。慧遠是謝靈運同時代人，所不同的是他為真正的佛教徒。

差不多同時的宗炳，是佛教徒兼畫家。他的《畫山水序》，是中國繪畫理論史上的重要作品。其中說：「山水質有而趣靈」，「山水以形媚道」，「身所盤桓，目所綢繆，以形寫形，以色貌色也」。這裏儘管出現了「色」字，可是論到山水「質有（而趣靈）」、「以形媚道」、「寫」和「貌」的方法是「豎劃三寸，當千仞之高；橫墨數尺，體百里之迴」，仍然是寫實的大背景（當時山水畫正處於技法上的起步階段）。但是，宗炳又是主神（靈魂）不滅的佛教徒，以為「神本無端，棲形感類，理入影跡」，因而山水畫可以「暢神」，他接著描畫了這樣一種情境：

閒居理氣，拂觴鳴琴，披圖幽對，坐究四荒，不違天勵之叢，獨應無人之野。峰岫嶢嶷，雲林森眇，聖賢暎於絕代，萬趣融其神思，余復何爲哉？暢神而已。

這種情境，已經頗有些意境的意味，可以與唐代柳宗元著名的《江雪》詩作聯想。千山鳥飛絕，萬徑人蹤滅。孤舟蓑笠翁，獨釣寒江雪。

相比之下，柳詩的孤獨絕滅意味顯然更為濃重，佛教看空和覺悟個體化的精神已經全然滲透於詩歌的意境之中。對意境，可以作空觀現象學的意義追索，不過，儘管山水和山水畫可以「暢神」，宗炳的「以形寫形」、「以色貌色」說卻是質實有餘而空靈不足，於意境的形成可能倒是一種障礙。與宗炳相似，著名人物畫家顧愷之畫裴叔則像，頰上益三毛以添生動的「以形寫神」法也不免如此。以前自然為人們可以親近的最後寄託，現在卻成為看空的最大障礙，如前述支遁就是如此。

詩歌方面謝靈運是一個例子，分析他創作山水詩的審美經驗，他把山水當作遊觀的對象而並未真正將它看空，也說明了同樣的問題。因此，可以大膽地說，看空往往不能落實到當時持這種觀念的人們的人生哲學上去，至於美學上把自然看空，在此時期也不可能真正成熟起來，並滲透到藝術實踐中去。從審美經驗上看，六朝佛教徒大約總是在自然的實相與虛相之間徘徊，這是審美經驗向美學超升的最大障礙。

我覺得這裡有三個原因。其一，莊子以物觀物的物化傳統依然是此一時期美學的基調，自然主義和抒情主義還是藝術理論的主流；其二，魏晉六朝藝術領域正處於門類的分化和理論的快速成長期，如詩歌的理論大大發展了，又有了山水詩和田園詩的分別，繪畫有了人物畫和山水畫的區分，開始了最重要的領域分化，書法理論也獨立門戶、進步極快，等等；其三，中國各門藝術的諸技法大都是在莊子傳統的直接影響下形成的，而此一時期正是各種技法的醞釀期和突破期。

佛教影響於當時藝術領域，值得注意者有二。其一，梁著名詩律學家沈約對詩歌音律作了深入研究，提出了「四聲八病」的理論。值得指出的是，對詩歌音律的新發現，卻是受到佛經翻譯過程中轉讀的啟發。從某種程度上說，唐代詩歌的大繁榮，也是得益於佛教與本土文化的交流。其二，佛教寺觀和石窟造像對中國古代的雕塑藝術發展有著重要的甚至是決定性的影響。這些都是佛教美學所須研究的課題，不過卻不是禪宗美學的課題。當時藝術領域的這種情形，儘管並沒有引來美學上質的變化，但仍然為一些研究者所看重而視為禪宗（或佛教）美學的重要進展。當然，他們從文藝美學的角度來把握禪宗美學，是很難真正摸到禪宗美學的脈搏的。換言之，從文藝美學現象引不出我們所要揭明的前禪宗美學問題。那只能從作為哲學現象學的大乘般若學入手來加以瞭解。

如我在本書引論中所揭示的，中國美學經歷了兩次大的突破，第一次是莊子的美學革命，第二次是從玄到禪的美學突破。這第二次突破分成從兩波，第一波為玄學美學，第二波為禪宗美學，兩波的特點大體可以概述為從無向空的延伸和轉換。

顯然，禪宗美學前史不會是純粹的美學史。不過，按照中國美學審美經驗先於藝術經驗的規律，必有一段禪宗美學前史。對這一段特定的歷史形成清晰的瞭解，是我們步入禪宗美學論域的必經之路。

於是，我們期待著第二波突破的潮頭湧來。

第二章

孤獨者的智慧

孤獨者的智慧

中國的美學，主要受三派思想的影響，它從儒家的角度看是倫理型的，從道家的角度看是純審美型的，從佛家的角度看是現象學型的。

佛教所針對的領域，主要是人的精神現象界，所要解決的問題，就是人如何才能從塵世俗世得到解脫。這個解脫是精神的而不是物質的。

佛教將眾生所居住的世界劃分為三界：欲界、色界與無色界。欲界是物質和欲望並行的世界，色界是物質但無欲望的世界，無色界是超越於物質的精神世界。最上的領域是精神世界。這是三個使眾生迷執而產生煩惱的界域，人的生命在其中經歷生死輪迴而不能出離。《華嚴經》主張三界唯心，那是說，三界都是虛假的，為一心所造。《大乘起信論》也執此觀念。事實上，中國的佛教宗派大凡同此。

佛教又把所有物質的和精神的現象分為色法和心法。色法所對的人的感官，是為眼、耳、鼻、舌、身五根，五根所對的物質現象，是為色、聲、香、味、觸，稱為五塵或五境。佛教以為，人的生命活動，人與外界的交通，分為五種要素即色、受、想、行、識，稱為五蘊或五陰。其中除了色指物質方面，屬色法，其餘四種：（受為感受，想為想像，行為意志，識為認識），均指人的心理活動，為心法。色法與心法的集合，構成了人所面對的一切現象。可見，佛教將人的心理現象作了極其細緻的分析。而當佛教說一切法均是因緣所生，並處於永恒的流轉之中，就已經把人的生命活動視為現象了；又當佛教說「一念三千」、「萬法唯心」、

「唯識無境」或「心生一切法生，心滅一切法滅」時，就把一切現象歸結為精神現象了。這種看世界和看自己的方法，具有宗教現象學的意義。

不過，佛教分析現象的方法有其自身的特點，那就是把現象分為假象與實相（真如），並指示透過假象去把握實相的方法和途徑。傳為僧肇所作《寶藏論》對假象與實相作過一個生動的譬喻：某人身處金器庫中，所見無非金子，並不注意到金器的形相是各個不同的；即便是看到了各個不同的形相，也明白那不過是同樣的金子。因此，他不會為不同的形相所迷惑，看到的總是金子。這是說，金子與器物是不可分離的，金就是金器，金器就是金。[1]換言之，本質就是現象，現象就是本質，本質與現象不二。

在禪宗看來，假象與實相的統一，是現象界，而人對實相的覺悟，則僅僅是將蒙在實相之上的灰塵拭去。這些灰塵製造了假象，假象並非真實的存在，它只是人們的不間斷的想像，即一剎那一剎那連續不斷的種種念頭而已。拭去灰塵，也不是真的需要什麼行動，其實只是剎那間心動了一下，這就是覺悟。因此，禪宗所說「挑水擔柴，無非妙道」，其實質是對人的現實生存的一種宗教現象學的改造和提升。「即煩惱而菩提」，是禪宗領袖慧能的著名命題。假象為因緣所造，因緣就是時間之流（生死輪迴），而實相（真如）之悟將因緣破解了，導致對時間之流的超越，它是涅槃即清淨、寂滅。但是，超越並非斷然脫離時間之流，

1《五燈會元》卷九《仰山慧寂禪師》：師(仰山)曰：「一月千江，體不分水。」溈曰：「應須與麼始得。」師曰：「如金與金，終無異色，豈有異名？」溈曰：「作麼生是無異名底道理？」師曰：「瓶、盤、釵、釧、券、盂、盆。」這是以不同的金器其本質就是金的道理來說明映現在萬千條江中的月亮是同一個天上的月亮，不管諸器物如何形體相異，諸江河如何遠隔千里，金和月亮總是不會變的。

「即煩惱而菩提」的命題，就是要求人在涅槃之際仍然不脫離時間之流，不脫離綿延。因此，「空」並非頑空，並非「無記空」[2]，「空」是人對自身的存在現象的諦觀和超越，是覺悟。「色即是空，非色滅空，色性是空」(道信語，見《楞伽師資記》)[3]，說虛空其實只是運用了一個譬喻，虛空在本質上卻是無所不在的圓滿（真如），只能通過現象空觀[4]去直觀它，因此黃檗希運就說「不用求真，唯須息見」(《古尊宿語錄》卷三《黃檗斷際禪師宛陵錄》)。「息見」是停止各種妄念，最為當務之急，「真」無須苦求，「息見」的問題解決了，「真」則隨處可見。「真」是本體，「見」是現象，把現象處理好了，本體不請自來。佛教尤其是禪宗，之所以採取這種宗教現象學的方式，其目的是為了通過自心的覺悟而求得對現象界的慧觀。慧觀是超越式的直觀，它脫離了時空和一切世俗觀念，構成宗教解脫和自由的基礎。只有具備了絕高的智慧。人才可能對現象進行超越的直觀，才得以解脫。解脫就成佛，就有了自由，而自由才是真正的體（本體)。

勘破現象而得本體，又不捨現象（即現象即本體)，佛教為中國人對精神生命問題的解決提供了新的方案[5]。

佛教尤其是禪宗看世界和看自己的現象學方式，決定了

---

2 慧能說：「心量廣大，猶如虛空，若空心坐，即落無記空。虛空能含日月星辰、大地山河，一切草木、惡人善人、惡法善法、天堂地獄，盡在空中；世人性空，亦復如是。」(《壇經校釋》第49頁)

3 《楞伽師資記》中道信又云：「新學之人，直見空者，此是見空，非真空也。修道得真空者，不見空與不空，無有諸見也。善須解色空義。」

4 現象空觀，是本書用於描述禪宗感性經驗的一個基本術語，關於它的具體論述請參看本書第四章。

5 莊子也有相似的見解，但他的方法在本質上不同於佛教。詳下。

禪宗美學也必然是一種具有某些現象學特點的美學。心法與色法本來不可分，為了討論的方便，本章及下一章更多地注意禪宗美學的心法方面，至於禪宗美學的色法方面，只在下一章稍有涉及，主要放在第四章展開討論。

一、除煩惱

中國的人生哲學，粗粗可以分為兩種類型，一種為樂觀主義，從正面做擴張的功夫，如儒家講正心誠意修身齊家治國平天下，以為從治人心開始可以延展而治天下，那大致是循著「己欲立而立人，己欲達而達人」（《論語・雍也》）的模式，因此主張在世俗界施行禮樂之教，倡導群治，把人群向普遍的道德境界提升，形成更廣大的由倫理秩序制約著的人群即理想的國家。另一種是悲觀主義，從負面做收縮的功夫，如道家的莊子，以為世俗是一個名利場，名利就如時間一樣，老是在變化著，人生又如白駒過隙，短得苦，如果在這個極短暫的人生中來追逐變化著的名利，那是會遭際無窮無盡的喜怒哀樂的，不光是壽命活不長，而且也絕無逍遙可言，因而他主張奉行「不知說（悅）生，不知惡死」（《莊子・大宗師》）的人生態度。他又看到了禮治德教的弊病，可能導致「竊鉤者誅，竊國者為諸侯」（《莊子・胠篋》）的荒唐局面，因此禮樂之治的結局也是難以樂觀的，教化並非萬能。

我們現在所論的佛教，更是如此，它舉目所見，無非是人間的萬般苦難，看到眾生在生與死的輪迴之間苦苦掙扎而無由解脫，觸目驚心，於是發願要破除煩惱、解脫眾生。由此，中國人看自己和看世界的方式和角度發生了根本而重大的轉換。

佛教教義以為，人的生命活動由五種要素集合而成：色、受、想、行、識，稱為五蘊，蘊即諸要素和合之謂。除了第一項色蘊，如地、水、火、風四大種具有堅、濕、燥、動的性質[6]，能造一切色，如人的司執感覺能力的五根，眼、耳、鼻、舌、身即為四大種所造色，這些均指物質方面的色法。其餘四項，受蘊、想蘊、行蘊、識蘊均屬心理方面的心法。受者領納，指感受作用，它起愛欲，管人的感覺和單純的感情；想者取像或取相，指想像和表象作用，使心中浮現形象；行者思也，能造作，指意志、意念，衝動的欲念，前二蘊所不能包涵的心理作用，由行蘊承當；識，指認識、識別作用。五蘊即是物質、感覺、表象、意志和認識諸作用的和合，它們締造了人的生命存在，也締造了人生存的世界。

儒道兩家以為，人的種種心理活動以及欲望起於人與外在真實世界的交互關係，若是客觀對象闕如，主體也就無所謂意念和欲求。如道家就把「物」（名、利以及各種嗜欲）視為真實而非虛假的存在，只是認為追名逐利就把人的精神自由給放逐了，而自由於人是最為本根而須臾不可離的東西。佛家則不同，它以為世間所有現象都是虛假不實的，人的種種煩惱固然與對於外物的執著即「緣」有關，但是，佛教卻堅定地把自己思考的重心轉到了精神活動本身，以為這才是煩惱真正的「因」。這是佛教高明和偉大的地方。佛教的思考方式是這樣的：一方面，看不到外物的因緣和合性質

6 四大種，即地、火、水、風。大種，為元素之意，簡稱大。構成一切物質的元素。地的本質是堅性，有保持的作用。水的本質是濕性，有收集的作用。火的本質是熱性，有使成熟的作用。風的本質是流動，有使動物生長的作用。四種元素集合起來，就成為物質。這就是四大造色之說。

而執著於外物，會引起煩惱，這是對煩惱根源的一種認識，另一方面，若是把這一思考一直進行下去，念念不忘，則這一認識本身就成了外物，對它產生了執著，也是不可取的。從某種意義上說，佛教的煩惱並非必須要有一個客觀的對象來引起它，心理活動本身就可以構成新的心理活動的對象，從而是無窮的煩惱的根源。也許正因為如此，佛教又把煩惱稱為惑。煩惱指生理、心理兩方面諸生命活動的執著、迷亂的狀態，是一種心理現象。佛教既已認為色是因緣和合的結果，是空，那麼後四者所能帶給人的必然都是身心的混亂。佛教以貪、瞋、癡為煩惱的根本，稱為三毒。貪欲、瞋恚和愚癡三毒就像三把火，燃燒著人的身心。

佛教還更進一步提出，諸種煩惱的最深的因（根源）是由一種叫「無明」的狀態。無明，是人生的根本煩惱，指沒有智慧和光明的狀態，它沒有方向，是纏繞人的一團渾沌的愚智。

《大乘起信論》[7]以為，人的本心是清淨的，即真如，無明是伴隨真如心而有的，因此它可能障蔽、染污真如而產生執著。《大乘起信論》就真如與無明的關係作了一個生動的譬喻，真如好比是大海，無明好比是風，大海本來平靜，風

7《大乘起信論》這樣說：一切心識之相，皆是無明。無明之相，不離覺性，非可壞，非不可壞。如大海水，因風波動，水相風相不相捨離。而水非動性，若風止滅，動相則滅，濕性不壞故。如是眾生自性清淨心，因無明風動，心與無明俱無形相，不相捨離。而心非動性，若無明滅，相續則滅，智性不壞故。不思議業相者，以依智淨，能作一切勝妙境界。所謂無量功德之相，常無斷絕。隨眾生根，自然相應，種種而現，得利益故。（《大乘起信論校釋》第36頁）

《楞伽經》也有云：「猶如猛風吹大海水，外境界風飄蕩，心海識浪不斷。」又有偈云：「譬如巨海浪，斯由猛風起，洪波鼓冥壑，無有斷絕時，藏識海常住，境界風所動，種種諸識浪，騰躍而轉生。」（《楞伽經》卷一《一切佛語心品》）可參看。

吹過就興起波浪，而無論是風平浪靜還是波濤洶湧，大海的濕性都不會變。依風與大海之喻，無明不是人的生命之真，它僅是影響人心的外在因素（「外境界」），如風可以不起，無明也可以消去，風平則浪靜，無明消則真如顯。由

而且，佛教以為無始無明，那是說，無明從何而來，何時發生，是無法作出解釋的。這種看法，又與儒家和道家對人心應物而動和逐欲而起的看法大相徑庭。[8] 如前所述，儒道兩家提出人的心理變化可以從所對應的外物得到解釋，佛家則以為人的心理變化產生外界的變化，心理是更為本源的東西，人心即便沒有應對外物，也可能生起妄念和執著的煩惱。因為不能清淨，思來想去，就生出煩惱來了，無明簡直可以「無事生非」。《大乘起信論》說：「以如來藏無前際故，無明之相亦無有始。……又如來藏無有後際，諸佛所得涅槃與之相應，則無後際故。」（《大乘起信論校釋》第126頁）[9]生滅染法是在時空中進行的人生事件，它從本性上講是虛妄不實、沒有自體的，所謂生死輪迴也是如此。而如來藏（真如）自體不具有一切生滅諸法。如來藏並不在具體時

8 熊十力釋無明，引《莊子・齊物論》中「人之生也，固若是芒乎？其我獨芒而人亦有不芒者乎？」云：芒即無明之別名。細繹莊子文，上有：「一受其成形，不亡以待盡。與物相刃相靡，其行盡如馳，而莫之能止，不亦悲乎！終身役役而不見其成功，苶然疲役而不知其所歸，可不哀邪！人謂之不死，奚益？其形化，其心與之然，可不謂大哀乎？」此數語，皆講人與自然之物的不相應，形疲於追隨而心不免悲哀。郭象注云：「凡此上事，皆不知所以然而然，故曰芒也。今夫知者皆不知所以知而自知矣，生者不知所以生而自生矣。萬物雖異，至於生不由知，則未有不同者也，故天下莫不芒也。」也是講人的智慧追不上自然而處於茫然的境地。就無明無始，不知其所始亦不知其所終的特點而論，「芒」與無明不妨作一比較，但「芒」實在是指人與物相比的生存處境之茫然，並沒有像無明那種處於十二因緣之首，引起人的生死輪迴的意義。

9 神會也說：「無始無明依如來藏。」（《神會和尚語錄》《南陽和尚問答雜徵義》）

空中存在，它是超越時空的，而無明依於真如而生，也沒有具體的時空規定，再進一步說，證成真如的涅槃也同樣沒有具體的時空規定。所不同的是，沒有具體時空規定的真如和涅槃是永恒的實相，而無明與種種染法卻是剎那間的產物，只會給人帶來虛妄的煩惱。好在無明可滅，於是人類終究還有得救的希望。

所有的佛教經論都要求破煩惱。除去煩惱，得到解脫，就有快樂。破煩惱，最緊要的是須具備智慧。佛教的智慧稱為般若：

> 何名般若？般若是智慧。一切時中，念念不愚，常行智慧，即名般若行。一念愚即般若絕，一念智即般若生。世人心中常愚，自言我修般若。般若無形相，智慧性即是。……悟此法者，悟般若法，修般若行；不修即凡，一念修行，法身等佛。（《壇經校釋》第51頁）

般若是智慧，智慧只是「一念」，人也只因這一個念頭而在一剎那間有了由凡人而成佛的根本轉變。不過，般若到底是什麼呢？簡單地說，般若智慧之所在，就是將引起煩惱的一切對象看空且不執著於此看空。道信說：

> 一切煩惱業障，本來空寂。一切因果，皆如夢幻。……任心自在，莫作觀行，亦莫澄心，莫起貪嗔，莫懷愁慮，蕩蕩無礙，任意縱橫，不作諸善，不作諸惡，行住坐臥，觸目遇緣，總是佛之妙用。快樂無憂，故名爲佛。」（《五燈會元》

卷二《牛頭山法融禪師》）

看空了，煩惱就排除了，於是達到涅槃之境。涅槃的原初意義，是停息貪、瞋、癡三毒之火的噴出，指遠離現世的痛苦，意譯為滅、寂滅、圓寂等。《涅槃經》稱，涅槃有四德：常、樂、我、淨。常，涅槃是永恒的；樂，充滿快樂的；我，具有佛性自我的；淨，清淨無染污的。在禪宗，則更強調它是一種智慧。

細究佛教對煩惱的看法，可以發現它尤其重視人的心理現象，認為現實的人生、世界，都為無明所決定，為妄念所驅使。而佛教的好處，也就是在拿出治療痛苦、煩惱的藥方，還人以光明。而且，在禪宗看來，般若智慧的最高境界是「即煩惱而菩提」。禪宗以為煩惱不可逃，換言之，煩惱就是人的生存狀態，只是它並不真實。

禪宗的審美經驗，可以借助大海與風之喻作一簡明的瞭解。大海本靜，波浪不興，風起，突然間無來由地，風橫掠，過海面，於是掀起波浪。波浪是短暫的現象，透過此現象，知大海本靜，只有那水的濕性是永恒不變的。禪宗的審美經驗，非常簡括地講，就是對「波浪」的諦視。作為現象，諦視中的「波浪」顯得非常生動，是十足的感性，但它非真，對此非真的了知，卻是通過剎那間的覺悟而實現。覺悟既是在剎那間發生，就並不與對「波浪」的諦視分離，理性在感性中生動地實現，卻又並非表現為理性，而是表現為非理性，這就是禪的審美經驗。所謂「即煩惱而菩提」，也就是這個意思，菩提固然尊貴，卻不可也無須離開煩惱。唯其如此，它是美的。

二、自性自度

慧能《壇經》的主體，就是講一個東西——自性自度。

《壇經》論到自性清淨，說：「見自性自淨，自修自作自性法身，自行佛行，自作自成佛道。」對自我，慧能大概是中國古代智者中最為重視和強調的了，至少是其中比較突出的一位。惠昕本《壇經》(契嵩本、宗寶本大致相同)記了這樣一個故事：五祖弘忍把衣法傳給慧能後，當晚要慧能離開，以免遇害，並親自送他到九江驛。慧能上得船，弘忍為之搖櫓。慧能請搖櫓，弘忍不允，道：「只合是吾度汝，不可汝卻度吾」。慧能答道：「弟子迷時，和尚須度，今吾悟矣，過江搖櫓，合是弟了度之。」可見，在禪宗，師傅只是弟子入道的接引人，一旦弟子覺悟了，則完全可以也應該自立。

這種故事，禪籍中還有不少，如《祖堂集》記黃檗希運與一僧共遊天臺山：

> 道到溪澗，遇時水泛漲，遂阻步而暫息。其僧頻催師而共渡，師不疑之云：「要渡但自渡。」其僧斂衣，躡波而渡。至彼岸已，回顧招手，令師渡焉。師乃呵云：「這賊漢，悔不預知。若知，則便打折腳。」其僧歎曰：「大乘器者哉，吾輩不及也！」言已，忽然而隱。(《祖堂集》卷十六《黃檗和尚》)

這則公案，說明有大智慧(「大乘器」)的禪者總是一個孤獨者，他的覺悟必定是個別的、特殊的而非群體的、普遍的現象，就是兩個人之間的溝通也並非易事。

慧能對傳統佛教的觀念，如戒定慧、三身佛、三寶、一行三昧、四弘誓願、西方東方、出家在家等都作了自己的解釋，其結穴，是從印度佛教的普度眾生轉換到禪宗的自性自度。這是佛教中國化極為重要的一步。

戒定慧，是佛教規定習佛者必須做的三件基本的事。據《壇經》所記，慧能詢問北宗神秀和尚派來的探子志誠，神秀是怎樣界定三者的，志誠答：「諸惡莫作名為戒，諸善奉行名為惠，自淨其意名為定。」這基本是勸善懲惡的傳統倫理道德模式，無甚新意，而且頗偏於戒法，不重視自性。而慧能的界定則完全立於自心自性：

> 心地無非自性戒，心地無亂自性定，心地無癡自性慧。 （《壇經校釋》 第78-79頁）

慧能以為，上根智人他是「自性頓修」的，就不必如神秀那樣「唯傳戒定慧」，因為那是針對小根智人的。如果能悟自性，就不必立戒定慧。從此，志誠就跟從慧能，再不回神秀那兒了。

三身佛，即佛教所稱的法身佛、報身佛和化身佛。法身，指遍一切處的真如、佛性，它「不生不滅，不習不修，無量無邊，畢竟清淨」，是精神性的。報身，義為「淨滿」，指成佛所得的清淨圓滿果報之身，它相好具足，它只是佛陀現身於菩薩前的一種姿態，眾生卻無緣分享，它是物質與精神的結合。化身，又稱應身，指釋伽牟尼為化導眾生，「隨類應化」，於人間現「千百億化身」，它是物質性的。慧能則這樣解說三身佛：

> 於自色身，歸依清淨法身佛；於自色身，歸依千百億化身佛；於自色身，歸依當來圓滿報身佛。色身者是舍宅，不可言歸，向者三身在自法性，世人盡有，爲迷不見，外覓三身如來，不見自色身中三身佛。（《壇經校釋》第39頁）

這樣解釋三身佛，顯然與傳統佛教大相徑庭。三身佛分法身、報身、化身的說法，體現了佛教的某種等級，佛陀釋伽牟尼只有以化身佛的形象出現，才為眾生所見，才能實現普渡眾生的目的。慧能則「教外別傳」，大膽指出：

> 何名清淨法身佛？善知識！世人性本自淨，萬法在自性。思量一切惡事，即行於惡；思量一切善事，便修於善行。如是一切法盡在自性。自性常清淨；日月常明，只爲雲覆蓋，上明下暗，不能了見日月星辰，忽遇慧風吹散卷盡雲霧，萬象森羅，一時皆現。世人性淨，猶如青天，慧如日，智如月，知慧常明。於外著境，妄念浮雲蓋覆，自性不能明。故遇善知識開眞法，吹卻迷妄，內外明徹，於自性中，萬法皆現。一切法自在性，名爲清淨法身。（《壇經校釋》第39–40頁）

所謂的開真法，就是讓眾生明白「萬法在自性」的真理，覺悟自己就是「法身佛」，非常簡單直捷。慧能又說：

> 何名千百億化身？不思量，性即空寂；思量

即是自化。思量惡法，化爲地獄；思量善法，化爲天堂。毒害化爲畜生，慈悲化爲菩薩，知慧化爲上界，愚癡化爲下方。自性變化甚多，迷人自不知見。一念善，知慧即生。一燈能除千年暗，一智慧能滅萬年愚。莫思向前，常思於後。常後念善，名爲報身。一念惡，報卻千年善亡；一念善，報卻千年惡滅。無常已來，後念善，名爲報身。從法身思量，即是化身；念念善，即是報身。（《壇經校釋》第40頁）

化身是什麼？就是人的思想、意念從法身思量而向善。儘管空寂之性的狀態是不思量，但是人的自性剎那剎那會發生許多變化，人就不能不思量，這叫「自化」。人的意念如一條河，川流不息，有向善的可能，也有向惡的可能。向善只須一念，這一念是向後的一念。這裡，可十分注意慧能「常思於後」的思想。報身是什麼？就是「後念善」。向善之意念發動的依據是超越的清淨法身，然向善一念卻是在「自化」之中發生，是對人的當前具體狀況的反思，這叫「當來」。「從法身思量，即是化身；念念善，即是報身」。這裡，普遍的清淨法身實現為特殊的化身，每一人有各自的化身，各有向惡或向善的可能性，向善就法身顯、向惡則法身隱。向善，則落實為更特殊的報身，即每一人向善之後念（「後念善」）。這樣，普遍與特殊，共性與個性統一了起來，構成為人的生存之現象界。色身是法身的宅舍，就此而論，它本來不空。所謂的「歸依三身佛」，在慧能看來，並非法身（外在的實體）化為千百億色身（特殊的個體），而是千百億色身中的法身（內在的本體）之被喚醒。

「自悟自修，即名歸依」(《壇經校釋》第40頁)，歸依不是佛從天而降的它歸依，而是自歸依，即覺悟。臨濟義玄對外在的「依」作了非常尖銳的批評：

> 世出世諸法皆無自性，亦無生性，但有空名，名字亦空。你祇麼認他閒名爲實，大錯了也。設有，皆是依變之境。有個菩提依、涅槃依、解脫依、三身依、境智依、菩薩依、佛依，你向依變國土中覓什麼物？乃至三乘十二分教皆是拭不淨故紙，佛是幻化身，祖是老比丘。(《古尊宿語錄》卷四《鎮州臨濟(義玄)慧照禪師語錄》)

所謂佛祖變現千百億化身來拯救苦海中浮沈的眾生，儘管非常生動形象，究其實卻是一種自外向內的灌輸，眾生之接受佛，是被動的。慧能的由「萬法在自性」而主張「自悟自修」，把三身歸於法身，歸於一念善，化身和報身其實是己身，是對三身佛作了革命性的誤讀。[10]從中國的佛教尤其是禪宗的傾向看來，本體並非外在的，佛也不是外在的。外在於人的只能是一個不相干的實體，而這樣的實體是不存在的。

傳統佛教三身佛的區分中想像成分極多，而慧能的三身佛卻只有自性和自然兩種成分。自性似乎就是自然之性、先

10 北宗神秀則將三身佛與定、智、慧相聯繫，也是對三身佛作了誤讀：

> 無動念是大定，無思惟是大智，無分別是大慧。大定是法身佛，大智是報身佛，大慧是化身佛。三法同體，一切法無異，成佛不成佛無異。清淨無障礙，覺覺相應畢竟不間斷，永無染著，是無礙解脫道。(《無題》)

天之性，常清淨，但起念時有可能為妄念覆蓋；而自然是日月常明，起風時它也有可能為浮雲覆蓋。自性與自然兩者互相比擬著，沒有如傳統佛教三身佛那種複雜的想像。傳統佛教三身佛對「相」（物質）的借助非常明顯，它是有相的，是佛為了教化眾生而施設的方便，而慧能的三身佛卻是無相的，所以他又把這種自歸依三身佛稱為「無相戒」。無相而言戒，似為語病，其實是為了破相。慧能主張「即煩惱而菩提」，以為每時每刻、在在處處都可能也可以覺悟而獲得解脫。現象即存在，因此，他的禪學對方便施設頗不重視。換句更準確的話說，慧能的禪學主張隨處是方便。[11]（另外，自性與自然的對舉，與傳統佛教的借助於想像和相，從美學上看大不一樣。而我們從中卻可以看到中國傳統哲學和美學中自然與人類比式的親和關係。）

三寶，即佛、法、僧，是佛教的三種構成要素。佛是已開悟的人，法是佛的教法，僧是僧團。因為可尊可重，故名為寶。《華嚴經・淨行品》是這樣論三寶的：

> 自歸於佛，當願眾生，紹隆佛種，發無上意。自歸於法，當願眾生，深入經藏，智慧如海。自歸於僧，當願眾生，統理大眾，一切無礙。

慧能對此三寶作了誤讀：「佛者，覺也；法者，正也；僧者，淨也。」（《壇經校釋》第46頁）覺，是自心覺

11印順云：「慧能重視『東山法門』所傳的，『一行三昧』與『禪定』的實際意義，而不著形儀，不專在事相上著力，在東山門下，的確是獨具只眼了！」（《中國禪宗史》第165頁）

悟，正，是念念無邪，淨，是自性不染。慧能問：

> 若言歸佛，佛在何處？若不見佛，即無所歸；既無所歸，言卻是妄。善知識，各自觀察，莫錯用意。經中只即言自歸依佛，不言歸依他佛；自性不歸，無所依處。（《壇經校釋》第47頁）

《華嚴經》上說眾生自己歸向佛、法、僧三寶，而慧能的新解卻是眾生經由覺悟歸向自己的佛性。三寶並非外在的東西，而是「自三寶」。在自性之中而不是在自性之外發現三寶，這種對三寶的誤讀與對三身佛的誤讀如出一轍。

一行三昧，是一種禪定。三昧，梵語Samādhi，譯為「三摩地」、「三摩提」，有正定、等持的含義。傳統佛教的一行三昧，就是專於一行，修習正定的意思。它要求在一切處所都不著於相，不生種種主觀的憎愛心，亦不起取捨的行為。真諦譯《大乘起信論》，作一行三昧，而實叉難陀又把它譯為一相三昧，一相即是絕對平等，無差別對立，兩者的意義並無大別。《大乘起信論》講三昧有其特點，是從真如出發的，正定是對真如的依持，稱為真如三昧。它要求「心若馳散，即當攝來住於正念」（《大乘起信論校釋》第167頁），正念唯心無外，於是就法界一相，唯有真如。「一切諸佛法身與眾生身平等無二，即名一行三昧，當知真如是三昧根本，若人修行，漸漸能生無量三昧。」（同上）慧能對「一行三昧」的解釋也立基於《大乘起信論》真如是三昧根本的理論，但更強調「行直心」：「一行三昧者，於一切時中，行、住、坐、臥，常行直心是。」（《壇經校釋》第27頁）「直心」就是每個人心中的真如，「行直心」就是真如的顯現，但這一顯現具有個體的面貌。在慧能看來，一行三昧不是趺坐不動、看心看淨，它要求人在任何時間、任何處所、做任何事情都讓「直心」自然坦露。清淨的真如（直心）流轉活潑地現於人的一切意念和行為之中，這叫「道須流通」，「滯」和「住」都是靜止，靜止就被縛，是沒有自由可言的。一行三昧的偏於主靜的正定、等持的意義，於是就被引導到了活潑生動的人的生存真實與佛的無量真如統一的境地。這裏，從習佛人方面看，有從靜止到生動的轉變，從真如方面看，有共相與殊相的統一。這種轉變和統一，並非人為的，慧能以為，它本來就是這個樣子，是實相。

四弘誓願，《壇經》中是這樣的：「眾生無邊誓願度，煩惱無邊誓願斷，法門無邊誓願學，無上佛道誓願成。」與傳統的說法沒有什麼不同[12]，但慧能卻作了重要的誤讀。個人解脫，然後有能力普度眾生，是佛教解脫論的基本思路。釋伽牟尼正是因為親身體驗到了自己的煩惱和親眼看到了眾生的苦難，才決心去求一個解脫生死輪迴的方法和途徑。因此，普度眾生，實現人類的自由解脫，始終是佛教的基本教義。但是佛教自身的義學和修行方法中，都包含了自救和被救或他救的兩種不同的解脫之路。這裡，重要的是對佛性的理解，設問：人是否都有佛性？這一點，在中國佛教中本來是有爭論的，如東晉竺道生所提出的「一闡提人皆得成佛」的命題[13]為當時的《泥洹經》譯本所無，起初被視為違經叛

12傳統的說法是：眾生無邊誓願度，煩惱無量誓願斷，法門無盡誓願學，佛道無上誓願成。

13一闡提為極惡的、斷了善根的、無法得救的人。他們蔑視佛教的教義，沈溺於世俗的快樂，不可能得到真正的覺悟。

道之論，人也被逐出首都南京。後來《大涅槃經》譯出，才發現經中本來就有此義。道生的「頓悟成佛」論也終於在四、五世紀的中國站穩了腳。而人人都能成佛的前提，則是人人都有佛性。這種致思路向，不由得使我們聯想起孟子人皆有善端、「人皆可以為堯舜」(《孟子・告子下》)的宏論。

慧能正是按著道生的理路走下去的。他道：「眾生無邊誓願度」不是慧能度眾生，而是眾生各於自身自性自度。他以為每個人的自色身中有壞的邪見煩惱、愚癡迷妄，即貪、瞋、癡三毒，也自有好的本覺性。所謂的「度」，就是每個人以正度邪、以悟度迷、以智度愚、以善度惡、以菩提度煩惱，等等，這叫真度，也叫「各各自度」。度是為了脫離苦海、達到彼岸，然而彼岸卻不在人的自性之外，人的涅槃是人運用自己的般若之智對自己的本覺性（真如）的覺悟，儘管需要外人如禪師的接引，但那不是老師（弘忍）搖船渡學生（慧能）過江式的關愛，而是創造一定的條件、環境或機緣讓學生自己悟。慧能以為，人若不能自悟，那須得接引人示道見性，如果能自悟，就無須假借旁人了。這就是「眾生無邊誓願度」。其餘三弘誓願，「煩惱無邊誓願斷」釋為「自心除虛妄」，「法門無邊誓願學」釋為「學無上正法」，「無上佛道誓願成」釋為「當下心行，恭敬一切，遠離迷執，覺知生般若，除卻迷妄，即自悟佛道成，行誓願力」。都是要求眾生自己自覺自願地親自去做斷除煩惱、學習正法和覺悟佛道的功課。總之，四弘誓願被慧能解釋為習佛者自我解放的宣言。這種求上進的要求和途徑，絕不同於孔子「己欲立而立人，己欲達而達人」的群體教育模式，它基本是一種個體自救的模式，各種燈錄所記載的禪師覺悟的公案大凡如此。儘管真如是一個超越的形而上的一般精神，然而由於它的平等性、遍在性，決定了它必然與個體的人的具體生存相統一而存在。真如是既一般又特殊的存在，覺悟是個體的事情，為任何旁人甚至佛祖所不能越俎代庖的。

禪宗在佛教中是一支「教外別傳」，它要突破現有經論的束縛，來求得人的解脫。慧能宣佈：諸佛和諸經，人性中本自具有。習佛的功德何在？在法身，不在修福的諸行為，如造寺、佈施、供養均不是功德。「自修身是功，自修心是德。功德自心作，福與功德別。」（《壇經校釋》第64—65頁）《大乘起信論》也要求人們「自信己身有真如法，發心修行」（《大乘起信論校釋》第86頁）。傳統佛教說，西方是淨土，學佛者願往生西方。慧能卻說：「迷人念佛生彼，悟者自淨其心。」（《壇經校釋》第66頁）如果能悟無生頓法，那麼「西方」在剎那間就可到達。慧能還以為，修行佛道不必一定去寺廟，在家也是可以的。自家修清淨，即是西方。

總而言之，佛與非佛，只在迷悟之間，僅在一念之差。這一念就是般若智慧：

> 何名般若？般若是智慧。一切時中，念念不愚，常行智慧，即名般若行。一念愚即般若絕，一念智即般若生。世人心中常愚，自言我修般若。般若無形相，智慧性即是。……悟此法者，悟般若法，修般若行；不修即凡，一念修行，法身等佛。善知識！即煩惱是菩提。前念迷即凡，後念悟即佛。善知識！摩訶般若波羅蜜，最尊、最上、第一、無住、無去、無來，三世諸佛從中

出，將大智慧到彼岸，打破五陰煩惱塵勞，最尊、最上、第一。贊最上最上乘法，修行定成佛。無去、無住、無來往，是定慧等，不染一切法，三世諸佛從中變三毒爲戒定慧。(《壇經校釋》第51頁)

三、定與慧

中國特色的佛教，以僧肇對中觀的闡發為標誌，就有統一有與空的運思傾向，一方面主張把有視作假有，另一方面又不偏執於空。禪宗更是如此，它主張般若與涅槃的統一，清淨與空的統一，佛性論與空觀的統一。

較早的敦煌本《壇經》，錄慧能得法偈為：「菩提本無樹，明鏡亦非台，佛性常清淨，何處有塵埃！」而後來的惠昕本、契嵩本和宗寶本《壇經》都把其中「佛性常清淨」句改為「本來無一物」。有學者以為前者屬涅槃思想，即涅槃佛性論，而後者指般若思想，即般若空觀，分別屬有宗和空宗兩宗。其實，禪宗正是要統一有宗和空宗，前後兩說並不矛盾，不過是各有所偏重罷了。這是中國思想的特點，它是佛教中國化的必然。

不過，如何將清淨佛性與一切皆空的思想融會貫通起來，確實是一個問題。慧能關於定與慧體一不二的思想，應該是這方面的一種實踐。

定與慧，意即禪定與智慧。二者為佛教修習的入門途徑。傳統佛教又以戒定慧三項連稱，並把三者理解為一個連續的修行過程。

戒是遵守戒律、防非止惡，它大體上是要使用勉強的手段如忍，來達到制壓欲望的目的。佛教以為，由戒可生定。

定是什麼？為梵語Dhyāna的音譯，按之禪的本義，其意為瞑想。漢譯為定、靜慮、思惟修。又有禪定連稱。禪定，本來是佛教的一種普遍的基本的修行方法，指通過結跏趺坐使心念沈靜專一、不散亂。定，提出心力集中的要求，雖然面對剎那變化的無數現象，仍能做到恒久寂靜，不隨境遷。在深度的禪定中，人的前五識「眼、耳、鼻、舌、身」已經停止，只有第六識「意」識獨獨發揮作用。這就意味著禪定之人對紛紜萬千的物質現象（法和相）已經可以視而不見了，所謂的面壁、趺坐、念佛，就是如此。意識是人之生命活動的中心，是思惟、認識作用的根源，能創生萬物，但也能走向「邊見」而導致迷誤、愚癡。禪宗非常重視意識（意根）的作用，以為，把意識控制住了，使之集中於瞑想，清淨下來，丟開世間法，轉而思惟出世間法，就為發慧創造了條件或是徑直轉入了慧。意識的運用是迷與誤的轉關。因此，禪定主要就是制御意識。定又稱為止或寂，就是排除（雜念）和專一（思惟）。說到底，定的質性其實是空。

慧是什麼？按之佛教的本義，慧是勘破因緣、觀照空理的智慧。慧是一種積極的人格，它統一了真如和個體。它是戒定慧三學中最為積極的也是最後的功夫。慧又稱觀或照，它的質性其實是有。

定與慧、止與觀和寂與照，意思相同。定是破因緣，為空，慧是立智慧，為有。從空轉向有，也就是從般若空觀轉向涅槃法身，從「無一物」轉向「常清淨」。

我們來看看慧能的見解。他反對把定慧二者強作分別，說：

> 我此法門，以定慧爲本。第一勿迷言定慧別。定慧體一不二。即定是慧體，即慧是定用。即慧之時定在慧，即定之時慧在定。善知識！此義即是定慧等。學道之人作意，莫言先定發慧，先慧發定，定慧各別。（《壇經校釋》第26頁）

一般論戒定慧的次序，是由戒生定，因定發慧，由外在而漸次向內。反過來，如果有了慧，也可以使持戒變得理性自覺，使定由勉強制止而進乎快樂輕鬆的正定。以上兩個路向，規定了定與慧之間有著先後之因果關係，此關係雖然可以逆向而行，即倒果為因，不過畢竟還是將定與慧別為性質不同的兩事。慧能則將兩者重新作解，斷言分別定慧是錯誤的。他把定慧比為燈光，有燈即有光，無燈即無光。燈是光之體，光是燈之用。定慧只有一個體，定是體，慧是用，即定即慧，即慧即定，兩者等，「名即有二，體無兩般」（《壇經校釋》第30），沒有先發後發的事。[14]

體用是慧能《壇經》所用的基本方法，運用此方法來規定定與慧，其目的即是把佛教認識和佛教實踐統一起來，引導人們到達覺悟自性的境界。慧能佛學的核心是頓悟，頓悟沒有階級，自然也就無法講先定發慧或先慧發定，體用一如是關於兩者關係絕妙的注解。

慧能對「一行三昧」的解釋其實也是運用體用方法綜合

14《出三藏記集》卷八謝敷《安般守意經序》論慧與禪、有宗與空宗、有與無、外與內之關係，云：「菩薩者，深達有本，暢因緣無。達本者有有自空，暢無者因緣常寂。自空故不出有以入無，常寂故不盡緣以歸空。住理而有非所縛，非縛故無無所脫。苟措心領要，觸有悟理者，則不假外以靜內，不因禪而成慧。」可見統一定與慧的工作早已有人做了，可參看。

了定與慧：「一行三昧者，於一切時中，行、住、坐、臥，常行直心是。」(《壇經校釋》第27頁)傳統佛教的一行三昧，意即專於一行，修習正定。三昧即是定。這裡，「直心」就是真如佛性，「常行直心」就是真如的發用，「一行三昧」就是「定慧體一不二」。一行三昧又譯為一相三昧，真如法界只有一相，修定修慧亦要直尋真如而去，一行或一相之中有定即有慧，其間無須分別先後。慧能批評那種「坐不動，除妄不起心，即是一行三昧」的看法，說「道須通流」，真如（直心）流轉活潑地現於人的一切思想和行為之中。

坐禪是習佛的基本途徑，但容易走偏。看心看淨的坐禪，偏於定、止和寂，往往變成枯坐，心不免住於法，住於空，那是習禪者的大忌，是難以獲得勘破因緣的智慧的。在慧能看來，無論如何，定是消極的守，而非積極的創。《古尊宿語錄》記：馬祖道一在南嶽傳法院，獨住於一庵，只習坐禪，凡是來訪者都不予理會。他的老師懷讓去了，也是如此。於是懷讓就拿了一塊磚在庵前地上磨，時間長了，馬祖起了好奇心，不免問：這是幹什麼？懷讓答：磨做鏡。馬祖大疑，問：磨磚豈能成鏡？懷讓坦然答：磨磚不能成鏡，坐禪又焉能成佛！馬祖於是覺悟：一味坐禪就是執於坐相，而佛非定相，是不能執於一相的。

從這一公案得到的啟示是：只有實踐了「定慧等」，把守與創、積極與消極打在一塊，才能獲得覺悟。早先乾枯坐禪的馬祖是一個執迷不悟的人，他執著於外在的坐相，落入了「無記空」，是沒有人格的，而覺悟了的馬祖卻有一個大寫的人格挺立起來。由於老師懷讓於地上磨磚這一特殊設計的機緣的引發，學生馬祖身上的佛性活了起來，並被賦予個性。因為機緣的獨特，人格也分外地特出，無可重複。這一個性或人格，就是觀空的大智慧，就是真如的清淨法身。「無一物」的般若空與「常清淨」的涅槃本來是統一的。可見，只有體用一如之境，才是定慧的真諦。而其標誌，即必須有一突出的人格生長出來。

這個道理，慧能把它歸納為一句話：「心地無非自性戒，心地無亂自性定，心地無癡自性慧。」(《壇經校釋》第79頁）心地「無非」、「無亂」、「無癡」當然是定，但是卻分別成為戒、定、慧的條件，又因為都針對「自性」而言，三者其實都歸結於慧，定與慧絕難區分。慧能其實並不主張分立戒、定、慧，他說：「自性無非、無亂、無癡，念念般若觀照，常離法相，有何可立？」(同上）所謂「行直心」和「定慧等」，就是即定即慧、體用一如的清淨自性的人格。慧能禪法「教外別傳」的特點，它的創新性，我以為最典型地體現於慧能將平等清淨的真如本體與獨特機緣的覺悟個性統一起來，成就了禪的人格，由此而具有極強的號召力。這一點以下還要講到。

四、無相，無住，無念

> 我此法門，從上已來，頓漸皆立無念爲宗，
> 無相爲體，無住爲本。（《壇經校釋》第31-32頁）

相是什麼？粗略地說，就是事物的相狀，即我們常言的現象，是時空中的具體存在。相另有一義，指性，如「諸法實相」，此相意為真如，最高的實在，超越時空而存在，「諸法空相」，此相意為諸法的空性，諸法無自性。慧能「無相為體」之「相」意即現象，之「體」意即「諸法實相」

之「實相」，即真如之體。

《壇經》釋無相云：

> 何名無相？無相者，於相而離相；……但離一切相，是無相；但能離相，性體清淨。此是以無相爲體。」(《壇經校釋》第32頁)

相，是人的諸知覺活動與諸心理活動（六根）所針對、所形成的對象，佛教稱為對境。作為現象，相在數量上是無窮的，種種相，構成了眾生生死輪迴的現象世界。因為相切實地關聯著人的現世生活，人們往往就把它們看得極為重要，對它們生起計較之心、執著之意，稱為取相或著相。所謂「離相」，並不是要求人們離開現象界，這是不可能的，切實地說，「離」就是要求眾生無須執著於現象，只把它們看作因緣和合的結果，本來就是空的，這也就是無相。因此，所謂「離」或「無」，其實就是與通常人們認識事物的角度、方法、途徑相反，與人們的常識、常行違異，而造成諸現象的破壞。同一個對象，在反向的觀照之下，會具有完全不同的性質和意義。例如，看山，通常人們觀念中的山就是地面上高聳的部分，由土、石頭和樹木等組成，每個人所見到的各種不同的山都向這一個概念歸約，並由此形成許許多多與山相關的概念。這種叫認識活動，就叫取相。但是禪宗卻認為可以不把山看作是山，即不把當下所見（山）向山的概念歸類，而是僅視為當下所見之物，即純粹的現象。這叫「於相而離相」或叫「忘緣」，這也就是禪宗所謂的「破相」或「掃相」。由於脫離了時空的具體環境，作為觀想對象的現象就走出了原先生活當中的意義域，如某個人具體的切身的苦難經驗，可以離開生死輪迴之境而被看空，於是這一苦難就不再是繫縛這個人的繩索了。此當下所見的經驗賦予人某種獨特的感受或悟解。禪宗認為，這個超越的、不可重複的悟解極其根本、絕對重要，是人生最親切、最真實的經驗。借助於它，人才返歸自身本性的清淨。任何對相的執著，都使人陷於無盡的煩惱，使人不可能保有自性的清淨，獲得最親切的人生經驗。因此，「無相為體」。

慧能「無相為體」的思想，是有其來源的。在佛教中，法是諸法，界為分界，諸法各有自體，現象界表現為林林總總。而依大乘般若學，所有的界都共有一性，即真如之性，如來界與眾生界平等不二，因此法界不二。現象界雖然林林總總，其本體或本質卻只能是一個，現象與實相是統一的。《觀無量壽佛經》云：

> 諸佛如來法界身，遍入一切眾生心想中。是故汝等想佛時，是心即是三十二相、八十隨形好。是心作佛，是心是佛。諸佛正遍知從心想生，是故應當一心繫念諦觀彼佛。

長於想像的印度佛教認為，佛有三十二相、八十種好，分別是說如來的身體有三十二種殊勝的相狀，佛的身體有八十種所具足的吉相，求佛之人可以從中取相，以之為方便寄託而求得解脫。[15]而念佛三昧和坐禪，是通過修一相如念佛

15《楞伽經》是主如來藏識心的，該經卷一云：「世尊修多羅說：如來藏自性清淨，轉三十二相入於一切眾生身中。」這是說，如來藏的藏是胎藏，它自性清淨，有三十二相好，眾生身中本來具足。此仍然是用了佛教傳統的方便說法。印順評論說，那是一種通俗淺顯的如來藏說，與神我說非常近似的。參看所著《中國禪宗史》。

淨心或靜坐來修佛之無量功德的，這種修行方法的理論基礎就是「是心作佛，是心是佛」的萬法唯心的平等觀。但是，唯心的修一相的方法有可能引導人執著於一相，達不到無差別的佛境界，對真如之體的把握也就無從談起。於是《文殊說般若經》就有如下的說法：

> 法界一相，系緣法界，是名一行三昧。……入一行三昧者，盡知恒沙諸佛法界無差別相。

法界一相，系緣法界，這是一個關於本體界與現象界統一不二原理之經典的定義。慧能的思路就是順著這個定義演化下去的，以為，若要真正掌握佛法，在方法上必須以「無相為體」，在任何時候、對任何現象均不執著，自然也就對任何現象都不倚輕倚重，於是行、坐、住、臥，在在都可以顯現真如，即是「於相而離相」。「無相」是離相，只是把相看空，並非與相絕緣。《華嚴經》卷三五《寶王如來性起品》云：「如來智慧，無相智慧，無礙智慧，具足在於眾生身中。」「無相」是如來藏智慧的品格，「無」字不能看死，看死就不免有相了。「無相為體」的體，就是「法界一相」的「一相」，即普遍的清淨的真如之體。但是要注意慧能的思路，不是在念想之中收攝所有的相以得到平等，而是反過來，主張對所有的相都不即不離以得到平等。慧能這一

百丈懷海這樣評價三十二種相與八十種好：菩提樹下三十二相、八十種好，屬色；十二分教，屬聲。只如今截斷一切有無聲色流過，心如虛空相似。（《古尊宿語錄》卷一《百丈懷海大智禪師廣錄》）

黃檗希運說也相似：問云：心既無相，豈得全無三十二相、八十種好、化度眾生耶？師云：三十二相屬相。凡所有相，皆是虛妄。八十種好屬色，若以色見我，是人行邪道，不能見如來。（《古尊宿語錄》卷三《黃檗斷際禪師宛陵錄》）

思想，是把大乘般若學和涅槃學的「法界不二」學說貫徹到底了。與「法界一相」相比，我們也許可以說，「無相為體」更體現出某種宗教現象學的方法論特點。

《壇經》中講，法達誦《法華經》七年，還「心迷不知正法之處」(《壇經校釋》第81頁)。於是就請慧能為他決疑。慧能說：「經上無疑，汝心自邪，而求正法」。又說：我不識字，你就將《法華經》對我讀一遍。法達讀畢，慧能道：七卷《法華經》盡是譬喻因緣，如來廣說三乘（大乘、中乘、小乘)，講來講去，無非是強調「一佛乘」罷了，並沒有其餘二乘。《法華經》上講「諸佛世尊，唯以一大事因緣故，出現於世」。何以「諸佛世尊」「出現於世」，那是為了啟導眾生「開」、「生」、「入」「佛知見」，這就是「一大事因緣」。廣說三乘、諸佛出世，都是為了這「一大事因緣」而施設的方便。《法華經》這樣說，確實有「譬喻因緣」的意思。但是慧能解經，卻是直指人心：「人心不思本源空寂，離卻邪見，即一大事因緣。」外迷著相，內迷著空，於相離相，於空離空，這樣內外不迷，就離兩邊。一念心開，就是出現於世。這並非廣說三乘、諸佛出世的方便。慧能進而開導法達說：

> 心行轉《法華》，不行《法華》轉；心正轉《法華》，心邪《法華》轉。開佛知見轉《法華》，開眾生知見被《法華》轉。(《壇經校釋》第82頁)

《法華經》有助於開佛知見，但如果人被佛經所轉，則讀經適得其反。對佛經也不可執著。

所謂的「法界一相」，自然可以涵蓋廣說三乘、諸佛出世的方便，但是如法達七年讀《法華經》而不開悟，則可見如此的「方便因緣」極容易落入對相的執著，而「無相為體」則專為破相而設，循此，習禪的主體有更大的自由。

念是什麼？從心理學上講，念是認識主體對於對象或自身的心理活動。在佛教看來，念是對所經驗之事記憶而不忘卻的心理活動，或稱為心思。它的對象即無數的境或無數的法，而這些境和法都是外在的，是引起人欲念的，迷惑人、繫縛人的現象界事物。念是人基本的心理活動，生存著的人不免對外境起念，於是人就有無窮的煩惱，所謂的塵勞妄念。佛教以為，念這種心理活動表現為剎那剎那的心念相續而作，無有間斷，這叫「念念相續」。

> 應觀過去所念諸法，恍惚如夢；應觀現在所念諸法，猶如電光；應觀未來所念諸法，猶如於雲忽爾而起……（《大乘起信論校釋》第181頁）

人的意識活動像河流一樣，總是前念今念後念不停地轉換，永遠不會中斷的，一旦中斷，人的生命就結束了。而且，佛教非常強調念的連續性，又由於佛教以為境和法都是心所造，心理活動的對象為心理活動的結果，念就差不多是內化了的心理之流。這種看法，頗有些類似於現在人們常用的意識流概念，比較符合人的心理活動的實際情況。念佛，實際是通過不間斷的對佛的憶念這種心理活動或是藉口念誦佛為助，以使種種妄念不能進入心理活動之流，從而達到清淨自心的目的。但是，念佛這種活動還是得求助於他力，只是一種方便而已。《大乘起信論》論修行止觀門的正念云：

> 若修止者，住於靜處，端坐正意。不依氣息，不依形色，不依於空，不依地、水、火、風，乃至不依見、聞、覺、知。一切諸想，隨念皆除，亦遣除想。以一切法本來無相，念念不生，念念不滅。亦不得隨心外念境界，後以心除心。心若馳散，即當攝來住於正念。是正念者，當知唯心，無外境界，即復此心亦無自相，念念不可得。（《大乘起信論校釋》第167頁）

這裡，幾乎要求人摒除一切心理活動所必須依賴的條件，包括方便，也不去想自己正在正念真如（「此心亦無自相」）。因為真如是無相的，不會因為念而生滅，正念（「正止」）真如，無非是使心完全寂止，與真如同體。但是，「住於靜處，端坐正意」和「心若馳散，即當攝來住於正念」，就不是方便，就不需要借助念這種心理活動了嗎？我們且來看看慧能的見解：

> 於一切境上不染，名爲無念；於自念上離境，不於法上生念。若百物不思，念盡除卻，一念斷即死，別處受生。……即緣迷人於境上有念，念上便起邪見，一切塵勞妄念，從此而生。故此教門，立無念爲宗。世人離見，不起於念，若無有念，無念亦不立。（《壇經校釋》第32頁）

「無念」說不能按其字面去理解，它的核心思想是「自性起念」。慧能並不是要求人斷絕念想，因為念是人的生命活動，一旦念想停止，人的精神生命就完結了。「無念」的提出，只是針對迷人因執著於念而生起的邪見妄念，如果真的能做到無有念想，那麼「無念」法門也是不能成立的。因此，「無念」只是要求做到「於念而不念」，「於一切境上不染」，而不是「百物不思」。他又進一步申說：

> 無者無何事？念者念何物？無者，離二相諸塵勞；眞如是念之體，念是眞如之用。自性起念，雖即見聞覺知，不染萬境，而常自在。（《壇經校釋》第32頁）

所謂的「無」，是在諸「二相」如生滅、有無、空有、人我、是非、染淨、內外之間取一個不即不離的立場，而真正的立腳點是在真如，「念」是念真如。「真如是念之體，念是真如之用」，如果人從自身的佛性起念，儘管身歷種種「見聞覺知」，卻能不染萬境而常自在。而這種「自在」境界，只有從自身真如起念才能做得到。要而言之，真如是體，念從這個體上發用，它的本性是清淨，那麼念就與一切「見聞覺知」的對象形成對境，但又不與對象死扣染著，而是不即不離，一切「見聞覺知」也就不過是真如的發用罷了。自性起念而不染萬境，自然，人心也就不會起來煩惱了。這就是人的自由解脫。因此，說「無念」，並非如同《大乘起信論》那樣單單要求起「正念」，排除一切心理活動的對境，僅留一個真如心在。那是有體而無用。

從念這種心理活動的本性上看，它必須要有對象，它要在不同的對境上不斷地轉移，才能進行下去，才能保持其活力。既然「念念不斷」，那麼就是「見聞覺知」，而只要對境不執著，於法不生念，就是在真如上起念。

> 性含萬法是大，萬法盡是自性。見一切人及非人，惡之與善，惡法善法，盡皆不舍，不可染著，由如虛空，名之爲大。」(《壇經校釋》第50頁)

不執著染著就是在真如上起念，在真如上起念就是不執著染著，自性和對象兩不偏廢，體用一如。這裏，又是體用關係在起著方法論的作用。

而且，作為人的心理活動的念，它的本性是變化不定的，因此它必須無住。

住是什麼？住是指人停頓、持續於某一念而不可解脫，即執著。

> 無住者，爲人本性，念念不住，前念、今念、後念，念念相續，無有斷絕；若一念斷絕，法身即離色身。念念時中，於一切法上無住，一念若住，念念即住，名繫縛；於一切上，念念不住，即無縛也。此是以無住爲本。(《壇經校釋》第32頁)

慧能講「無住」，與他講「無相」和「無念」不同。「無相」是「於相而離相」，「無念」是「於念而不念」，都是主張不即不離，兩者卻正好給「無住」做了注腳。人的心理活動是在一念與一念之間運動轉移的，作為對象的「相」與「念」正好一一對應，一念一念轉換著一相一相，構成了人的意識活動之流。如果「念」的意識之流中斷了，法身就與色身相分離，人就不再是一個完整的人格了。慧能認為，真如法身是以色身為宅舍的，法身與色身統一為一個真實的生命體——人。[16]就這個生命體而言，他的意念是不會中斷的，「無住」是人的本性。前念、今念、後念，剎那剎那生滅，分別為過去時、現在時和將來時三種生命的時態，它展現為一股意識生命的綿延之流。因此「無住」可不是像「相」和「念」那樣的「於住而不住」，它就是「無住」。

汝若不得自悟，當起般若觀照，剎那間，妄念俱滅，即是自眞正善知識，一悟即知佛也。自性心地，以智慧觀照，內外明徹，識自本心，若識本心，即是解脫，既得解脫，即是般若三昧。悟般若三昧，即是無念。何名無念？無念法者，見一切法，不著一切法，遍一切處，不著一切處，常淨自性，使六賊從六門走出，於六塵中不離不染，來去自由，即是般若三昧，自在解脫，名無念行。若百物不思，當令念絕，即是法縛，即名邊見。悟無念法者，萬法盡通；悟無念法者，見諸佛境界；悟無念頓法者，至佛位地。(《壇經校釋》第60頁)

16《大乘起信論》也認為法身與色身是統一的：「法身是色體故，能現於色，所謂從本已來，色心不二。以色性即智故，色體無形，說名智身。以智性即色故，說名法身遍 切處。所現之色無有分齊，隨心能示十方世界。無量菩薩，無量報身，無量莊嚴，各各差別，皆無分齊，而不相妨。此非心識分別能知。以真如自在用義故。」(《大乘起信論校釋》第116頁)

人如果著相、繫念、有住，就心有煩惱。煩惱使人的生存狀況惡化，因此，須「以無住為本」。

五、對法

對法的「法」，指佛法。「對法」一詞，是慧能自己的創造。[17]在講慧能的對法之前，我們先來簡略地看一看僧肇的中觀理論。

大乘中觀把現象界理解為對偶的現象，對偶表現為兩邊即兩個極端，專注於極端則導致人的無窮煩惱。僧肇在當時被譽為「解空第一」，他批評了「心無」、「即色」和「本無」三個派別，標舉「非有非無」、「即動即靜」的中觀理論。他的主張可以從他的三篇名著的題目見出：《物不遷論》、《不真空論》和《般若無知論》。在《物不遷論》中，他提出「必求靜於諸動，不釋動以求靜」，這一主張建基於萬物每時每刻都在運動的觀念之上，運動是絕對的，沒有靜止，但是在剎那剎那，每一物卻都是存在的，有靜而無動。因此如果執著於動或靜，都是片面的，沒有把握真諦的。《不真空論》的理路也是一樣，主張「不真」就是「空」，「即萬物之自虛」。而「有無之境，邊見所存」，是靠不住的。《般若無知論》則說般若聖智就是無知，所謂「無相之知，不知之照」。涅槃是不可知的，般若聖心就體而論是無相的，就用而論又鑒照萬物。「用即寂，寂即用，用寂一體」，因此聖人能處有而不有，居無而不無。總之，對象的動與靜是互相依存的，認識的主體與對象是互相依存的，更高的本體與現象也是互相依存的。再看僧肇對語言的

17 傳統佛教也有「對法」，其音譯為阿毗達磨，意思是對向佛法，即對佛經的研究，屬於論。與慧能的「對法」完全不同。

看法，他說：「言雖不能言，然非言無以傳」(《般若無知論》)。由此可見，中觀主張人對世界和自己的認識應該在兩極之間保持一種平衡，而不是走極端。走極端即是起邊見，是佛教全體所極力避免的對真理認知的偏差。在方法論上，中觀一派是主張「即體即用」的。慧能發展了中觀的理念，他簡單而有效地把中觀表述為對法。

慧能臨終向眾弟子傳授保證「不失本宗」的說法方式，唯一地就是「對法」。

> 舉三科法門，動用三十六對，出沒即離兩邊，說一切法，莫離於性相。若有人問法，出語盡雙，皆取對法，來去相因，究竟二法盡除，更無去處。(《壇經校釋》第92頁)

三十六對法如下：

三科法門，指陰、界、入。陰是色、受、想、行、識五陰；界包括：色、聲、香、味、觸、法六塵，眼、耳、鼻、舌、身、意六門（即六根），眼識、耳識、鼻識、舌識、身識、意識六識；入是外六塵，中六門。三科法門，其實說的就是色法與心法，不過慧能以為「自性含萬法」「思量即轉識」，於是就生六識，出六門、六塵，三六一十八。自性正，則起十八正，自性邪，則起十八邪。所謂的「十八界」，就是由自性起的現象界。面對這個現象界，需運用三十六對法來言語，才不會落入邊見。

三十六對法如下：外境無情對有五：天與地、日與月、暗與明、陰與陽、水與火；

言語與法相對有十二：有為與無為、有色與無色、有相與無相、有漏與無漏、色與空、動與靜、清與濁、凡與聖、僧與俗、老與少、大與小、長與短、高與下；

自性起用對有十九：邪與正、癡與慧、愚與智、亂與定、戒與非、真與曲、實與虛、險與平、煩惱與菩提、慈與害、喜與瞋、捨與慳、進與退、生與滅、常與無常、法身與色身、化身與報身、體與用、性與相、有情與無親。

三十六對法，其實是成對的相，它們包含了色法和心法，如外境無情對就是色法，自性起用對就是心法，每一對拆開單獨地對待和言說，就會導致執著和邊見，就是著相。

慧能講自己佛法的宗旨，是「無相為體」、「但離法相，作無所得」(《壇經校釋》第88頁)，但這裡講對法時，卻又要求弟子「說一切法，莫離於性相」，是否有矛盾？慧能之倡無相，本來是為了破除邊見，但是諸相卻是現象界（包括心理現象），是不能視而不見的。同樣，說法也是不能離開法相的，語言所表述的思惟對象是相，語言本身也是相。於是，慧能就提出「共人言語，出外，於相離相；入內，於空離空」(《壇經校釋》第96頁)，「出外」，指色法，要「於相離相」，就是要把對象看空而不是著相，「入內」，指心法，要「於空離空」，就是要自性起用，而不是著空，把空也當作相來執著。因此，「於相離相」、「於空離空」，就是在相與無相、空與色等兩兩對待之間不即不離。他又說：「暗不自暗，以明故暗，明不自明，以暗故明，以明顯暗，以暗現明，來去相因。」(《壇經校釋》第

18 興聖寺本《六祖壇經》第四八節後還有如下一段：「設有人問：『何名為暗？』答云：『明是因，暗是緣，明沒即暗，以明顯暗，以暗現明，來去相因，成中道義。餘問，悉皆如此。』」這裡把明暗目為因緣關係，從兩者的辯證關聯中成就中道義。似乎暗示了與僧肇中觀思想的關係。

96頁，本句中脫誤據《壇經校釋》改）18明與暗都是相，通過揭示相的對待關係來破相，是很高明的方法，慧能的三十六對就是這個道理。相本是要破除的東西，但是破除不當即是著相，於是唯一辦法是即相而離相，在相上獲得覺悟，他著名的「即煩惱而菩提」命題就是如此。從方法論上看，這就是即體即用，體用一如的辯證法。這一方法在後代是被繼承了的，《禪源諸詮集都序》云：「覽諸家禪述，多是隨問反質，旋立旋破，無斯綸緒，不見始終。」

慧能的對法，包含了色法和心法，是他頓教方法論的重要內容。作為方法，它在美學上有重要的意義。它指示了，禪宗不會是純粹的心靈哲學，不會把色相即自然驅逐出自己的論域。因了兩兩對舉、在兩極間往返運動的形式，禪宗的形象思維方式也不可能如印度佛教那樣把對象作極為繁複的拆分和組合，又在此基礎上作主觀的七寶樓臺式的連翩想像，在禪宗，色法與心法把自己的對象組成一對一對無窮的對子，人於對子的兩極之間覺悟自性，其過程往往極短，是剎那間的頓悟。於是，被目為色相的自然也就成為人覺悟的質和見證。雖然，人與自然的關係不像在莊子那兒是親和的，而是相對的，作為「相」的，但卻在某種程度上延續了莊子的傳統。作為「相」，自然被成功地保留了原來的外觀，並在人覺悟的過程中似乎仍然是十分可親的，起著十分活躍的作用。心和性是內在的，沒有辦法看見的，覺悟也不是對自然的歸化，因為自然僅是「相」而已，不過心性與自然卻是相即的，覺悟卻可以通過自然之相而被標誌出來從而可以觀察到。心與物就是一個對子，呈現為體與用的關係，面對自然的或在自然之中的覺悟。自然固然被虛化了，但作為審美對象卻是莊學化了的。

第三章 諦觀與頓悟

諦觀與頓悟

禪宗是一種極為主觀的宗教哲學，然而禪師們卻經常把自己的心、眼、耳以及整個身體面對著自然而敞開。禪者似乎認為在自然的境遇中更易於得禪慧，更可能獲解脫。禪的審美經驗就是在人心、眼耳與自然三者之間展開。禪者對於外界，採取了一種特殊的「觀」的姿態，通過它而獲得覺悟。

一、藉境觀心

菩提達摩的禪法，倡理入和行入，兩者並重。慧能的禪法，講「行直心」，似乎更能顧到行，這是慧能南宗禪的優長。神秀北宗禪一路卻從初祖達摩的壁觀、二祖慧可的淨坐、四祖道信與五祖弘忍的閉門坐、念佛淨心發展而來。《傳法寶記》云：「及忍（弘忍）、如（法如）、大通（神秀）之世，則法門大啟，根機不擇，齊速念佛名，令淨心。」南宗偏於動，北宗偏於靜。偏於動的更喜頓悟，偏於靜的偏重漸悟。從美學上來看，南宗禪法是重要的，然而，北宗的禪法也是極具美學上的意義的。本節將作一論述。

先來看菩提達摩的「壁觀安心」。達摩的「壁觀」，宗密這樣作解：「達摩以壁觀教人安心：外止諸緣，內心無惴；心如牆壁，可以入道。」(《禪源諸詮集都序》卷三）心喻為牆壁[1]，外境不可侵，內心不可搖。到了慧可，達摩的「壁觀安心」變而為淨坐安心，據淨覺《楞伽師資記》，慧

1 另也有解，以為宗密把壁觀理解為譬喻，與原意不符。「壁觀」為面壁坐而觀牆壁的顏色，專注於一境以安心。如杜繼文《中國禪宗通史》：「『壁觀』應是『面

可倡淨坐而摒言語：「學人依文字語言為道者，如風中燈，不能破暗，焰焰謝滅；若淨坐無事，如密室中燈，則能破暗，照物分明。」（《楞伽師資記》）在慧可看來，成佛必須坐禪，而文字語言是無助於成佛的。

以後就發展成大乘安心之法，以坐禪和念佛為方便，其目的是攝心、觀心，去除邪念，達到清淨。上面我們已經講到，道信和弘忍也是屬於主張淨坐安心和念佛安心一路。對這一路，試從心理調適和自然環境兩方面作一論述。

首先，長坐攝念是一種心理調適。《楞伽師資記》上記道信「坐禪看心」之法：

> 初學坐禪看心，獨坐一處。先端身正坐，寬衣解帶，放身縱體，自按摩七八翻，令心腹中嗌氣出盡，即滔然得性，清虛恬靜，身心調適。能安心神，則窈窈冥冥，氣息清冷；徐徐斂心，神道清利。心地明淨，照察分明。內外空淨，即心性寂滅；如其寂滅，則聖心顯矣。

道信的禪法，是偏於定的。這段話不看最後一句，似乎就是莊子所講的坐忘、守志的虛靜之法。排除雜念、專心一志，是莊子審美經驗的主觀條件。莊子以為，只有坐忘，才能獲得逍遙的自由。而禪宗則以看空、寂滅獲解脫為目的，北宗禪就是以坐禪、念佛為法門的。五祖弘忍繼續坐禪，

壁而觀』的略語。北方禪師行禪，或石窟洞穴，或黃土牆垣；為『外止諸緣』，當然以面壁而坐最佳。所觀，即『專注一境』，當是牆壁或石壁的顏色，其效用與『白骨觀』、『十一切處』等禪法，引發青、白、赤、黃等色相幻象是一樣的，屬於達摩多羅禪法的變形，同樣可以令心寧靜。」又，參看呂澂《中國佛學源流略講》

《楞伽師資記》上說：「其忍大師，簫然靜坐，不出文記，口說玄理，默授與人。」因此，我們可以把坐禪也相應地視為禪宗北宗審美經驗的主觀條件。

再看念佛。求那跋陀羅論念佛淨心云：

> 念佛極著力，念念連注不斷，寂然無念[2]，證本空淨寂也。（《楞伽師資記》）

道信論云：

> 念佛心心相續，忽然澄寂，更無所緣念。《大品經》云：「無所念者，是名念佛。」何等名無所念？即念佛心名無所念。離心無別有佛，離佛無別有心；念佛即是念心，求心即是求佛。所以者何？識無形，佛無形，佛無相貌。若也知此道理，即是安心。（《楞伽師資記》）

念佛，是一種方便或是心理調適作用。雖然口中「念念連注不斷」，其實佛並沒有到來，念佛人也沒有去西方，而是借念佛而排除雜念、引導入定。諸佛是唯心所現的，因此念佛就是念心，心佛相即。念佛中，心中眼前不須浮現佛的相。可以說，這種念佛，有直覺而無直觀。然而，真要做到念佛而無念，不取相貌，是極難的。在這種情況下，要想獲得審美經驗而沒有門徑。相比之下，似乎坐禪更具有美學意義。

2 這裏有四個念字，前三個為念佛，後一個為心念，此法即是以不斷念佛來使心念不起。

禪宗起時，聚眾山居。黃梅禪系就是道信於黃梅雙峰山墾荒定居，倡閉門坐而後興起的。早期的禪被稱為農禪，原因蓋在此。《楞伽師資記》中記有弘忍如下一段關於山居的問答：

> 又問：「學道何故不向城邑聚落，要在山居？」答曰：「大廈之材，本出幽谷，不向人間有也。以遠離人故，不被刀斧損斫，一一長成大物後，乃堪爲棟梁之用。故知棲神幽谷，遠避囂塵，養性山中，長辭俗事。目前無物，心自安寧。從此道樹花開，禪林果出也。

此話出自五祖弘忍之口，讀來卻更像是莊子的口吻。這裡，自然與人世間是對立的，在自然之中，可以避俗、養性、寧心，也可以修道得佛果。

《楞伽師資記》還記載弘忍這樣的話：

> 你坐時，平面端身正坐，寬放身心，盡空際遠看一字，自有次第。若初心人攀援多，且向心中看一字。證後坐時，狀若曠野澤中，迥處獨一高山，山上露地坐。四顧遠看，無有邊畔。坐時滿世界，寬放身心，住佛境界。清淨法身，無有邊畔，其狀亦如是。

這是對坐禪看心得證悟以後的自我感受的描述。那時，就好像身處極其寬闊綿亙的平原或大湖之中，其中有一高山聳起，而自己於山頂上席地而坐，向四周看去，一望無際，似乎滿世界都是自己，於是就「住佛境界」。這樣一種自我感受，是與「清淨法身，無有邊畔」同一的。換言之，它是對「清淨法身」的摹狀。弘忍又說：

> 汝正在寺中坐禪時，山林樹下，亦有汝身坐禪不？一切土木瓦石，亦能坐禪不？土木瓦石亦能見色聞聲、著衣持缽不？《楞伽經》云：「境界法身」，是也。（《楞伽師資記》）

我們應該非常關注「境界法身」一語。弘忍所云「境界」，指一切與人與佛關聯著的自然現象，尤其是自然界如高山、湖泊、森林等。「境界」就是「法身」，換一個說法，就是觀「自然」為「法身」。它的真意是：佛的法身遍在於一切境界，佛無所不在，佛是超時空的，正因為如此，佛可以在人當下所生存的時空中得到印證。所以弘忍又說：「不造不作，物物皆是大般涅槃也。」（《楞伽師資記》）

其實，「境界法身」與「法界一相」意思相類，《楞伽師資記》上說，道信制《入道安心要方便法門》依《文殊說般若經》「一行三昧」：「法界一相，系緣法界，是名一行三昧。」所以同書又記道信語，「一切諸事，皆是如來一法身故」。此語與「境界法身」同義。

再往前看，《楞伽師資記》中還記錄了禪宗二祖惠可「萬法皆如」的思想，似可理解為「境界法身」觀念的一個中繼站。他舉眼根為例說：

> ……無明智慧等無異，當知萬法即皆如。……於眼根中入正受，於色法中三昧起，示現色法

不思議，一切天人莫能知。於色法中入正受，於眼起定念不亂，觀眼無生無自性，說空寂滅無所有。乃至耳鼻舌身意，亦復如是。

依惠可看來，人之六根於世界上任意一微塵中都可以入正受，可以起三昧，覺悟是沒有時空限制的，此即是「萬法皆如」。

與上述相聯繫，《楞伽師資記》所傳弘忍的法門，還有「指事問義」和「就事而徵」的方便，可以進一部申明問題。傳為《楞伽經》譯者、達摩的老師，求那跋陀羅「從師而學，悟不由師。凡教人智慧，未嘗說法，就事而徵，指樹葉是何物」。菩提達摩「大師又指事問義，但指一物，喚作何物？眾物皆問之。迴換物名，變易問之」(《楞伽師資記》)。

禪宗傳燈，開發智慧，證得涅槃，要借助方便，方便是不通過文字解經的。比較傳統一些的方便，作為入道常則的，就是念經、坐禪，更為靈活的方便卻極多。「就事而徵」，是對佛經所說，通過自身切近的事和物來證得。如，求那跋陀羅，「又云：樹葉能說法，瓶能說法，柱能說法，屋能說法，及地水火風，皆能說法，土木瓦石，亦能說法者，何也？」「指事問義」，是將身邊當下見聞覺知而未經過心念想像、比較的事和物變換著拿來追問佛的道理，以啟發覺悟。如，菩提達摩，「又云：此身有不？身是何身？又云：空中雲霧，終不能染污虛空，然能翳虛空，不得明淨。」(《楞伽師資記》) 儘管達摩還是「藉教悟宗」的，但他們圍繞著經義運用的方便卻被後來的禪宗作為引向「教外別傳」的橋梁。禪宗的大師們就是由此打開「聲色」之大門的，當然，這裡的「聲色」已與魏晉時期的「聲色大開」之「聲色」有根本的不同，它們是空觀的產物，為境界與法身的統一，即「境界法身」。

我們來看一下《楞伽師資記》中淨覺所記神秀的某些偈語。如：

汝聞打鐘聲，打時有，未打時有？聲是何聲？

汝聞打鐘聲，只在寺內有，十方世界亦有鐘聲不？

見色有色不？色是何色？

身滅影不滅，橋流水不流。

這幾句偈語中涉及色法頗多：「鐘聲」、「色」、「身影」、「橋」、「水」。這些色法就是境界，也是法身。如講到「鐘聲」，打時可以聽聞，未打時是否就沒有呢？打時是在時空範疇（世間法）以內，未打時是在時空範疇之外。如果「鐘聲」是一種永恒之物（出世間法），那麼打時未必有，未打時未必沒有。於是神秀再發「聲是何聲」、「十方世界（全世界）亦有鐘聲不」之問，引人覺悟：「聲」就是自身的法身、佛音，是「心」在發「聲」，心的作用無時不在，無所不在。[3]這種設問方式，極像慧能的對法。再如「身滅影不滅，橋流水不流」偈語，「影」和「水」指空的本體，所以不滅不流，「身」與「橋」指因緣，是相，可滅可流，與常識（世間法）相反。此說與慧能「風幡」公案講

3 聽聲，與觀色一起是禪宗極為重要的直觀方法，本書第四章第二節有詳論。

非風動、非幡動，而是心動的觀物法一致。

上述神秀的偈語，都與他五方便門的第二門——「不動門」有關。神秀的五方便門，從道信的「安心方便」脫化而來。其特色是主淨。五方便門的第一門為「離念門」，《大乘無生方便門》：「問：佛子！心湛然不動，是沒？言：淨。佛子！諸如來有入道大方便，一念淨心，頓超佛地。」可見，神秀是繼承了道信、弘忍的傳統，主看心看淨一路的。

> 和（尚）言：「一切相總不得取，所以《金剛經》云：『凡所有相，皆是虛妄。』看心若淨，名淨心地。莫卷縮身心，舒展身心，放曠遠看，平等盡虛空看！」和（尚）問言：「見何物？」（佛）子云：「一物不見。」（《大乘無生方便門》）

這就是「離念門」。放眼「盡虛空看」而「一物不見」，就是不取相，就是保持了自己的「淨心」。

印順《中國禪宗史》認為，神秀五方便門中最有特色的是第二方便門「開智慧門」，即「不動門」。《大乘無生方便門》：「和尚打木，問言：聞聲不？（答）聞，不動。」神秀認為，此「不動」是從定發慧的方便，就是開智慧門。這個智慧是從「聞」這一運用耳根的知覺開發而來的。

> 菩薩開得慧門，聞是慧，於耳根邊證得聞慧，知六根本來不動，有聲，無聲，落謝——常聞。常順不動修行，以得此方便，正定即是圓

寂，是大涅槃。（《大乘無生方便門》）

我們以為，為慧能所強烈批評的看心看淨的禪法，在美學上極有意義。針對感性的現象世界，北宗以為眼耳鼻舌身意「六根本來不動」。六根本來是心與物交接的諸官能，現在它們卻保持清淨不動，於是對諸如聲音等現象就會產生不同於凡夫見識的悟解。人有聽聞聲音的本性，並不在乎聲音的有無，由此而得的結論，就是佛性本來清淨，與現象的流變無關，與時空無關。這就是佛的智慧，就是覺悟。神秀以為，智慧是體，知見是用：心不動，是定，是智，是理；耳根不動，是色，是事，是慧。知見（色法或常識界）是用來證佛性的，除此別無它用。因此「身滅影不滅，橋流水不流」，色與空是相對而言的，缺了一方即無由證得智慧。這可以說是北宗的辯證法。須十分留意的是，北宗（包括南宗甚至整個禪宗）並非一味枯守清淨，覺悟不可能從枯守而來，相對於真如之體，現象界（因緣）總是有「用」的。南宗禪的大將神會以為：一切法如如平等，須彌芥子平等，大海毛孔平等，長短自他平等。其實也就是「法界一相」的道理。一個平等的世界，就是一個靜的世界。把自然界看作本來靜寂，動就是靜，這是北宗禪看世界的獨特角度，與南宗禪看世界偏於動，恰好形成互補。

更有意思的是，《楞伽師資記》歸納出了一個法門——「藉境觀心」。在任何境界中都可以觀心性之空淨。與壁觀安心、坐禪看心、念佛淨心一樣，藉境觀心也是禪宗的方便之一。不過，它與諸觀心方便不同之處在於，引進了自然作為外「境」——「一切土木瓦石」。而且，有了泛神論的傾向。這樣，「安心」加上「境」或是「境」中得「安心」，清淨本體與自然境相終於結合了起來。與南宗禪的「即煩惱而菩提」命題相近，與慧能的「行、住、坐、臥，常行直心」相近，「藉境觀心」也成就了北宗禪的感性經驗。不過，慧能還僅是說「於相而離相」，方法是不即不離，重點是在悟性得意，而「藉境觀心」則似乎更看重境相，對境並非不即不離，而簡直是倚重了。從達摩禪的「藉教悟宗」（要經教但不拘泥於名相），到慧能南宗禪的「教外別傳」（拋開經教名相），再到淨覺的「藉境觀心」（倚重自然），完全可以看出禪宗在感性經驗上向莊子傳統的回歸。禪宗是主張掃相、破相的，但是坦率地說，禪宗似乎也離不開相，說「法界一相」，其實就是對諸相的本質作了一個定位，相還是原來的相，卻能啟發、引導人覺悟。可以說，禪宗在本質上是求性與相（色與空、體與用）的統一的，並非純然講坐禪內證，它的主觀唯心最好從純粹現象的角度去理解。

《大乘起信論》云：

> 一切色法，本來是心，實無外色。若無外色者，則無虛空之相。所謂一切境界，唯心妄起故有。若心離於妄動，則一切境界滅，唯一眞心無所不遍。此謂如來廣大性智究竟之義，非如虛空相故。（《大乘起信論校釋》第120-121頁）

我們且把這句話倒著作一個理解：色虛空，相虛空，境界起於妄心之動；真心顯，境界滅，但是色、相和境界在此覺悟過程中，已經作為真如之心的證人，是不可缺席的。也正是在這個意義上，禪宗美學才是可能的。

二、燈與鏡：光明崇拜

《後漢書・西域傳》記：

> 世傳明帝夢見金人，長大，頂有光明，以問群臣。或曰：「西方有神，名曰佛，其形長丈六尺而黃金色。

佛教講涅槃、寂滅，然而不可思議的是，佛教卻又有一種光明崇拜。光明是佛的智慧的象徵，它朗照世界和人心，能破除迷妄，顯揚真理。與光明對揚的是黑暗即作為一切煩惱愚癡根源的無明。

佛經有以「光」或「光明」名經的，如《放光般若經》、《成具光明定意經》(二經名見僧肇《不真空論》)、《金光明最勝王經》(見《楞伽師資記》)，等等。佛也有以「光」命名的，據《無量壽經》，阿彌陀佛的稱號有十三個，其中有十二個是有關光明的：無量光佛、無邊光佛、無礙光佛、無對光佛、焰王光佛、清淨光佛、歡喜光佛、智慧光佛、不斷光佛、難思光佛、無稱光佛和超日月光佛。

光明有「智光」與「色光」之別，前者指心光，即佛的智慧，後者色光，指佛身所發出的可見的光明，如《法華經》云：「佛放眉間白毫相光，照東方萬八千世界靡不周遍，下至阿鼻地獄，上至阿迦尼吒天。」佛的眉間有一寶珠，會發出金光，稱為「眉間光明」，照向東方，把萬八千土照成金色。又，佛像的塗金，其金色喻指佛具有不壞金身。「光明」一詞，本來是借指，為譬喻，為的是使智慧變得可以想像，不過色光又使智慧具象化、實體化了。因此，相較之下，色光更是一種方便。

光明從何而來，來自真如。《大乘起信論》云：

> 眞如自體相者，一切凡夫、聲聞、緣覺、菩薩、諸佛，無有增減。非前際生，非後際滅，畢竟常恒。從本已來，性自滿足一切功德。所謂自體有大智慧光明義故，遍照法界義故。（《大乘起信論校釋》第101頁）

佛教所說的光明，就是真如自體所具有的智慧。它永恒不滅，具有無漏功德，遍照四法界。

佛典與相關典籍中經常講到這些與光明有關的事物和屬性，如燈、鏡、火、金、月、日、珠、淨、明等等。

燈：

> 一燈照百千燈，冥者皆明，明明無盡。（《祖堂集》卷二《第三十三祖惠能和尚》）

鏡：

> 大圓鏡智相應心品，謂此心品離諸分別，所緣、行相微細難知，不忘不愚一切境相，性相清淨，離諸雜染，純淨圓德，現種依持，能現能生身土智影，無間無斷，窮未來際。如大圓鏡現眾色像。（《成唯識論》卷十）
>
> 大涅槃鏡，明於日月，內外圓淨，無邊無際……（《楞伽師資記》）

火：

師（百丈懷海）見潙山。因夜深來參次，師云：「你與我撥開火。」潙山云：「無火。」師云：「我適來見有。」自起來撥開。見一星火，夾起來云：「這個不是火是什麼？」潙山便悟。（《祖堂集》卷十四《百丈和尚》）

金：

謂師子相虛，唯是眞金。師子不有，金體不無，故名色空。又復空無自相，約色以明。不礙幻有，名爲色空。（《華嚴金師子章・辨色空第二》）

謂正見師子生時，但是金生，金外更無一物。師子雖有生滅，金體本無增減，故曰無生。（《華嚴金師子章・説無生第五》）

月：

一月千江，體不分水。（《五燈會元》卷九《仰山慧寂禪師》）

團團離海角，漸漸出雲衢。此夜一輪滿，清光何處無。（《全唐詩》八五一、《全五代詩》三九均作南唐失名僧《月詩》）

日：

眾生身中，有金剛佛性，猶如日輪，體明圓滿，廣大無邊，只爲五陰，重雲覆障，眾生不見，若逢智風，飄蕩五陰，重雲滅盡，佛性圓照，煥然明淨。（《十地經》）

珠：

落落明珠耀百千，森羅萬象鏡中懸。光透三千越大千，四生六類一靈源。

凡聖聞珠誰不羨？瞥起心求渾不見。對面看珠不識珠，尋珠逐物當時變。

千般萬般況珠喻，珠離百非超四句。只這珠生是不生，非爲無生珠始住。

如意珠，大圓鏡，亦有人中喚作性。分身百億我珠分，無始本淨如今淨。

日用眞珠是佛陀，何勞逐物浪波波。隱現則今無二相，對面看珠識得摩？（《祖堂集》卷十四石鞏和尚《弄珠吟》）

淨：

佛者，心清淨是。法者，心光明是。道者，處處無礙淨光是。（《古尊宿語錄》卷四《鎭州臨濟（義玄）慧照禪師語錄》）

明：

寺南有宜壽里，內有苞信縣令段暉宅，地下常聞鐘聲。時見五色光明，照於堂宇。暉甚異之，遂掘光所，得金像一軀，可高三尺。並有二菩薩，趺坐上銘云：「晉太始二年五月十五日侍中中書監荀勗造。」暉遂捨宅爲光明寺。（《洛陽伽藍記》卷一《城內・光明寺》）

禪宗是心化的宗教，禪者所崇拜的光明，主要是心光。所謂的寂滅，不是黑暗，恰恰相反，寂滅是永恒的光明，是心中的智慧。

慧能說：

一燈能除千年暗，一智慧能滅萬年愚。（《壇經校釋》第40頁）

這裡的「燈」，就是般若智慧的光明，為心燈。《五燈會元》記載了這樣一則公案：德山宣鑒跟著在龍潭崇信學禪，一天侍候師父到很晚。龍潭道：更深了，還不回去。於是宣鑒就告辭而去。不想一會宣鑒又回轉了，說外面黑。龍潭就點起燭火，遞給宣鑒。宣鑒正要接著，龍潭卻一口氣把燭火吹滅了。宣鑒於是大悟。[4]

在禪宗看來，人的覺悟是個體自己的事情，而非群體教育的結果。儘管禪眾是群居的，是構成僧團的，禪的方法也有一定之規，如念經、趺坐、普請等等，但是每一禪者的覺

4（《五燈會元》卷七《德山宣鑒禪師》）

悟卻從來不是經由外在灌輸的。禪宗傳說中的傳法系統，所謂的傳燈，其形式是祖師向選中的接班人單獨的秘密的心傳，叫付法或付囑。就是一般的師父接引徒弟，也須借助於一定的機緣，其形式往往是一對一的心傳。

《壇經》中說，頓教法傳授在西天已經有從釋迦牟尼到菩提達摩的二十八代，在中土禪宗初祖菩提達摩傳二祖慧可，慧可傳三祖僧璨，僧璨傳四祖道信，道信傳五祖弘忍，弘忍傳六祖慧能。這一統系固然有若干為形成禪宗史而人為杜撰的成分，但卻是被理解為祖師禪心心相傳，一脈相承的。晚唐五代禪宗（主要是南宗禪）分枝為溈仰、臨濟、曹洞、雲門、法眼的歷史，即著名的五祖分燈，禪宗史上被稱為分燈禪。禪宗史著作被稱為「燈史」「燈錄」，如著名的《五燈會元》即是由編撰於宋代的《景德傳燈錄》、《天聖廣燈錄》、《建中靖國續燈錄》、《聯燈會要》和《嘉泰普燈錄》五部燈史彙編而成。「燈錄」記載了禪宗歷代的傳法機緣，意為禪法傳人，就好比燈火相續，輾轉不絕。

禪宗自我標榜為「教外別傳」、「不立文字」，如此，那麼禪法到底如何相傳，就值得思考了。所「傳」者，乃是智慧相傳也！佛的智慧，涅槃般若之境，是空的覺悟，無法用語言表述的。禪者的徹悟，總是於某一境上孤明獨發，就如一盞小小的油燈被突然點亮，驅除了周遭的黑暗。

> 佛者，心清淨是。法者，心光明是。道者，處處無礙淨光是。三即一，皆是空名而無實有。（《古尊宿語錄》卷四《鎮州臨濟慧照禪師語錄》）
>
> 人人自有光明在，看時不見暗昏昏。（《古尊宿語錄》卷十五《雲門匡眞禪師廣錄上》）

在禪宗看來，每一個人都像是一盞燈，具有光明的因子，本來就可點亮。先覺的禪者之任務，只是借助某些機緣，以自己的燈上燃著的火種把那些還未點亮的燈一一點燃。「心燈」總是一盞一盞的，光明也是孤明，所謂的佛光普照，並非如陽光普照那樣只須走出屋子即可享受，毫無神秘之感，佛光卻是玄秘的，它廣大無邊，深不可測。在佛教看來，自然界的黑暗並非真正的黑暗，真正的黑暗是個體心中的「無明」。前舉燭火公案就說明了這個道理。宣鑒告辭而又回轉，因為外面黑。龍潭點起燭火，遞上，宣鑒正接，龍潭卻又把燭火吹滅。宣鑒於是悟到了：不是外部黑暗而是自己心內無明。

與「燈」相近的「鏡」，卻是引起禪宗內部大分歧的一個物件。明鏡的作用是朗照對象，它圓明無垢，本身是虛空清淨的，其中本沒有像（相），然而它能映現萬有，但所有像（相）也是虛幻的。顯然，鏡是心之喻。《壇經》中著名的神秀「無相偈」：

身是菩提樹，心如明鏡台，時時勤拂拭，莫使有塵埃。

神秀偈把「心」比作「明鏡台」，要求不時地拂去其上的灰塵，保持它的明淨。以「鏡」喻「心」，是佛教的傳統喻象。《楞伽經》卷一云：

譬如明鏡頓現一切無相色像，如來淨除一切眾生自心現流，亦復職是頓現無相無所有清淨境界。

《大乘起信論》云：

> 覺體相者，有四種大義，與虛空等，猶如淨鏡。云何爲四？一者如實空鏡。遠離一切心境界相，無法可現，非覺照義故。二者因熏習鏡。謂如實不空，一切世間境界，悉於中現，不出不入，不失不壞，常住一心，以一切法即眞實性故。又一切染法所不能染，智體不動，具足無漏，熏眾生故。三者法出離鏡。謂不空法，出煩惱礙、智礙。離和合相，淳淨明故。四者緣熏習鏡。謂依法出離故，遍照眾生之心，令修善根，隨念示現故。（《大乘起信論校釋》第40–41頁）

這裡，說本覺體相有四種重要的義理，與虛空相等，就像明淨的鏡了。其中，「如實空鏡」，是說本覺體相遠離一切分別心的境界之相，因此不能顯現它們，並非「覺照」之義。「因熏習鏡」，是說真如的實相並不是空，它能示現一切世間的境界，就像鏡子所照一般，「不出不入，不失不壞，常住一心」，因此一切法都體現了真如的實性。本體是不動的，為一切染法所不能染，因此才能熏習眾生，使之向涅槃之境。這就有些像慧能的「直心」「於相而離相」。「法出離鏡」，是說真如不空之法本來埋藏在煩惱、生死等障礙之中，一旦出離煩惱，就好比是鏡子擦去了污垢，還得本來的明淨。「緣熏習鏡」，是說依止「法出離」的緣故，所以能遍照眾生之心，使他們修習善根，隨著他們的念想而示現一切平等。四種「鏡」，說來說去，無非是說覺悟的本體就像鏡子，可以朗照一切而不被染污，並因朗照的作用而使眾生看清並反省自身本來就有清淨的真如佛性，從而獲得覺悟。

道信《入道安心要方便法門》把鏡照物與眼看物作比，使人理會六根（眼、耳、鼻、舌、身、意）對外物的關係，就好比鏡所照物：

> 《維摩經》云：「是身如浮雲，須臾變滅。」又常觀自身，空淨如影……如眼見物時，眼中無有物，如鏡照面像，了了極分明，空中現形影，鏡中亦無物。當知人面不來入鏡中，鏡亦不住入人面，如此委曲，知鏡之與面，從本以來，不出不入，不去不來，即是如來之義。如此細分判，眼中與鏡中，本來常空寂，鏡照眼照同，是故將爲比，鼻舌諸根等，其義亦復然。……如此觀察知，是爲觀空寂。（《楞伽師資記》）

由上可見，神秀之偈是有所本的。慧能反之作一偈：

> 菩提本無樹，明鏡亦非台，佛性常清淨，何處有塵埃！（《壇經校釋》第16頁）

此偈第三句「佛性常清淨」，「惠昕」、「契嵩」、「宗寶」諸本《壇經》作「本來無一物」，似乎是更徹底的空觀。但無論如何說，真如之體如明鏡般清淨的意思是不變的，所不同的只是這「鏡」需不需要經常去擦拭罷了。我們且來看一看牛頭法融如何論「鏡」：

> 融大師云：「鏡像本無心，説鏡像無心，從無心中説無心。人説（『説』字疑衍）有心，説人無心，從有心中説無心。有心中説無心，是末觀，無心中説無心，是本觀。眾生計有身心，説鏡像破身心。眾生著鏡像，説畢竟空破鏡像。若知鏡像畢竟空，即身心畢竟空。假名畢竟空，亦無畢竟空。若身心本無，佛道亦本無，一切法亦本無，本無亦本無。若知本無亦假名，假名佛道。佛道非天生，亦不從地出，直是空心性，照世間如日。」（《宗鏡錄》卷四十五）

印順《中國禪宗史》稱這一段話是「無心」的好解說。法融的「鏡像本無心」，即是慧能的「本來無一物」。神秀把「明鏡」視為「台」，以為須要「勤拂拭」，是「著鏡像」了。通過「說鏡像破身心」，是「有心中說無心」，為「末觀」。「本觀」則「說畢竟空破鏡像」，是「無心中說無心」。鏡像是虛幻的，本性空寂，「無心」才以「合道」。

「鏡」是空，「鏡」中物也是空，但「鏡」卻能反映物之虛。「鏡」本身並非光明，只有覺悟才是光明。

「月」在中國佛教甚至中國哲學當中，是一個頗為重要的直觀喻象，它往往與「水」相聯繫著，喻示著佛法。永嘉玄覺說：

> 一性圓通一切性，一法遍含一切法；一月普現一切水，一切水月一月攝。（《永嘉證道歌》）

「月」，被禪者視為智慧和光明的喻象，它遙掛在天上。同時，地下的一切「水」面，又都無一例外地映現了天上這個「月」。「月」被「一切水」「普現」的同時，「一切水月」又都被「一月」所「攝」。一般與特殊不可分離，一般收攝了特殊，特殊又映現了一般。體與用是相即的。禪的智慧是一體的，它是對空的悟解，又是分殊的，它是每一個體對空獨特的悟解。這就是禪宗所理解的佛光普照。

燈是光明，是智慧，但此光明是空的智慧。鏡與燈似乎有相同之處。「影」是長存的，永恒的。

三、偶然之悟

上面我們從禪宗的除煩惱、自性自度、定與慧、無相無念無住、對法、藉境觀心、鏡與燈等方面討論禪宗悟的美學，由上可知，禪宗的悟不是經過理性安排、按計劃、表現為預定過程的覺悟。因為真如具有遍在性，每一個體本來都有，它的發生就是自身的覺醒，決不可經過外來的灌輸而獲得。因此，覺悟即涅槃的發生就必然具有突發性、偶然性、特殊性和個體性。

悟尤其是頓悟，是必須要亦必然會誕生一個人格的，覺悟的標誌，就是出來一個新的人格。這個人格不是群體性的，而是個體性的。

那麼大乘佛教的「我」是什麼呢？

《大般涅槃經》卷七云：

> 我者，即是如來藏義。一切眾生悉有佛性，即是我義。如是我義，從本已來，常爲無量煩惱

所覆，是故眾生不能得見。

這裡的「我」，指清淨佛性，是人人皆有的，是平等無差別的，超越時空的，永恒的，說透了，就是「無我」。但是，這個「無我之我」又是一個本體和人格，儘管有平等無差別的超越性質，它卻並不表現出群體性。

我們在「序論」中講到竺道生的「一闡提人皆得成佛」和「佛性我」的理論，可以類比於孟子的「人皆可以為堯舜」的善的成人理論。孟子的狂的人格是盡人皆知的，他以為人歷盡磨難才可以成聖，具有大丈夫的人格，而竺道生所主張的那種對人人本有的佛性的覺悟是剎那間頓然實現的，是對覺悟人格的肯認和張揚，有一種更為寬廣的人文關懷。

禪宗思想從美學上看，表現為一個一方面從傳統佛教七寶樓臺式繁複的想像模式及其方法的漸次淡出，而另一方面禪的智慧與中國式單純平和的自然觀的漸次融合的過程。如所周知，中國式的想像方法是類比，建基於人與自然的同源、親和關係。中國人的想像絕沒有如古代西域印度人的想像那麼誇張、離奇，習慣於疊床架屋，它是較為單純、簡捷、平和的。中國人的色相主要就是自然，要叫中國人去作不淨觀那種禪的觀想很不容易。例如，把面前一個千嬌百媚的美人想像成一堆死後的惡臭腐肉、骷髏白骨從而厭棄之，這對傳統意義上的文人確實太難，那是傳奇小說的品格，他們還是習慣於孔子所肯定的好色，把美人作為自然的造化，作為真正意義上的美來欣賞。因此，儘管印度佛教的審美趣味極大地影響了中國的造像藝術、繪畫藝術、民間文學和俗文學從而在魏晉以後形成了一個強大的審美傳統，如《西遊

5 請注意，白骨精故事是中國民間文學對印度佛教及其想像力的成功改造，然而，

記》中白骨精三變人形（美女、老漢、老太）以騙唐僧，可以說是佛教不淨觀的逆形式[5]，但是這一傳統並沒有成功地佔領文人趣味的領域。

> 法無頓漸，人有利頓。迷即漸契，悟人頓修，自識本心，自見本性，悟即元無差別，不悟即長劫輪迴。（《壇經校釋》第30-31頁）

佛教講方便施化，但是方便主要是為了化導漸契的眾生，體與用打為兩截，進步是漸進的；而對頓悟者來說，是「即心即佛」、「即心是佛」或「即煩惱而菩提」，在頓然覺悟中體用統一不二，即便有方便，它的性質也絕然不是僅僅「方便」而已。

這一點，我們可以從禪宗南頓北漸的區別中見出。印順以為，大乘佛學就是「悟理必頓」的，而且以為凡主「無相」的也是必定主頓悟的。所謂北宗禪主漸，原因是他們要講種種方便，如攝心、凝心、住心看淨，意思都是以方便的進修層次為引導覺悟的。神會評論說：「見諸教禪者，不許頓悟，要須方便始悟，此是大下品之見。」(《神會和尚語錄》

它只是唐名僧玄奘西天取經路上的一個插曲，不知名的《西遊記》民間傳說創作者和它的最後作者吳承恩，已經在口耳相傳和文字加上的漫長過程中悄悄地抽空了它的佛教的內涵。讀者很少會想到白骨精與佛教不淨觀有關，而僅是把它當作一個極有趣的故事而已。不無諷刺的是，歷經千辛萬苦，去西域取得如來舍利一百五十粒，譯出佛教經典七十四部，創立了法相宗(即唯識宗)，引進了因明學的玄奘，是中國佛教史上赫赫有名的人物，然而他在《西遊記》中卻是一位只知念經(「不可殺生」)的糊塗僧，對假象毫無洞察力的書生，不識是非好歹的好好先生。歷代以來，人們極為喜愛這一故事，卻多多少少淡忘了佛教的生命關懷。法相宗是比較接近印度佛教的一個宗派，它的流行時間並不長，《西遊記》故事也許曲折地反映了西域佛教傳來中國的命運。

《南陽和上頓教解脫禪門直了性壇語》）這樣，「須方便始悟」，而非「直了見性」的頓悟。這裡所說的「方便」，是禪的進修的階進層次，如念佛、坐禪，如戒、定、慧，在這個意義上，「方便」是漸。而在南宗禪，則表現出強烈的以「機緣」取代「方便」，或重「機緣」而輕「方便」的傾向。懷讓跟從慧能學頓法八年，忽然覺悟，遂向慧能說出自己的心得：

> 說似一物即不中。（《古尊宿語錄》卷一《南嶽懷讓大慧禪師》）

黃檗希運表達了同樣的意思：

> 三乘教綱只是應機之藥，隨宜所說，臨時施設，各各不同。但能了知，即不被惑。第一不得於一機一教邊守文作解。何以如此？實無有定法如來可說。」（《古尊宿語錄》卷二《黃檗希運斷際禪師》）

以下我們從三則公案來看這一傾向。

第一則，馬祖覺悟的「磨磚」公案。此公案前文已引。懷讓在地上磨磚，是針對馬祖個人習禪走入邪徑而應機施設的方便，帶有某種隨意性和特殊性，它不同於坐禪或念佛的「住心看淨」被規定為習佛求覺悟的階段性過程，已經是具有一般的意義了。馬祖原先坐禪之失敗，是死守規矩，覺悟卻未能在剎那間不期而至，原因即是在此。

第二則，「俱胝斷指」也是一則著名公案，講的是俱胝禪師門下收了一個小和尚，這小和尚見師父經常不說話而豎起一根指頭向學禪者示法，就以為此是不二法門。有人向俱胝說：「小和尚也會佛法，有人來問法，他都如您一般豎指回覆。」有一天，俱胝身上藏了一把刀，問小和尚：「聽說你會佛法？」小和尚答：「是。」又問：「如何是佛？」小和尚豎起指頭，俱胝舉刀就把小和尚的手指砍斷。小和尚負痛叫喚奔出。俱胝又把他召回，再問：「如何是佛？」小和尚舉手，猛地發覺自己舉起的只是一根斷指，這才豁然大悟。（《五燈會元》卷四《金華俱胝和尚》）

第三則，「聞木樨香」公案。黃庭堅從晦堂（黃龍祖心），一天，晦堂請他為《論語》中孔子的話「吾無隱乎爾」[6]作解。黃仗著滿腹學問，作出種種解釋，晦堂都一疊聲否決「不是！不是！」於是黃「迷悶不已」。一天與他陪著晦堂遊山，山岩上桂花盛放，晦堂問道：「聞木犀華香麼？」黃答：「聞。」晦堂說：「吾無隱乎爾。」黃於是釋然而悟。黃氏到底悟得什麼，我們難以深究。或許晦堂的意思是：佛法並不隱晦，我也並不向你們有所隱瞞，佛法就像桂花香氣一般瀰滿山間，無處不在。（《五燈會元》卷十七《太史黃庭堅居士》）

上面所舉諸「方便」都是老師為啟發學生而應機施設的，還有另一類自然得來的方便，也舉三例。

第一則，云嵒（曇晟）有一個著名的觀點，他問禪眾：什麼最苦？眾答：地獄最苦。他說：「地獄未是苦，今時作這個相貌中，失卻人身最苦，無苦過於此苦。」（《祖堂集》卷五《云嵒和尚》）這裡，「相貌」與「人身」是對舉的，

6《論語・述而》：「子曰：『二三子以我為隱乎？吾無隱乎爾。吾無行而不與二三子者，是丘也。』」

前者指現世生活，後者指人的佛性（本性）。他臨死，弟子洞山良价問他：「和尚百年後，有人問還邈得師真也無，向他作麼生道？」他回答：「但向他道，只這個漢是。」當時，洞山未能真切領悟老師的意思。後來洞山到潭州，過大溪，忽然「臨水睹影，大省前事」。還造偈一首：

> 切忌隨他覓，迢迢與我疏。我今獨自往，處處得逢渠。渠今正是我，我今不是渠。應須與麼會，方得契如如。

這是什麼意思呢？是說，「我」是自己這個人的真如本質，切忌從別處、他人去尋找；「我」獨往獨來，於是到處可以見到「渠」（影）；「渠」是人的現象（影），它今天正是「我」（覺悟時的「我」），而我卻並非僅僅現象（「渠」）而已；當「我」（本質）與「渠」（現象）相會時，就能得到真如，也即云嵒所謂「這個漢」了。

第二則，香嚴智閑原先師從百丈懷海，但參禪不得。後又參溈山。溈山對他說：你在百丈那兒問一答十，問十答百，「聰明靈俐，意解識想，生死根本」，要他講講「父母未生時」[7]。香嚴被問住了，茫然不能答。於是回房找到平時所看經文，去找尋句子來酬對，竟然未能找見，只得歎曰「畫餅不能充饑」。幾次想請溈山點破，溈山不允，道：「我若說似汝，汝已後罵我去。我說底是我底，終不干汝

7《筠州黃檗山斷際禪師傳心法要》記慧能與追到大庾嶺的惠明的對話：「六祖便問：『汝來求何事，為求衣，為求法？』明上座云：『不為衣來，但為法來。』六祖云：『汝且暫時斂念，善惡都莫思量。』明乃稟語。六祖云：『不思善，不思惡，正當與麼時，還我明上座父母未生時面目來。明於言下忽然默契，便禮拜云：『如人飲水，冷暖自知。……』

事。」香嚴於是心灰意冷，一把火燒了平時看的經卷文字，告辭溈山而去。一天，香嚴正除草，拋起一塊瓦礫，打到一竿竹子，啪地發出一記聲響，忽然之間，他對「父母未生時」之問就有了了悟。（《五燈會元》卷九《香嚴智閑禪師》。《祖堂集》也有記載。）

如果這一類「方便」也叫方便的話，那麼它們也是僅僅發生了一次，其實是機緣。香嚴覺悟後，沐浴焚香，遙禮溈山，說：和尚慈恩超過父母，當時如果為我說破，那麼就不會有今天的覺悟。還寫下一頌：「一擊忘所知，更不假修持。動容揚古路，不墮悄然機。處處無蹤跡，聲色外威儀。諸方達道者，咸言上上機。」機緣，在南宗禪的頓悟中是極為重要的。

第三則，茶陵郁山主的不遊方行腳而得覺悟。

> 茶陵郁山主不曾行腳，因廬山有化士至，論及宗門中事，教令看僧問法燈：「百尺竿頭，如何進步？」燈云：「嗯。」凡三年。一日乘驢度橋，一踏橋板而墮，忽然大悟。遂有頌云：「我有神珠一顆，久被塵勞關鎖。今朝塵盡光生，照破山河萬朵。」因茲更不遊方。師乃白雲端和尚得度師。雲有贊曰：「百尺竿頭曾進步，溪橋一踏沒山河，從茲不出茶川上，吟嘯無非囉哩囉。」（《五燈會元》卷六《茶陵郁山主》）

郁山主不曾遊方，《五燈會元》把他歸到「未詳法嗣」一類。廬山來人向他請教僧問法燈「百尺竿頭，如何進步」的公案，他三年參不破。騎驢過橋，乃是一極平常的事情，但這一次，他卻從橋上墮下去，落進了河裡。就憑這麼一個機緣，他獲得了覺悟，而且從此更不出茶川去遊方。

黃檗希運總結南宗禪說法的經驗云：

> 獨佩最上乘離文字之印。唯傳一心，更無別法；心體亦空，萬緣俱寂。……說之者，不立義解，不立宗主，不開户牖。直下便是，動念則乖，然後爲本佛。（裴休集並序《筠州黃檗山斷際禪師傳心法要》）

從「不開戶牖」，就引出覺悟「從門入者非寶」，「從緣得入，永無退失」（《古尊宿語錄》卷二十五《筠州大愚（守）芝和尚語錄》引溈山語）。「緣」即機緣，它必然是境上之緣、相上之緣，只須依禪宗掃相、破相之義，把境、相視為空寂，以空證空，如此，各各偶然的「機緣」就有了實相的意義了。因此，南宗所講的悟，都是頓然之悟，是從偶然的機緣獲得的。換言之，每一位禪師的覺悟方便都各各不同，具有不可重複的、一次的性質。禪宗認為，這樣獲得的覺悟，刻骨銘心，是永遠不會退失的。在這個意義上，「方便」是「頓」而非「漸」。

南宗禪「機緣」的這種一次性、不可重複性、個體性、直接性和頓然性，簡直就把人生的任何一個角落（空間）、任何一個剎那（時間）都網羅了進去。它一方面極其平常，另一方面又極其特殊。因此，我們覺得南宗禪的「機緣」，其意義是不能簡單地從傳統佛教方便施化的角度去理解的，那種方便是善巧的權宜之計，其目的是為了接引眾生，它僅是手段。而南宗禪的「方便」儘管也是隨機的，卻似乎不那麼權宜，也並非手段，因為它直接就構成為禪者覺悟這一事件本身，在覺悟的那一剎那，覺體與覺用統一於禪者的獨特的生命活動。

第四章

從「氣」到「色」

從「氣」到「色」

——自然觀的變遷

我們通過研討古人對自然的感受、論說和想像，來瞭解古人（心、主）與自然（物、客）之間的關係，進而把握古人的感性經驗。

如所周知，中國人的審美經驗在起源和發展上都與中國人的自然觀有著極為密切的關係，基於這樣的事實，對於中國古代哲學美學的研究重心都必須落在自然觀的辨析和梳理之上。這裡所說的自然觀，應該理解為「觀自然」，所說的自然，並非無關於認知主體（人）的單純作為認知客體的自然，它是在人的感官和智慧諦視之下的自然。

隨著佛教入主，中國人的感性經驗悄悄地發生著重大的轉變，儘管禪宗是一種主觀的心靈哲學，但是它在自然觀方面依然表現出不同於以往的、顯著而強烈的變化。莊子傳統主張人與自然親和同一的自然主義，其性質是泛神論的；原始儒家提倡人與自然比德的自然觀，其基調是道德本質主義的；玄學重又向莊子的傳統回復，但玄學到它的後期，則發生重要的變化，漸次導向「獨化」的自然主義，而且，玄學的自然觀都不是泛神論的，借助於「無」和「玄冥」的觀念開始轉向空靈是它的重要特點。禪宗處於中國的傳統，面對著同一個自然，它卻依據空觀僅僅把萬物萬象視作純粹現象——作為色（法）的自然，與空一體。大寫的自然之「氣」一變而為「空」的「色」，其間的變遷不可謂不巨。

佛教所說的境界，都是心境。走向境界以後，自然觀念就被禪宗徹底地心靈化了，自然僅僅是直觀而已。因此，如果大體而論，說莊子是自然人，儒者是道德人，玄學家們是準自然人，那麼可以斷言，禪者決不是自然人。不僅如此，以後的中國人中也不再有純然莊子式的自然人了，看空成為中國思維的一種新的質素，它是一種精神品格，也是一種思維方法，這方面，王維、蘇東坡都是絕好的個案。不過，禪宗常常說的「色即是空」和「非色滅空」，意味著這個「空」並非存在於「色」以外的可以抽象出來的本質。禪宗並不脫離色空關係來證悟空，它一方面張揚空觀，另一方面又免不了以色證空、藉境觀心，只不過把色看作現象罷了。因此，禪宗的色法（自然觀）從美學上看依然是極其重要而值得認真研究的。

一、前禪宗自然觀述略

1.老子和莊子的自然觀

老子這樣看自然：「天下萬物生於有，有生於無。」（《老子》四十章）把「無」視為世界的第一原理，這一觀點後來為王弼所引申，發展為「以無為本」的本體論。老子還說：「道生一，一生二，二生三，三生萬物。萬物負陰而抱陽，沖氣以為和。」（《老子》四十二章）「道」是一種無法明言的「絕對精神」，物質世界以及一切現象都從它衍生出來，這是客觀唯心主義。另一方面，老子又指出：「道之尊，德之貴，夫莫之命而常自然。」（《老子》五十一章）「道」的法則是自然而然，「無為而無不為」。它固然衍生出萬物，但卻是「生而不有，為而不恃，長而不宰」（《老子》十章），而人「以輔萬物之自然而不敢為」（《老子》六十四章）。老子的見解大體可以視作「無」的自然觀。

關於莊子的自然觀，簡略地講三點。一，莊子的自然是物質性的氣、風，從規律上看，它是和諧的音樂，即「天籟」；二，莊子的自然觀主張人與自然的平等與親和，即「齊物」，有較強的泛神論傾向；三，莊子的自然觀主張人投向自然的懷抱，由「齊物」即消溶於自然而獲得自由，即「逍遙」。

在莊子看來，自然是氣，是一個無限廣大而變動不居的實體，它的背後沒有一個本體[1]。《齊物論》說：

> 夫大塊噫氣，其名爲風。是唯無作，作則萬竅怒號。……泠風則小和，飄風則大和，厲風濟則眾竅爲虛。……夫吹萬不同，而使其自已也，咸其自取，怒者其誰邪？

大地（「大塊」）作呼吸（「噫氣」），就形成為風。風所到之處，所有的竅穴都發出各各不同的聲響，這是「地籟」，是天上之風與地上之穴互相作用（依賴）的結果，而「天籟」雖然有各種不同的大小強度，卻完全是風自已的運動（「使其自已，咸其自取」），沒有一個外在的推動者（「怒者其誰」）。

因此，所有的存在都是平等的，都是「物」。就規律而論，也是只有一個，即「道」。

> 萬物一齊，孰短孰長？道無終始，物有死生。（《莊子‧ 秋水》）

1 原始道家沒有本體論的哲學思想，老了也是如此。

「道」是平等、普遍的自然規律，它「周、遍、咸」，廣延而綿延，沒有開始，也沒有結束，具有無所不在的性質。莊子以為：「通天下一氣耳」，「物物者與物無際」（《知北遊》），「道」是「物」的存在形式，與「物」並不是兩個東西，也不扮演造物主的角色。如果把天地萬物比作一張大網，那麼可以問：是誰在張網、維綱呢？回答是：沒有這樣一種外在的力量。天地日月的運轉都是自然而然的事情，不能叫它停止，也不能叫它運轉。

> 夫物，量無窮，時無止，分無常，終始無故。（《莊子・秋水》）

莊子的自然，被他形象地比擬為「天籟」，是「氣」的自然流行。就像演奏著偉大的無窮無盡的交響樂（「天樂」、「至樂」），自然界的每一物都在其中擔當著演奏員的角色，然而卻沒有也不需要指揮。因而，我們可以說，莊子的哲學中自然原則是第一位的，而且，這一原則中蘊涵著濃重的泛神論。

莊子講「齊物」，不光以為物與物齊一平等，更以為人與物也須齊一平等。先秦的哲學家當中，莊子是最為仔細、親切地觀察著自然之運動的，《秋水》云：

> 秋水時至，百川灌海，涇流之大，兩涘渚崖之間，不辯牛馬。於是焉河伯欣然自喜，以天下之美爲盡在己。順流而東行，至於北海，東面而視，不見水端。於是焉河伯始旋其面目，望洋向若而歎曰：「野語有之曰：『聞道百，以爲莫己

若者。』我之謂也。」

「望洋興歎」，這一河伯式的嗟歎，其實是莊子自己覺得這個世界實在難以把握，油然而生的嗟歎，非常典型。這不單是因為自然界的大小之辯是無法窮盡的，更是因為自然界從本性上看原本就是變動不居的：

物之生也，若驟若馳，無動而不變，無時而不移。（《莊子・秋水》）

而人生天地之間，就像白駒之過隙，忽然一閃而已。再問：人是什麼？「人之生，氣之聚也；聚則為生，散則為死。」（《莊子・知北遊》）人也是氣，所謂生命就是氣的聚散。氣聚集起來，就生出神奇，氣破散開去，就化為腐朽。生命的神奇和腐朽就如此互相轉化。[2]何況，人生苦短，而知也無涯，因此，若要避免無窮盡地嗟歎下去，只有採用「齊物」的視點來看世界和看自己。

昔者莊周夢爲蝴蝶，栩栩然蝴蝶也。自喻適志與！不知周也。俄然覺，則蘧蘧然周也。不知周之夢爲蝴蝶與？蝴蝶之夢爲周與？周與蝴蝶，

---

2 請看莊子對死亡的評論和態度：

莊子妻死，惠子吊之，莊子則方箕踞鼓盆而歌。惠子曰：「與人居，長子、老、身死，不哭亦足矣，又鼓盆而歌，不亦甚乎！」莊子曰：「不然。是其始死也，我獨何能無概！然察其始而本無生；非徒無生也，而本無形；非徒無形也，而本無氣。雜乎芒芴之間，變而有氣，氣變而有形，形變而有生，今又變而之死，是相與為春秋冬夏四時行也。人且偃然寢於巨室，而我噭噭然隨而哭之，自以為不通乎命，故止也。」（《莊子・至樂》）

則必有分矣。此之謂物化。（《莊子・齊物論》）

蝴蝶與莊周，明為兩物，一者為物，一者為人。然而在夢境中，人與物是沒有區別的，兩者可以互相夢作對方，這叫「物化」。人可以像蝴蝶那樣輕快地飛舞，充溢著自由感，快樂（「適志」）。在夢境當中，莊子化而為蝶，並不知道自己是莊子，而在覺境當中，莊子對自己的存在才有了真切的感受。那麼到底夢境為真，抑或覺境為真呢？莊子顯然鍾情於前者。

《秋水》篇中「莊子與惠子遊於濠梁之上」寓言關於人是否知道魚之快樂的辯論，可以進一步觀察到莊子的態度。莊子觀看水中之魚從容而游，讚道：這是魚的快樂。惠子設疑：你並非魚，何以知曉魚的快樂？莊子回答：你並非我，又何以知曉我不知道魚的快樂？惠子進而運用邏輯進行推論：我並非你，本來不知道你想的是什麼；同理，你並非魚，本來不知道魚的快樂。道理就是這樣。莊子又答：好，我就依邏輯來推斷。你說過「你怎麼知道魚的快樂」，可見你已經知道我知道魚的快樂，這是明知故問。要問我怎麼知道魚的快樂，很簡單，我就是在濠梁之上知道的。兩人辯論所涉邏輯問題，我們並不關心。莊子與惠子辯來論去，儘管運用了邏輯推理，然而只有莊子最後一句話才是真正的回答：「我知之濠上也」。這是什麼意思呢？它無非是說，只有在濠梁之上，才能知道魚的快樂。[3]「濠上」，就如「夢」，是莊子體認、同情游魚們和蝴蝶們的自由的獨特情

3 觀魚，是一種審美活動，在中國是有傳統的，它也許就是源自莊子，而且觀魚或釣魚是與從政為官相對而言的，就在《秋水》篇「濠梁之上觀魚」寓言前面，還有兩段如下，可以與此段相對而讀：

境，這是一個感性的情境，莊子把它看作自己真實的生存或存在。在此情境中，莊子「齊物」了。

莊子書中描寫了許多殘疾人，它們對於社會而言是「畸人」，並不合群，然而「畸於人而侔於天」（《莊子・大宗師》）。「侔於天」即順乎自然。大自然的造化固有著和諧，人應該「與物為春」，而人之「德」是「成和之修」，「德有所長，形有所忘」（《莊子・德充符》），是自然而必然的。在莊子看來，這些「齊物」的「畸人」才是真正的逍遙者。

莊子的逍遙是自然之中的自由。他以為，只須站在自然的立場上，對萬物一視同仁，物我間的界限就可以消泯，主體就能體驗到客體當下所處的那種自然狀態，臻於「以天和天」（《莊子・達生》）的最高境界。

> 天地有大美而不言，四時有明法而不議，萬物有成理而不說。聖人者，原天地之美而達萬物之理，是故至人無爲。（《知北遊》）

一方面，主體似乎喪失了，他混同於萬物，企求與萬物一樣的自然而然；另一方面，主體仍然保持著個性，與通常的視

莊了釣於濮水。楚王使大夫二人往先焉，曰：「願以境內累矣！」莊了持竿不顧，曰：「吾聞楚有神龜，死已二千歲矣，王巾笥而藏之廟堂之上。此龜者，寧其死為留骨而貴乎？寧其生而曳尾於途中乎？」二大夫曰：「寧生而曳尾途中。」莊了曰：「往矣！吾將曳尾於途中。」

惠了相梁，莊了往見之。或謂惠了曰：「莊了來，欲代了相。」於是惠了恐，搜於國中三口三夜。莊了往見之，曰：「南方有鳥，其名鵷鶵　，子知之乎？夫鵷鶵，發於南海而飛於北海，非梧桐不止，非練實不食，非醴泉不飲。於是鴟得腐鼠，鵷鶵過之，仰而視之曰：『嚇！』今了欲以子之梁國而嚇我邪？」

角相逆，他不是以道德倫理的或經驗科學的態度來調解與客體的緊張關係或克服客體以緩解這種緊張關係，而是以一種超功利的關注來保持主體與客體的自然齊一關係和主體的不分化性。所以莊子的審美追求對象主要是自然，他力求把人也提高到（準確地講是回復到）自然的水準。或者說，莊子的審美經驗是關於人類如何才能達到自然而自由的感性經驗。

2.原始儒家的自然

原始儒家的自然觀，從美學角度看，其基本特點就是人與自然的「比德」。

> 子曰：「知者樂水，仁者樂山。知者動，仁者靜。知者樂，仁者壽。」（《論語・雍也》）

這就是孔子著名的君子比德說。「比德」是孔子鑒賞自然山水時發生類比聯想的結果，知者好動、樂觀，而水性活潑，所以樂水；仁者好靜、長壽，而山體靜厚，所以樂山。它提出了人格與自然的類比關係，蘊涵著儒家關於人的情感能從自然得到些什麼的見解。它規定了人與自然的某種不那麼緊密的邏輯聯繫，即人的情感與自然現象及其規律之間有一種相類似的關係，可以進行類比。中國早期思想認為，人性的某些部分例如善或惡，甚至人性的全部，是自然所賦予的，因而此種類比有其歷史淵源。不過，作為主體的知者與仁者並不與作為客體的山水化而為一。「比德」的雙方雖然處於和諧的狀態，但畢竟還是對比著的，而且聯想的重心是落在主體的德性之上的。因此，並非任何自然現象都可以與人的德性作類比，被選中的自然現象，是與「比德」（聯想德性）的可能性密切相關的。如：

> 子在川上曰：「逝者如斯夫，不捨晝夜。」（《論語・子罕》）
>
> 子曰：「歲寒，然後知松柏之後凋也。」（同上）
>
> 君子之德風，小人之德草。草上之風，必偃。（《論語・顏淵》）

第一句感慨時間如河水無情流逝，頗富哲理意味；第二句讚歎松柏對抗嚴寒的品格，欽佩之情溢於言表；第三句把君子與小人對比為風與草的關係，以自然的形象來對人的德性作出價值評判。

儒家與道家一樣，都有觀水的傳統。孔子以後，孟子和荀子都如此。

> 徐子曰：「仲尼亟稱於水，曰『水哉，水哉！』何取於水也？」
>
> 孟子曰：「源泉混混，不捨晝夜，盈科（坎）而後進，放乎四海。有本者如是，是之取爾。苟爲無本，七八月之間雨集，溝澮皆盈；其涸也，可立而待也。……」（《孟子・離婁下》）

這是把人的德性與水作了一個類比，比較的點是「源」、「本」的充盈。水有一個源頭，是它向前湧流的「本」；同樣，人的德性也是如此，須要有內在的充盈的源頭。在孟子看來，人之善端的擴充就如泉水湧流的行程，非常有內在的充實感（「混混」）和堅定的節奏感（「盈科而後進」），最終匯入大海，則有解放式的擴張瀰滿感（「放乎四海」）。而且，德性是要「養」的。所謂的「養氣」，就是將人的意志力貫穿於一個具體的人格氣質培養過程之中，他說：「吾善養吾浩然之氣。」（《孟子・公孫丑上》）浩然之氣是生理作用與心理作用兼而有之的一種精神力量和情感態度，它極端剛強、宏大。「其為氣也，配義與道」（同上），如果以正義和直道來支持它、充實它，而且留心不去刻意地拔苗助長，那麼它就如源泉混混般湧流不息，愈來愈充沛，以至若江河決堤無可阻擋，最終「上下與天地同流」，達到天人一體的境地。這時的主體，則是「萬物皆備於我矣。反身而誠，樂莫大焉」的「君子」和「大丈夫」（《孟子・盡心上》）。這種人，既因為本源在內，又因為養氣得法，就能夠擁有「左右逢原」的「自得」（《孟子・離婁下》），自得即人真正的心安理得，即人的道德自由及其不可分離的快樂。這種快樂，是人體內充的浩然之氣之釋放，它在孟子，時時與溪流江河大海汪洋之水比擬著，最終又橫塞於天地之間，給人以一種解放式的奔湧感和擴張瀰滿感。這是與自然不可分離的人的自由。

如果說孟子著名的善端還是源出於人的血緣之自然，那麼他的浩然之氣就是準審美之自然。這一方面，我們可以把孔孟稍作比較。君子比德，是孔子所創的傳統。孔子將人格與自然現象作了類比，但基本還是靜態的比照，人是人，物是物，各是一元，而且，他更多地將人格與水作比德，偏於柔性。而孟子則將人的情感世界與自然由氣和水兩概念作了深度的溝通。相對於自然，人格有了成長的環境和條件；相對於人格，自然則被昇華了，兩者是內在地溝通了的。人倫源於自然，超越而高於自然，又不可脫離自然。自然觀念導入了人的精神現象之域，人的德性被賦予感性的品格，似乎成為某種活的東西，變得可以觀照了，於是倫理學相應地也進入了美學之域。自然與人格靜態地比照著，是靜態的審美，自然與人格動態地交流著，是生動的審美。在後者，氣是瀰滿著的張力，是自由與自然融匯之所在，是一個場。

荀子把「觀水」的「比德」意義講得更為具體和多方面：

> 孔子觀於東流之水。子貢問於孔子曰：「君子之所以見大水必觀焉者，是何？」孔子曰：「夫水，遍於諸生（遍生萬物）而無爲也，似德。其流也埤下，裾拘（或方或曲）必循其理，似義。其洸洸乎不淈盡（浩浩不絕），似道。若有決行之，其應佚（迅疾）若聲響，其赴百仞之谷不懼，似勇。主量（作爲衡量地平的標準）必平，似法。盈不求概（滿了不須刮平），似正。淖約微達（柔弱而無所不到），似察。以出以入、以就鮮絜（萬物出入於水，必鮮潔），似善化。其萬折也必東，似志。是故君子見大水必觀焉。」(《荀子・宥坐》)

指出，人的「德」、「義」、「道」、「勇」、「法」、「正」、「察」、「善化」和「志」等德性品格可以從水的各種形狀得到觀察，因此「君子見大水必觀焉」。「水」被擬人化了，而「人」又被擬物化了，不過，「比德」的重心始終落在人這一方面，這是不變的。

原始儒家的孔、孟、荀和原始道家的莊子都對自然表現了極大的興趣，前者論觀水和氣，後者論水與氣，兩相比較，可以發現道家自然觀與儒家自然觀的相異。儒家的自然是人類的一面鏡子，儒者觀自然萬物，總是戴著道德本質主義的眼鏡，而且偏於靜態的比擬，只有孟子既有動態的觀察又有泛神論傾向。而且，關於人的德性起源於自然的原始觀念在原始儒家顯然是漸次地淡化了。而莊子的「齊物」的自然觀把自然視為人類的家園，人與自然有血緣關係，人天然地與自然親和。道德關懷在莊子的自然觀中沒有地位，同情自然是他的基本態度。

另外，我們也可以從莊子與先秦儒家不同的自然觀，看出他們在意象構成和想像力方面的不同來。莊子對自然的想像汪洋恣肆，上天入水，橫絕時空，誇張，有時如夢如幻，就像是演奏一曲宏大的織體豐滿的交響樂。先秦儒家對自然的想像則範圍於在某些現象如水、氣、風等等，基本是比擬和象徵，多少顯得拘謹和單薄，也缺乏力度，只有孟子似乎是例外。

先秦儒家的「比德」說，使我們聯想到康德關於自然美的一個觀點。

> 我卻主張：對於自然的美具有一個直接的興趣（不單具有評定它的鑒賞力）時時是一個良善靈魂的標誌，並且，假使這興趣是習慣性的，它至少表示一種有利於道德情緒的心意情調，如果

4 《判斷力批判》，商務印書館宗白華譯本，上卷143頁。

這興趣樂於和自然的靜觀相結合著。[4]

對自然的靜觀興趣，康德認為它與道德具有親戚關係。就是說，這一類人在對自然發生興趣以前，已經對道德具有更為穩固的興趣了。道德興趣在前，自然興趣在後，兩者形成親戚關係。這正是原始儒家人與自然「比德」說的情形。

3.玄學的自然

玄學的自然觀，主要談王弼、嵇康和向秀、郭象對自然的看法。向郭在《莊子注》中所表述的獨化的自然觀極為重要而有特色，已經在第一章作過論述，以下只作一提綱式的梳理。

王弼的自然觀，受到老子學說的影響。他解釋《老子》第四十章說：「天下之物，皆以有為生。有之所始，以無為本。將欲全有，必反於無也。」(《老子注》四十章)「無」就是「一」，從無到有，不可盡數，但都以無為本，因此沒有必要無窮無盡地推論下去。王弼的「以無為本」不同於老子的「有生於無」，他推出了一個「無」的本體。哲學本體論是玄學對時代的新貢獻。

王弼又依體用不二的原理把「道」看作一個內在於萬物的原因：「道不違自然，乃得其性。法自然者，在方而法方，在圓而法圓，於自然無所違也。」(《老子注》二十五章)「道」是什麼呢？就是「無」。我們從王弼對傳統的物質概念「氣」的重新解釋來看一看這個「無」。老子說：「萬物負陰而抱陽，沖氣以為和。」(《老子》四十二章)意思是，物質性的「氣」有陰陽兩性，它的和諧是空虛的。「沖」即空虛。而王弼則不提「氣」的陰陽，只是說「萬物之生，吾知其主，雖有萬形，沖氣一焉」(《老子注》四十二章)。這個「沖氣一焉」，強調「氣」是空虛的，是「一」，也即「道」是「無」。「無」的本體，使自然之「氣」虛化了，或者說是形而上學化了。王弼又說：「天地雖大，富有萬物，雷動風行，運化萬變，寂然至無，是其本矣。」(《周易注・復卦》)「雷」和「風」，是「氣」，是自然的存在形式，它們儘管萬般運動變化，總是要歸於「寂然」之「無」。王弼的意思是，世界萬物何其多，但是它們的本質卻是「無」，因此人們應該損之又損，由萬歸「一」，以至於「無」，這才算把握了終極之「道」。「道以無形無名始成萬物」(《老子注》一章)，「氣」被理解為「沖虛」之氣，「沖虛」(無）是比「氣」更為本根的「體」。由此，物質性的「氣」概念不再為王弼所重視，相應地，實體性的自然概念也不再受到重視。伴隨著「無」的本體論的產生，自然被虛化了，這一運思方向，與後來佛教把自然看空倒是有著某種無意的一致，值得注意。

嵇康的自然觀，卻似乎是重又向傳統的氣論回復了。他通過他的音樂理論表述自己對自然的看法：

> 夫天地合德，萬物資生；寒暑代往，五行以成，故章爲五色，發爲五音。音聲之作，其猶臭味在於天地之間。其善與不善，雖遭濁亂，其體自若而無變也，豈以愛憎易操、哀樂改度哉？(《聲無哀樂論》)

天地、萬物、寒暑（春、夏、秋、冬、中）、五行（木、火、土、金、水)、五色（青、赤、黃、白、黑)、五音（角、徵、宮、商、羽）都是元氣自然運行的產物。嵇康的這個觀點，有兩個理論來源。其一，秦漢以來各門自然科學所支持的氣一元論。天文、曆法、農學這些與農業生產有密切聯繫的科學，經過秦漢時期，有了長足的發展，醫學和律學也是如此。它們均以氣一元論為其理論基礎。元氣、陰陽、五行這一套體系就是從這些科學門類中概括出來的自然體系，它甚至可以用數量關係來表示。

> 律呂分四時之氣耳，時至而氣動，律應而灰移，皆自然相待，不假人以爲用也。上生下生，所以均五聲之和，敘剛柔之分也。（《聲無哀樂論》）

這是說，十二律呂間相互關係與一年中春夏秋冬四季的十二個月的自然運轉相協調，時間到了，節氣就變動，律管中的氣也相應地活動起來，把放置在律管口內的灰吹散。可見，自然節氣是可以科學地測量出來的。嵇康以為，樂律與自然律是一致的。

嵇康自然觀的第二個理論來源是莊子的「天籟」說。莊子以為人的生命就是氣的聚散，嵇康則說：「元氣陶鑠，眾生稟焉。」（《明胆論》）「浩浩太素，陽曜陰凝，二儀陶化，人倫肇興。」（《太師箴》）在莊子看來，音樂的演奏就是自然的運行，《莊子・天運》借黃帝在廣漠之野演奏《咸池》之樂的寓言來形容天地的運行規律：四時、萬物、陰陽、日月、星辰，它們運轉、變化著，一盛一衰，一文一武、一清一濁，一死一生，一僨一起，能短能長，能柔能剛；運行有規律，但又不能窮盡其變化。嵇康接過莊子的思想，贊成自然的運行是一曲和諧的「天籟」的觀念，贊同通過諦聽音樂來瞭解自然規律（和諧）的審美方法。嵇康進而提出「自然之和」的觀念：「音樂有自然之和，而無繫於人情，克諧之音，成於金石，至和之聲，得於管弦也。」(《聲無哀樂論》)音樂的和諧其實更根本的是自然的和諧，它是一個哲學的本體。他把氣論本體論化了。阮籍也主張「八音有本體，五聲有自然」(《樂論》)。基於此，嵇康對社會和人格都有和諧的要求。[5]

向秀和郭象的《莊子注》，講述了一種獨特的自然觀，既不同於莊子，也不同於王弼、嵇康。這個不同，主要表現在向郭他們沒有本體論或泛神論的觀點，而代之以具有現象學色彩的「獨化」觀。

《莊子注》以為自然界是許多個別的物「塊然而自生」，除了自身，沒有什麼別的力量使它產生，這叫做「自為」或「獨化」，但是又不否認世界上存在著普遍的聯繫，只不過以為這種聯繫是「彼此相因」，事物都是「對生」、「互有」的，質言之，事物互相為「緣」而非為「故」，緣是無形的聯繫，是「玄合」。玄合是看不到的，因而它是「無」，卻不是如在王弼那兒是作為本體之「無」。《莊子注》認為自然是「有」，這個「有」也可以稱之為「氣」：

> 一氣而萬形，有變化而無死生也。(《莊子·至樂》注)

王弼的「貴無」說提出，「無」或「道」是一個形式因，先於天地萬物。《莊子注》否定了這一觀點：

---

5 關於嵇康的思想，可參看拙著《嵇康美學》。

誰得先物者乎哉？吾以陰陽爲先物，而陰陽者即所謂物耳。誰又先陰陽者乎？吾以自然爲先之，而自然即物之自爾耳。吾以至道爲先之矣，而至道者乃至無也。既以無矣，又奚爲先？然則先物者誰乎哉？而猶有物無已，明物之自然，非有使然也。（《莊子・知北遊》注）

設以「陰陽」、「自然」、「至道」為存在於萬物之先的東西，但推敲下來一一都無法成立，於是結論是：不存在「先物者」，所有的只是「物」，即「物之自然」，事物是自己存在和運動的。這就是「獨化」說的「無待」、「自為」的自然哲學。

「獨化」說推論下去，就邏輯地引出「彼此相因」的自然關係。獨化之物雖然獨立自存，但卻並非不與其他獨化之物「對生」而「互有」。

天下莫不相與爲彼我，而彼我皆欲自爲，斯東西之相反也。然彼我相與爲唇齒，唇齒者未嘗相爲，而唇亡則齒寒。故彼之自爲，濟我之功弘矣，斯相反而不可以相無者也。（《莊子・秋水》注）

《莊子注》列出種種對立統一的關係，如「唇齒相依」、「東西相反而不可相無」、「天地陰陽對生也」等等，所有獨立存在的事物都相因而不可相無，於是整個自然界無形中就構成一個互相聯繫之網。

《莊子注》中體現的自然觀，可概括為「獨化而相因」或「獨化於玄冥之境」，具有現象學的色彩。它把莊子眼中大氣磅礴的自然轉化為個別的、片斷的自然現象，這些個別只擄有一段極短暫的時空。時空（廣延和綿延）雖然還是一個整體，但卻被無數個別的事物分割了，或者說，時空與存在開始間離了。這一變化在哲學上意味深長，它悄悄地侵蝕了人與自然親和的哲學傳統，而且其影響越來越大。

4.《世說新語》和詩論家的自然觀

《世說新語》中的人們對自然的看法，值得研究。《世說新語》中人物品藻極為著名，品藻的方法經常是與美的自然作類比。略舉如下：

> 王公目太尉，岩岩清峙，壁立千仞。（《賞譽》）
>
> 時人目王右軍，飄如遊雲，矯若驚龍。（《容止》）
>
> 有人歎王公茂者，云：「濯濯如春月柳。」（同上）
>
> 嵇康身長七尺八寸，風姿物秀。見者歎曰：「蕭蕭肅肅，爽朗清舉。」或云：「肅肅如松下風，高而除引。」山公曰：「嵇叔夜之爲人也，岩岩若孤松之獨立；其醉也，傀俄若玉山之將崩。」（同上）

魏晉人作這種人物品藻，目的是把人與人所生存的社會區別開來，以突顯其超絕的品格。魏晉人看自然，取的是唯美主義的視角，他們眼中的自然，只是美的。對被看好的人物，通過將之與自然類比，使他們的品格自然化，獲得形象和美。這些人物經過品藻，被標舉為「風塵外物」(《賞譽》)。「風塵」指世俗，「風塵外物」即是超越世俗的人物。可見，品藻旨在脫俗。當時的文人，對自然的鑒賞能力是必備的精神質素。《賞譽》篇中孫興公（孫綽）就是據此表示對衛君長（衛永）的懷疑，發「此子神情都不關山水，而能作文」之問，把鑒賞自然的能力與寫文章相扣合，是比較典型的。

以上所述，顯然與儒家關於人格的「比德」傳統有某種聯繫，但是，魏晉時的人物品藻重心不在人的道德品格而在人的審美品格，魏晉人更心儀人格的超越性，其傾向是唯美的。

與人物品藻相聯繫，可以進一步來瞭解一下魏晉人看自然的眼光。

> 桓溫北征，經金城，見前爲琅邪時柳皆已十圍，慨然曰：「木猶如此，人何以堪？」攀條執枝，泫然流淚。(《言語》)
>
> 簡文入華林園，顧謂左右曰：「會心處不必在遠。翳然林水，便自有濠濮間想也，覺鳥獸禽魚，自來親人。」(同上)
>
> 王司州至吳興印渚中看。歎曰：「非唯使人情開滌，亦覺日月清朗。」(同上)
>
> 顧長康從會稽還。人問山川之美，顧云：「千岩競秀，萬壑爭流，草木蒙籠其上，若雲興霞蔚。」(同上)

王子敬曰：「從山陰道上行，山川自相映發，使人應接不暇，若秋冬之際，尤難爲懷。」（同上）

公雅好所托，常在塵垢之外，雖柔心應世，蠖屈其跡，而方寸湛然，固以玄對山水。（《容止》引孫綽《庾亮碑文》）

王子猷嘗暫寄人空宅住，便令種竹。或問：「暫住何煩爾？」王嘯詠良久，直指竹曰：「何可一日無此君？」（《任誕》）

這裡顯然還有莊子的傳統，上引第一句「翳然林水，便自有濠濮間想」云云，簡直就是莊子觀魚的逍遙遊。細讀《世說新語》，似乎魏晉人看自然更重細部，但不喜繁複，突出其秀美，而不像莊子把自然看作磅礴的氣和風，不可範圍，具有崇高感。人與自然依然是親和的，不過這種親和還帶有某種「比德」的性質，這是品藻的傳統。這裡，孫綽對庾亮的評價值得注意，庾亮所寄託之處，在世俗之外，雖然處世是小心謹慎，然而卻有一顆「湛然」透亮之心，其所以然，是因為他能「以玄對山水」。這個「玄」，就是面對自然的審美心境和審美關注。人對自然的審美關係，可培養人的感性的心理品格。

漢魏晉南北朝以來，人們普遍以為自然的變遷足以感召人，這種觀點表現在詩論上，就形成了著名的物感說。它以為自然現象對文人創作有觸興、起情的作用。西晉文學家陸機是詩文論上物感說的早期倡導者，他著名的《文賦》中云：

> 遵四時以歎逝，瞻萬物而思紛，悲落葉於勁秋，喜柔條於芳春。

「歎」、「思」、「悲」、「喜」，種種情緒被春夏秋冬四時及自然景觀勾起。

我們讀漢代的古詩，已經可以比較多地體會到詩思被自然所勾起以及與此相聯繫著的對個體生存境狀的憂思。

> 回車駕言邁，悠悠涉長道。四顧何茫茫，東風搖百草。所遇無故物，焉得不速老？盛衰各有時，立身苦不早。人生非金石，豈能長壽考？奄忽隨物化，榮名以爲寶。（古詩十九首《回車駕言邁》）

詩中遊子孤身一人，駕車行於悠悠長路，觸目四顧，竟沒有一物是似曾相識的，於是只能悲歎自然之盛衰並非隨著人的意志而轉移。「所遇無故物，焉得不速老」，觸目驚心，但是，「立身」及「榮名」對個體的人是絕頂重要的，只有它們才不會隨自然而變遷消失。漢詩尤其在後期普遍有著濃重的悲觀情緒。

魏晉時期詩人筆下的自然，往往表現出很強的個體性和淵深的人生感慨。如建安七子之一劉楨的《贈從弟》：

> 亭亭山上松，瑟瑟谷中風。風聲一何盛，松枝一何勁！冰霜正慘悽，終歲常端正。豈不罹凝寒，松柏有本性。

如阮籍《詠懷》：

夜中不能寐，起坐彈鳴琴。薄帷鑒明月，清風吹我襟。孤鴻號外野，翔鳥鳴北林。徘徊將何見？憂思獨傷心。

如陸機《赴洛道中作》：

遠遊越山川，山川修且廣。振策陟崇丘，案轡遵平莽。夕息抱影寐，朝徂銜思往。頓轡倚高岩，側聽悲風響。清露墜素輝，明月一何朗。撫枕不能寐，振衣獨長想。

如陶淵明《歸園田居》：

種豆南山下，草盛豆苗稀。晨興理荒穢，帶月荷鋤歸。道狹草木長，夕露沾我衣。衣沾不足惜，但使願無違。

就是那位提出「以玄對山水」的東晉的孫綽，還提出了「物感」和「觸興」的觀念：

情因所習而遷移，物觸所遇而興感。……閑步於林野，則遼落之志興。……爲復於曖昧之中，思縈拂之道，屢借山水以化其鬱結，永一旦之足，當百年之盛。（《三月三日蘭亭詩序》）

很清楚，這裡所謂的「物感」和「觸興」，是人的「所遇」（心中因自身境遇而積之情感，即下文所言之「鬱結」）與物相觸而興發為情感，所以人就可以「借山水以化其鬱結」。「物感」和「觸興」，兩者意思是一樣的。

「物感」現象被詩學家們所嚴重關注，上引西晉的陸機是較早的一位，齊梁間劉勰的名著《文心雕龍》為此專設《物色》一篇：

> 春秋代序，陰陽慘舒，物色之動，心亦搖焉。……是以獻歲發春，悅豫之情暢；滔滔孟夏，鬱陶之心凝；天高氣清，陰沉之志遠；霰雪無垠，矜肅之慮深；歲有其物，物有其容；情以物遷，辭以情發。……
>
> 是以詩人感物，聯類不窮。流連萬象之際，沈吟視聽之區；寫氣圖貌，既隨物以宛轉；屬采附聲，亦與心而徘徊。……

鍾嶸《詩品序》也云：

> 氣之動物，物之感人，故搖蕩性情，形諸舞詠。

個人與自然之間，「氣之動物，物之感人」，「情往似贈，興來如答」，形成一種對話關係，而物感是雙方對話展開的一個場。

「物感」及其「觸興」，是魏晉南北朝時期文人們極為突出的感性經驗，它並不表現為繁複的想像，而是十分簡捷的聯想和感悟，營構意象用的是白描手法。它們是感物、悲秋、詠懷，是神與物遊、神用象通、情以物遷……我們重視它們，因為這種看自然的方法與禪宗看自然的方法有著某種聯繫。禪宗的悟，有許多是從諸自然現象得到觸發，在剎那間獲得的，叫「藉境悟心」，它似乎是「觸興」方法的延伸，而且顯得更為直捷。所不同之處在於，儘管面對的自然現象相同，「觸興」是為了起情，似乎延伸了自然，而「藉境悟心」卻是為了滅情，遠離了自然，方向正好相反。當然，在禪宗純然人與自然親和的關係也不會再有了。

二、一切色是佛色，一切聲是佛聲

佛教以前，中國古人描繪自然往往是以形與聲對舉，如張衡《西京賦》：「眾形殊聲，不可勝論。」晉陸機《文賦》：「抱景者咸叩，懷響者畢彈。」「暨音聲之迭代，若五色之相宣。」[6]梁劉勰《文心雕龍》：「流連萬象之際，沉吟視聽之區；寫氣圖貌，既隨物以宛轉；屬采附聲，亦與心而徘徊。」這些都是在物感論影響下的議論。佛教看自然則更多地關注色與聲，傳統的「形」已為色取而代之。

慈照禪師這樣教導他的學禪弟子：

> 上堂云：「朝朝擊鼓，夜夜鐘聲。聚集禪流，復有何事？若言無事，屈延諸德。若言有事，埋沒從上宗乘。開口動舌，總沒交涉。雖然如是，初機後學，須藉言語顯道。作麼生是顯道底。」良久云：「林中百鳥鳴，柴門閑不扃。」

6 此處之「五色」指彩繡中諸色彩的合理配伍以獲得生動鮮明的視覺效果，仍是指形，與佛教的色不同。

（《古尊宿語錄》卷九《石門山慈照禪師鳳岩集》）

早晨擊鼓，晚上敲鐘，是禪者生涯的標誌。正是鐘鼓聲，把禪師們聚在了一起。然而聚在一起，到底為何事呢？慈照禪師苦惱的是如何開導、啟發初學禪者悟道？佛的真諦很難用言語表詮。不過，他還是開口了，言語所描述的是一個意象：禪者所過的無非是悠閒無事的田園生活。「林中百鳥鳴，柴門閑不扃」，就是佛的境界。這一境界與陶潛的田園詩何其相像！然而，卻在本質上不同。

禪宗怎樣看自然，禪者如何聽聲，如何觀色？對這一問題的解答是打開通向禪宗美學之門的鑰匙。本節試著通過對禪宗「色法」的個案剖析，來理論地展示禪宗的自然觀，並揭示其現象空觀的方法。[7]

《列子・湯問》中記有這樣一則故事：

孔子東遊，見兩小兒辯鬥（太陽），問其故。一兒曰：「我以日始出時去人近，而日中時遠也。」一兒以日初出遠，而日中時近也。一兒曰：「日初出大如車蓋，及日中則如盤盂，此不爲遠者小而近者大乎？」一兒曰：「日初出滄滄

---

7 現象空觀，也可以表述為現象直觀。現象空觀即色空觀，指在直觀中把色（現象）看空的方法。這種方法用禪宗的語言表述，為：色即是空，空不異色。經過仔細思考，我嘗試以現象空觀這個詞來描述禪宗看世界和看自己的現象學傾向及其方法論特點，以求既保持禪宗的本色，又兼有某種現象學的思理。禪宗與胡塞爾所創造的現象學確實有某種相近之處，足以互相映照、啟發，但是這樣做決不意味著禪宗已經具有西方現象學的系統方法，相反，我倒是以為可以在純粹的學理意義上把它稱為宗教現象學。以我目前的學力，對西方現象學作出完整的把握，尚難以勝任，因此，也不可能在本書中展開禪宗與西方現象學的比較。不過，已經有許多學者對兩者進行比較的前景作出較為樂觀的展望。

> 凉凉，及其日中如探湯，此不爲近者熱而遠者凉乎？」孔子不能決也。兩小兒笑曰：「孰爲汝多知乎？」

這一則關於太陽離人遠近的爭論，兩小兒各以視覺與溫覺為觀測的觀點，因而有相反的結論，而孔子卻不能在兩者間判定是非，受到了小兒的嘲笑。孔子在此論題上沒有表現出哲學思維的能力，而且此論題所涉也仍拘於經驗和常識的論域。

我們在引論中曾經討論到《壇經》中著名的「風吹幡動」的公案，兩個小和尚爭論風動抑或幡動，就論題的性質而論，與《列子》中小兒辯日故事相同，但慧能得出的結論卻完全逸出了經驗和常識的論域。慧能否定風動和幡動，而論定是「仁者心動」。在這個語境當中，一切曾經有過的經驗及其語言都失效了，存在的問題只是當下的。這說明，風吹幡動這樣一個本來屬於客觀世界的物理問題，慧能卻可以把它視作純粹的視覺上的直觀，並依「境隨心轉」的唯心思路，把它轉移到禪宗的精神現象（意識）論域，把它視作自己當下心境的直觀。禪宗自然觀的美學品格，首先在於自然的心相化。我們可以這樣看，禪宗開創者慧能的這一則早期公案為禪宗審美經驗定下了基調。

《五燈會元》卷九《仰山慧寂禪師》記有這樣一則公案：

> 溈一日指田問師（仰山）：「這丘田那頭高，這頭低。」師曰：「卻是這頭高，那頭低。」溈曰：「你若不信，向中間立看兩頭。」師曰：

「不必立中間，亦莫住兩頭。」溈曰：「若如是著水看，水能平物。」師曰：「水亦無定，但高處高平，低處低平。」溈便休。

此公案與風吹幡動公案有著異曲同工之妙。溈山是仰山的老師，溈山在田間勞作中隨機設問，以啟發仰山。從物理的觀點看，田的兩頭高低是可以測量出來的。溈山就故意把它設為一個物理問題（常識）發問，好在仰山沒有上當。仰山將溈山判定高的一頭說成低，將低的一頭說成高；於是溈山要仰山站到田的中央去看兩頭，仰山的回答更妙了，「不必立中間，亦莫住兩頭」，意即不必有法執我執；溈山不罷休，進一步誘導，如果向田中灌水，「水能平物」，則田的高低就自然看出來了；仰山不依不饒，水也是不一定的，「高處高平，低處低平」。高低是沒有一定的，正如佛法是平等不二、無所不在的一樣。仰山終於沒有著相。於是，溈山之問窮盡了，仰山的回應也使他滿意了。

可見，禪宗對客觀的自然現象並沒有多少興趣，它更多的是對真如法身或佛理感興趣。於是禪籍中出現以下問答：

人問：「般若大否？」師曰：「大。」曰：「幾許大？」師曰：「無邊際。」曰：「般若小否？」師曰：「小。」曰：「幾許小？」師曰：「看不見。」曰：「何處是？」師曰：「何處不是。」(《大珠禪師語錄》卷下《諸方門人參問》)

大珠慧海的意思是：般若無處不在，大到無邊際，小到看不見，既然滿世界都是般若，那麼一切對象都是有意義的。此意義當然不在於對象的客觀性，顯然，諸如太陽的遠近大小之類問題已經不再處於禪者的視域之中了，禪者的關注僅僅集中於這一點：直觀下的自然對象是真如的頓然顯現。[8]

我們從「老僧見山見水」的著名公案可以進一步見出這種看自然和看世界方式的轉變。本書引論已經引用過此公案，這裡不憚煩，將此公案再引一過：

> 老僧三十年前未參禪時，見山是山，見水是水。及至後來，親見知識，有個入處，見山不是山，見水不是水。而今得個休歇處，依前見山只是山，見水只是水。（《五燈會元》卷十七《青原惟信禪師》）

青原惟信禪師對自然山水的三個看法，我們就其視覺上的意義論列如下：一，「未參禪時」的「見山是山，見水是水」，那是一個客觀的觀物視角，正是孔子拿來與主體「比德」的那一種自然山水，當然也可以如莊子般與之「親和」，如「小兒辯日」將之作為認知的對象，大體仍然是傳統哲學和美學的對象。二，而「親見知識」以後的「見山不是山，見水不是水」，開始作出一種感性的努力，其趨向是

8 淨覺《楞伽師資記》引諸佛經云：《大品經》云：「諸佛五眼，觀眾生心及一切法畢竟不見。」《華嚴經》云：「無見乃能見。」《思益經》云：「非眼所見，非耳鼻舌身意識所知，但應隨如相見，眼如乃至意如，法位如亦如是，若能如是見者，是名正見。」《禪決》曰：「蝙蝠角鴟，晝不見物，夜見物者，皆是妄想顛倒故也。所以者何？蝙蝠角鴟，見他暗為明，凡夫人，見他明為暗，皆為是妄想。以顛倒故，以業障故，不見真法。若然者，明不定明，暗不定暗。如是解者，不為顛倒惑亂，即入如來常樂我淨中也。」

要在視覺上把同一個自然對象直觀化，將之視為「色相」(「不是山，不是水」)。所謂的「親見知識」，就是作為「空觀」的直觀。這種直觀把第一個意義上的山水從視覺上否定了，因而此「山水」再也不可能作為認知（科學或常識的觀點）的或「比德」(道德本質主義的觀點）的或「親和」(純粹自然主義的或莊子式審美主義的觀點）的對象，它僅是一個過渡性的視覺中間物（「入處」)，這是因為觀者還是有「我執」和「法執」——是「我」欲看空（我執)，而不欲將山水視作山水（法執，即經驗和世俗的觀點)，因而不可能真正把山水看空。就此而論，此時的「山水」還不是純粹視覺意義上的直觀。三，當觀者「得個休歇處」時，他「見山只是山，見水只是水」，彷彿是向「未參禪」時的客觀觀點作回歸。然而，此時的「山水」只是一個純粹的直觀，即單純的現象，它超離時空，沒有任何背景、任何歷史。例如，它既不能使莊子發出時間飛逝如「白駒過隙」而無從追趕、把捉的無奈之歎，也不能使孔子發出「逝者如斯夫」的生命遷逝之感[9]，因為這裡的時間和空間是靜止不動的，山水處於永恒「寂」的狀態。雖然從視覺上講，它是觀者之所見，具有感性細節的真實，但僅僅是觀者當下之所見而已，除此之外沒有其他的如認知的、「比德」的或「親和」的聯想或想像。作為參禪者的「休歇處」，「山水」必須是一個主體直覺的對象，以便為主體佛性的自證。而儘管它是主體佛性的自證，但此一自證從性質上看只是「空」而並非

9　時間在儒道是生命和智慧的標誌，它是真實的存在，永恒的運動。

10注意，此處的「只是……只是」的強調句式，只在比照著「是……是」和「不是不是」句式時才是有意義的，就禪宗的覺解而言，強調句式不免也是有所「執」的。

其他，因此說：它是一個純粹的直觀（「只是山，只是水」）。[10]而且，就對空的覺悟而言，也許只有這種「山水」的純粹直觀才是真正有效的，因為作為本體的空，佛教是通過種種因緣來為之作解的。當因緣「山水」被當作純粹現象進行直觀時，「空」也就得到了確切無誤的覺解了。質言之，「空」是通過「山水」而被領悟的。

「見山只是山，見水只是水」，句中的「只是」一詞要注意領會，它表示所見「只是」一個純粹直觀。換言之，僅僅是這一次所見的山水，與以前或以後見的山水不可能重複。溈山與仰山的另一則公案可以進一步揭示這一道理。

> 師（仰山慧寂）在潙山時，雪下之日，仰山置問：「除卻這個色，還更有色也無？」潙山云：「有。」師云：「如何是色？」潙山指雪。仰山云：「某甲則不與摩。」潙山云：「是也，理長則就。除卻這個色，還更有色也無？」仰山云：「有。」潙山云：「如何是色？」仰山卻指雪。[11]（《祖堂集》卷十八《仰山和尚》）

「這個色」是仰山所見雪之色，與溈山所見雪之色不同，因此溈山仍指雪以為答。當仰山表示自己的看法不與溈山相同，溈山就把仰山之問重複了一遍。而仰山因為他與溈山所見雪之色不同，就亦以指雪以為答。雪的顏色都是白，這是一個抽象的白的概念，為常識，然而「這個色」卻只是

11「見雪」，是禪宗覺悟的一個見證。《五燈會元》卷十《新興齊禪師》云：「師因雪謂眾曰：『諸上座還見雪麼？見即有眼，不見無眼。有眼即常，無眼即斷。恁麼會得，佛身充滿。』」

一個直觀，它在溈與仰之間是當下不同的，兩人從各自的「這個色」所見的只是自己之所見，而所領悟的也是自己之所悟。這就是所謂「聲前非聲，色後非色」(《祖堂集》卷十六《溈山和尚》)。溈山主張「理事不二」和「見色便見心」(《祖堂集》卷十八《仰山和尚》)，仰山主張「一月千江，體不分水」(《五燈會元》卷九《仰山慧寂禪師》)[12]，如果前聲與後聲，前色與後色重複相同，那麼理與事（體與用）就無法統一，心也無法從色見到了。

就是禪師們坐的禪床也可以視為色：

> 問：「古人道：見色便見心。禪床是色，請和尚離卻色，指學人心。」師曰：「那個是禪床，指出來看。」僧無語。(《五燈會元》卷九《仰山慧寂禪師》)

學僧要求仰山離開禪床這個色（也可以稱之為境）而直指人心，大概是因為他於禪床無所領悟。仰山卻反問「那個是禪床」，其實在仰山的語境中，禪床並非禪床，而是禪床的直觀，是色。這個色應該理解為純粹現象，而非其他。很清楚，色不光是指色彩，還指任何物質性的東西，但是這些東西在禪宗的語境當中都作為純粹現象而出場，因此，雪之色成為「這個色」，「那個禪床」並非禪床。

以下，是我在本書引論中作出的結論：

> 此時，主體的覺悟已告完成（「得個休歇

12他們的理論受到了華嚴宗理事圓融觀的很大影響，但其影響的結果卻很難說是倒向了華嚴宗。請參看本書第五章第四節討論法眼禪師《華嚴六相義頌》的內容。

> 處」)，山水被徹底地孤離於時空背景，認知的分析性觀點已不復存在，然而山水的視覺表象依然如故，只是已經轉化爲悟者「休歇處」的證物。這個完全孤離於具體時空背景的個體化的山水其實只是觀者參悟的心相。這一直觀的心相，保留了所有感性的細節，卻又不是自然的簡單摹寫，它是心對物象的觀，是兩者的統一，具有美學上的重要意義。儒、道和玄學的心物關係在禪宗轉換爲心色關係，自然在禪宗被視爲色，這個色又是悟的道場，無之則無由得悟。

「色」在禪宗的感性經驗中具有極為重要的意義。「色」是什麼？是感性，是現象。禪者通過空觀觀色，或通過色觀空，色就成為純粹現象，它於是可以成為心的證物。因此，佛教把「色」視為心相（心像），視為「境」。心與色總是聯繫在一起的。還是馬祖道一那句話：「凡所見色，皆是見心。心不自心，因色故有。」

在上述結論以外，似乎還須作一個重要的補充：佛教把自然和人生看空，是基於它的因緣和合觀，它認為，自然界和社會人生變動不居，是沒有自性的，例如，某一片雪花的飄落是沒有其必然性的，是偶然的，因此，它是沒有本質的。但是，當某一位禪者對這一片偶然飄落的雪花作直觀而獲得了對空的覺悟的時候，這一片雪花卻具有了意義和本質，它成為一個絕對之物。它在這一個禪者的精神生命歷程中佔據了一個固定的位置，它不但標誌著禪者的覺悟，而且還在此一覺悟的剎那與禪者的精神生命化而為一，成為一個境。因此，這一片雪花不再是相對的東西了，它被禪者的直觀及其覺悟賦予了絕對的意義。尤其須要注意的是，此直觀過程中進行的並非象徵。在象徵的心理活動中，象徵的雙方是外在的，例如，菊花象徵人格的高潔，菊花和高潔根本是兩個東西，可以分開。菊花具有藥用價值，而高潔則可以換由梅花或松樹來象徵。象徵往往是在某種文化傳統的語境之下進行的，它是聯想的產物。而禪者對雪花的直觀卻與聯想無關，它是在刹那間獲得的覺悟，容不得聯想作用側身其間，而且它還以清除聯想為條件。[13]

「色」的這種由相對到絕對的轉化，是在感性直觀中完成的，因而非常值得重視。

「色」作為「法相」，它往往集中於聽覺和視覺。以下先說聽覺。

禪籍中記載著極多的論及鐘聲和其他聲音的公案。如《楞伽師資記》中淨覺所記神秀關於鐘聲的某些偈語：

> 汝聞打鐘聲，打時有，未打時有？聲是何聲？
>
> 汝聞打鐘聲，只在寺內有，十方世界亦有鐘聲不？

聲音，如果把它當作某種物理現象，即關乎人的聽覺的聲波，那麼它是無神秘可言的。然而，神秀對聲音現象提出了值得深思的問題：鐘聲打響時固然聽得見，那麼未打時是否聽得見呢？如果鐘聲只是在寺內敲響而可聽聞，那麼整個宇

13禪宗的這種直觀，我把它稱為現象空觀。是否與胡塞爾現象學的本質直觀有些相似，可以進行比較，值得思考。

宙（「十方世界」）是否也能聽聞鐘聲呢？聲音到底是什麼呢？這些問題，顯然具有形而上的意味。

我們且來看另一些關於聲音的公案。

> 師有時云：「眞空不壞有，眞空不異色。」僧便問：「作麼生是眞空？」師云：「還聞鐘聲麼？」僧云：「此是鐘聲。」師云：「驢年夢見麼？」
>
> 舉「無情説法」。忽聞鐘聲，云：「釋迦老子説法也。」
>
> 舉生法師云：「敲空作響，擊木無聲。」師以拄杖空中敲，云：「阿耶耶。」又敲板頭云：「作聲麼？」僧云：「作聲。」師云：「這俗漢！」又敲板頭云：「喚什麼作聲？」
>
> （《古尊宿語錄》卷十六《雲門（文偃）匡眞禪師廣錄中》）

這幾則公案中，雲門文偃與眾僧談論的話題是「真空」和「法」，正在此時，寺中鐘聲飄然而至。於是雲門借機發揮，問：聽到鐘聲了嗎？僧問答：聽到了。錯，「聽到鐘聲」的肯定答語遭到雲門的否斥。[14]鐘聲是一個物理現象，它用以報時，是時間的標誌，它動聽，是悅耳的對象，然而，也可以把它聽為另一些東西，如，把它聽作是釋迦牟尼的說

14 在佛教看來，人的耳根對外界最靈敏，人入定時，眼、鼻、舌、身、意諸根都已關閉，閉眼，呼吸細微，不言語，跏趺而坐，思維受到抑制，唯有耳根依然虛通，外界的聲響可以通過聽覺而擾亂禪定。這可以解釋和尚坐禪為什麼往往找一個僻靜之處。當然眼根也是極為靈敏的，但是和尚念經或坐禪卻可以把眼睛閉起來，而與此同時卻無法閉耳塞聽。

法。於是，「鐘聲」就成了「真空」或「法」的現象了。這樣一種聽覺現象甚至還可以從空無出發，或相反，返歸於空無：「敲空作響，擊木無聲」。這裡，鐘聲已經被從物理的時空背景剝離，而還原為純粹的聽覺現象。「朝朝擊鼓，夜夜鐘聲」，它們並非世俗生活的標誌。人們去寺廟，聽到晨鐘暮鼓，常常會有一種處身世外之感，就是因為人們已經不是也不能把它們當作動聽的鐘鼓聲或時間的標誌來聽聞了。

> 舉法眼頌云：「『山水君居好，城隍我亦論。靜聞鐘角聲，閑對白雲屯。』大眾，法眼雖不拿雲攫霧，爭奈遍地清風。四面（即法演）今日試與法眼把手共行。靜聞鐘角聲，且不是聲；閑對白雲屯，且不是色。既非聲色，作麼生商量？」乃云：「洞裡無雲別有天，桃花似錦柳如煙。仙家不解論冬夏，石爛松枯不記年。」（《古尊宿語錄》卷二十《舒州白雲山海會（法）演和尚初住四面山語錄》）

這裡，法眼即是提出「若論佛法，一切見成」的清涼文益。法演禪師則說「靜聞鐘角聲」的「聲」不是聲，「閑對白雲屯」的「色」不是色，不是聲色，那麼又如何解釋呢？法演吟出一首禪詩：「洞裡無雲別有天，桃花似錦柳如煙。仙家不解論冬夏，石爛松枯不記年。」這是一個別有洞天的仙境，總是桃花似錦柳如煙，而沒有冬夏、時間，因此，它是超越之境。

不光是聽寺廟裡晨鐘暮鼓的聲音，自然界其他許多聲響也是被禪師們拿來作為純粹現象，以啟迪學禪者覺悟。如下面這則公案：

> 因僧入室請益趙州和尚柏樹子話，師云：「我不辭與汝說，還信麼？」僧云：「和尚重言，爭敢不信。」師云：「汝還聞簷頭水滴聲麼？」其僧豁然，不覺失聲云：「耶！」師云：「你見個什麼道理？」僧便以頌對云：「簷頭水滴，分明瀝瀝。打破乾坤，當下心息。」師爲忻然。（《古尊宿語錄》卷二十三《汝州葉縣廣教（歸）省禪師語錄》）

這也是聽聲的一個好例。學僧來，本為向歸省禪師請教「趙州和尚柏樹子」公案。趙州從諗是一位極有個性的禪宗大德，他有一句名言：「佛之一字，吾不喜聞。」（《祖堂集》卷十八《趙州和尚》）有學僧問：柏樹子有否佛性？他答道：有。學僧接著問：幾時成佛？他答道：待虛空落地。僧緊問不捨：虛空幾時落地？他卻答道：待柏樹成佛。繞了一圈，又回到了柏樹自身。又有學僧問：如何是祖師西來意？他答道：亭前柏樹子。這時那學僧（不知是否與問柏樹子佛性同為一人）警覺了，說：和尚勿要將境示人。他答道：並未將境示人。於是學僧又問：如何是祖師西來意？沒承想，他仍答道：亭前柏樹子。亭前柏樹子，是一個自然之景，或者可以視為一個常境，因此學僧要求趙州不要將境示人。但是趙州的「亭前柏樹子」卻不是一個常境，而是一個純粹現象、超越之境。

但是，當另一位學僧就「趙州和尚柏樹子」公案向歸省禪師請教時，未必是把它視作一個純粹現象，反倒有可能視之為常境，因此，歸省禪師也隨機向學僧示了一境，問：聽到屋簷上的水滴聲否（此時必定正在下雨）？此僧即時覺悟：簷頭水滴瀝瀝而下，其聲打破了乾坤（時空），聞之使人煩惱頓除，當下心息。這說明，「亭前柏樹子」並非任何人於任何時空都可以把它領悟為純粹現象的。也許它在禪宗話語中出現頻率太高，一旦淪為老生常談，則不免造成可怕的語言陷阱。宋代以主張「看話禪」而著名的大慧宗杲即反對從語言概念上來參「庭前柏樹子」的話頭，他說：

> 或問：「如何是祖師西來意？」「庭前柏樹子。」即下語云：「一枝南，一枝北。」或云：「能爲萬象主，不逐四時凋。」已上盡在瞠目努眼提撕處，然後下合頭語，以爲奇特。（《大慧普覺禪師語錄》卷十四《普說》）

所謂「一枝南，一枝北」，是象徵禪宗的南北兩宗，「能為萬象主，不逐四時凋」則是以柏樹四季常青的本性以喻自性圓滿具足。所謂「瞠目努眼提撕」是指從語言文字入手，「作道理會」、「向意根下思量卜度」，「下合頭語」是指所下解語契合自己對「庭前柏樹子」的理性揣測，力求「對號入座」，從而不免落入理性思維的圈套，稱為「墮理趣」。如此作解，「庭前柏樹子」就可能被賦予無窮個理念的象徵，象徵則非純粹直觀。這與「庭前柏樹子」公案的禪學語境是相違異的。

由此，當可看到，歸省禪師應機設境，避開對「亭前柏樹子」的直接回答而代之以反問其是否聽到簷頭水滴聲，以誘引學僧覺悟，實在是高明極了。這裡的關鍵，是必須把屋檐上的水滴聲直觀為純粹現象，否則無法超越常識，也無法超越「亭前柏樹子」，自然就更無由啟發學僧覺悟了。鏡清道怤與學僧也有類似對答。鏡清問學僧：外邊是什麼聲？學僧答：雨滴聲。雨滴聲屬於常識論域中的現象，但卻並非純粹現象，難怪鏡清判之曰：「眾生迷己逐物。」[15]（《祖堂集》卷十《鏡清和尚》）。

那麼，純粹現象究竟作用於何？換言之：聲音究竟如何通過人的聽覺而使人覺悟的呢？大珠慧海禪師如是解答：

> 問：「有聲時，即有聞；無聲時，還得聞否？」答：「亦聞。」問：「有聲時，從有聞；無聲時，云何得聞？」答：「今言聞者，不論有聲無聲，何以故？爲聞性常故。有聲時即聞，無聲時亦聞。」問：「知是聞者是誰？」答：「是自性聞，亦名知者聞。」（大珠慧海《頓悟入道要門論》）

聲音當然須通過聽覺起作用，但是佛教卻以為聲音不過是寂滅之境，寂滅本來是無聲的即超乎聲音的境界。《大般涅槃經》上說：「譬如山澗響聲，愚癡之人，謂之實聲，有智之人，知其非真。」[16]能聽（覺）寂滅的卻是人自身的佛性——聞性。聞性是自性，聞（聽聲）也就是自性聞。正如歸省禪師所詰問的：「聞鐘聲即尋聲而來，如無鐘聲向甚麼

15中國傳統詩詞曲中多有描寫雨打芭蕉的作品，為什麼中國人那麼專注於此，這一聽聲的現象頗值得研究。

16《大般涅槃經》卷二〇《梵行品》。這裏要注意的是，《大般涅槃經》是作了一個關於聲音和聽覺的譬喻，重點是講聲音的不真實，與禪宗聽聲的直觀是很不相同的。

處去即得。」(《古尊宿語錄》卷二十三《汝州葉縣廣教（歸）省禪師語錄》）鐘聲是引人向佛境的嚮導，那麼沒有鐘聲作為嚮導，尋佛人又向什麼處去呢？尋聲而來的未必能聞自性，聞自性則不必一定聞聲。但是禪宗決不是要求禪者去作內省，僅就聞聲而論，作為「常境」的聲音是無常的（剎那間發生變化），如果循著這無常的聲音去把握永恒的東西，就可能真正學會聽聲了。真正學會聽聲，在剎那間把它聽為純粹現象，即意味著聞性的覺醒。這時，就能做到「有聲時即聞，無聲時亦聞」。

唐代大詩人白居易居士有若干首論樂詩，其中有兩首寫到了音樂的空性：

> 本性好絲桐，塵機聞即空，一聲來耳裡，萬事離心中。情暢堪銷疾，恬和好養蒙，尤宜聽三樂，安慰白頭翁。（《白氏長慶集》卷五十三《好聽琴》）
>
> 月出鳥棲盡，寂然坐空林，是時心境閑，可以彈素琴。清冷由木性，恬淡隨人心，心積和平氣，木應正始音。響餘群動息，曲罷秋夜深，正聲感元化，天地清沉沉。（卷五《清夜琴興》）

這樣一種聽琴及琴興的審美經驗，是對於音樂的空觀。它出自一位居士詩人的詩歌，說明了唐代士大夫的音樂觀受到佛教聽聲經驗薰染後的變化。嵇康的「聲無哀樂論」認為音樂只有「自然之和」，是沒有哀樂的情感的。白居易所謂聽琴的「情暢」亦並非嵇康所謂的「哀樂」，而是「塵機聞即空」的「清冷」、「恬淡」與「和平」。同是和諧，嵇康謂是「自然之和」，而白氏謂是「空」。這固然是一種新的感性經驗。

因此，禪宗的聲音（包含音樂）不再是莊子「吹萬不同，而使其自已也，咸其自取，怒者其誰」的「天籟」，也不是嵇康的「自然之和」，真實的風和氣消失了，留下來的只是一種純粹現象。「聞聲悟道，見色明心」（《古尊宿語錄》卷十六《雲門匡真禪師廣錄中》「室中語要」引古禪語），這才是聲音的禪宗現象空觀的解釋。

以下說視覺。視覺有兩個方面，即觀之眼與所觀之色。

關於視覺，《五燈會元》卷一載有這樣一則故事：

> 世尊（釋迦牟尼佛）一日示隨色摩尼珠，問五方天王：「此珠而作何色？」時五方天王互說異色。世尊復藏珠入袖，卻抬手曰：「此珠作何色？」天王曰：「佛手中無珠，何處有色？」世尊歎曰：「汝何迷倒之甚！吾將世珠示之，便各強說有青、黃、赤、白色；吾將眞珠示之，便總不知。」時五方天王悉皆悟通。

摩尼寶珠自身沒有色澤，它只是隨著對方的顏色而現出顏色。摩尼寶珠所指示的佛理是：在佛教看來，各種色彩是世俗界的存在，它是相對的，真如只是隨著它所處的境遇而隨機顯現出各種色相。當觀者為色彩繽紛的世俗界所迷亂時，他對真如是沒有覺知的。

大珠慧海這樣與學僧答問見與見性：

> 問：「對一切色像時，即名爲見；不對色像

時，亦名見否？」答：「見。」問：「對物時，從有見，不對物時，云何有見？」答：「今言見者，不論對物與不對物，何以故？為見性常故。有物之時即見，無物之時亦見也。故知物自有去來，見性無來去也。諸根亦爾。」（大珠慧海《頓悟入道要門論》）

與強調「聞性常」一樣，慧海同樣強調「見性常」，「聞性」是佛性，「見性」同樣也是佛性。須要注意的是，如果拘於物的色像（相）即「有」，那麼此「見」並非出於「見性」。因為萬物處於永恒的流動之中，物像（色相）總是倏忽而變的，如果拘於物像之見，那麼此「見」無非是法執。大珠慧海與學僧以下的對話更值得深思。

問：「正見物時，見中有物不？」答：「見中不立物。」問：「正見無物時，見中有無物否？」答：「見中不立無物。」（大珠慧海《頓悟入道要門論》）

當視覺表象中映現了物時，「見中不立物」，意思是不把「物」當作本真的存在來「立」，即不肯認物在時空中的實際存在，但當下（「正」）「見物」的視覺表象並沒有被否定掉；當視覺表象中並沒有映現物時，卻「見中不立無物」，意思是不把「無物」當作本真的存在來「不立」，因為否定判斷（「無物」）其實是蘊涵著肯定判斷（「有物」）的，同樣，「見物」（「不立無物」）的視覺表象也沒有被否定。「不立物」與「不立無物」，兩者都不否定視覺表象，而僅是否定客觀之物的存在。真實的存在是空，而視覺表象與空並不矛盾。於是，視覺表象就脫離了變動不居的時空背景，失去了客觀的真實性，僅僅是作為純粹現象而為禪者所接受下來了。這就是典型的現象空觀。

空觀並不否定現象，這似乎出於人們意料。請看法眼和尚（清涼文益）的《三界唯心頌》：

「三界唯心，萬法唯識，唯識唯心。眼耳聲色，色不到耳，聲何觸眼？眼色耳聲，萬法成辦。萬法匪緣，豈觀如幻？山河大地，誰堅誰變？」(《五燈會元》卷十《清涼文益禪師》)

儘管本質上是唯識唯心，但是如果萬法並非生起於因緣，那麼又怎麼去觀空幻呢？所謂的空，其實就是說的萬法都是因緣和合而成的；所謂的空觀，就是通過觀色相以了悟空幻。因此，法眼以為眼根不能與聲通（「聲何觸眼」），耳根不能與色遇（「色不到耳」），只有眼與色遇，耳與聲通，才能成就萬法。這樣一方面強調空觀，另一方面又主張諸感官對諸現象的對應性，就對色即是空的道理作了不落空蹈虛的闡發。正如中塔和尚所言：「滿眼覷不見眼根昧，滿耳聽不聞耳根背。二途不曉，只是瞌睡漢。」(《祖堂集》卷十二《中塔和尚》)

法眼曾遇雪留住於桂琛的禪院，雪後臨行，桂琛親自送到門前。指著庭前一片石頭問法眼：你常說三界唯心，萬法唯識。那麼這片石頭是在心內還是在心外？法眼回答道：在心內。桂琛就反詰之：行腳人著甚麼來由，安片石在心頭！這一問把法眼問倒了，於是法眼就留了下來，欲對佛理作出思考、抉擇。後來，桂琛啟發他：「若論佛法，一切見成。」(《五燈會元》卷十《清涼文益禪師》) 法眼終於恍然大悟。所謂的「一切見成」(「見成」有現成的意義，不過「見成」更有感性直觀的意味)，乃是「那一片」石頭。那一片石頭，不須把它看作什麼，也不須把它不看作什麼，無論在心內在心外，它就是佛法。「一切見成」的觀點，就是一種把森羅萬象都視作純粹現象的看世界和看自己的方法。

值得注意的是，這種思維方法的培養成功，是與某種細小的機緣分不開的。如學僧聽簷頭滴水聲而頓然覺悟，如法眼對一片石頭的抉擇，他們都面對著一種特定的真實自然的情景。學僧聽歸省禪師講佛法時，下雨了，於是簷頭有水滴而下，歸省禪師及時把學僧的（聽覺）注意力，從自己的講佛法的聲音引向了水滴的聲音，在這樣一個奇特的情景之下，通過水滴聲而悟得的佛法變得極其生動、深刻，永遠難忘。法眼是被庭前的一片石頭難倒的，而「一切見成」的開悟，又是與石頭難題聯繫在一起的，因此，法眼的覺悟也是一個奇特情景。

「一切見成」或「即色是空」，是佛學空觀的原理，然而此普遍原理與特定學僧的覺悟之間的聯繫卻須借助於種種特定的機緣。溈山靈祐有一句名言：「從緣得入，永無退失」(《古尊宿語錄》卷二十五《筠州大愚（守）芝和尚語錄》)。這話什麼意思呢？它是說：如果覺悟是通過因緣（緣起）的門徑而獲得的，那麼這種覺悟就非常鞏固，永遠不會退失。

「緣」究竟是什麼？這是一個頗值得沉思的問題。如果「緣」(對象或塵、境）總是給人以煩惱和惑，僅是空的覺悟（心）的障礙，那麼是應否定的。但是，「緣」卻可以因觀者的特殊觀點而成為覺悟的觸媒，其前題即是「緣」須被視為純粹現象或超越之境。因此，「從緣悟入」之「緣」應該理解為直觀中剎那構成的現象，正因為它不可重複，所以它才「一切見成」，才「即色是空」。

法演和尚說：「山河大地是佛，草木叢林是佛。」(《古尊宿語錄》卷二十《舒州白雲山海會（法）演和尚初住四面山語錄》)，也是「一切見成」的意思。他認為禪者是「無為無事人，聲色如聾瞽」(同上)，這話並不是說真的對聲色全然聾全然盲，我們寧可用「視而不見」、「聽而不聞」這類意義來為之作解。前引黃庭堅對桂花香氣的嗅覺也是如此。「視而不見」，並非是不「視」，「聽而不聞」，並非是不「聽」，因此，只要把聲色（香）全然當作純粹現象來聽、來視、來聞，那麼就是「一切見成」。從這當下現成的「一切」悟入，就是最牢靠的覺悟。

禪宗中有泛神論的一系，這一派主張：「青青翠竹，盡是真如，郁郁黃花，無非般若。」(《祖堂集》卷三《慧忠國師》)。這一派的泛神論雖然被許多禪宗派別所否斥，但他們對自然（聲色）的看法卻是有著代表意義的。慧忠國師引《華嚴經》「佛身充滿於法界，普現一切群生前，隨緣赴感靡不同，而恒處此菩提座」，以證：翠竹既不出於法界，豈非法身乎！引《摩訶般若經》「色無邊，故般若無邊」[17]，以證：黃花既不越於色，豈非般若乎！他們的泛神論觀點構成對禪學理學派的反撥。

傳為牛頭法融所作的《絕觀論》上說：

17 《摩訶般若經》：「色無邊，故當知般若波蜜多亦無邊。」

問云：「何者是心？」答：「六根所覩，並悉是心。」問：「心若爲？」答：「心寂滅。」（延壽《宗鏡錄》卷九十七）

「六根所觀，並悉是心」，是什麼意思呢？那是說，萬法唯心，一切現象統一於佛心，一切感性都通向佛真如，通向涅槃之境。「虛空為道本」（牛頭法融語，延壽《宗鏡錄》卷七七引），心的本質是寂滅，因此重要的是把所有的色相都作寂滅觀。牛頭法融又說：「行住坐臥，觸目遇緣，總是佛之妙用。」（《祖堂集》卷三《牛頭和尚》）空的寂滅與色的生動是統一的，所謂「妙用」，即是體現出寂滅的生動。心寂滅而能以六根溝通感性，寂滅與生動融匯於純粹現象，是作為審美經驗的禪宗感性經驗的本質所在。

長蘆宗賾禪師就是如此看聲色的：

上堂：「樓外紫金山色秀，門前甘露水聲寒。古槐陰下清風裡，試爲諸人再指看。」拈拄杖曰：「還見麼？」擊香卓早：「還聞麼？」靠卻拄杖曰：「眼耳若通隨處足[18]，水聲山色自悠悠。（《五燈會元》卷十六《長蘆宗賾禪師》）

他以拄杖指，以拄杖擊，問「還見麼」、「還聞麼」，即是對眼耳兩根的拷問：見色聞聲是否已通透？自然本來「悠悠」，執著地觀，不是應取的姿態。

百丈懷海更有一句名言：

---

18 詩僧貫休詩云：「六窗清淨始通禪」（《酬王相公見贈》），「六窗」即是六根。眼耳鼻舌身意六根為感通外界的六個窗口，只有窗口清淨，才能到達禪的境界。

「一切色是佛色，一切聲是佛聲。」（《古尊宿語錄》卷二《百丈懷海大智禪師語錄之餘》）[19]

有學僧問他：當今和尚都說自已依佛教，學一經一論、一禪一律、一知一解，應當受檀越四事供養，是否消受得起？懷海回答道：「但約如今照用，一聲一色，一香一味，於一切有無諸法，一一境上，都無纖塵取染，亦不依住無取染，亦無不依住知解，這個人日食萬兩黃金，亦能消得。」（同上）一些和尚以為自已皈依佛教，就是學經論，習禪律，起知解，而懷海卻強調「都無纖塵取染」，不論有無，也不住於「無取染」和「不起知解」。他尤其關注感性的意義，「一聲一色，一香一味」，作為純粹感性之境，都是佛法。只要各種意念、一切見聞覺知、一切塵垢祛除得盡，「但是一塵一色總是一佛，但起一念總是一佛」。這樣，感性與佛法就統一了起來。他的弟子溈山靈祐對此亦有一個絕妙的解釋，他說：

夫道人之心，質直無僞，無背無面，無詐妄心。一切時中，視聽尋常，更無委曲，亦不閉眼塞耳，但情不附物即得。從上諸聖，只說濁邊過患，若無如許多惡覺情見想習之事，譬如秋水澄渟，清淨無為，澹泞無礙。喚他作道人，亦名無事人。（《五燈會元》卷九《溈山靈祐禪師》）

19此處的色和聲是指顏色和聲音，但理解上完全可以擴而大之指人的六根所對的一切現象，即色法。

靈祐的「視聽尋常」，為禪宗觀自然的一個重要條件，它對人的主觀方面提出要求，即做一個「情不附物」、「無如許多惡覺情見想習之事」的「無事人」，因此他看自然和世界，不起分別，不起情見，就能達到「秋水澄渟，清淨無為，澹泞無礙」的境界，這個境界儘管是一個「視聽尋常」的自然景致，然而因為看的人「情不附物」而「清淨無為，澹泞無礙」，它也就是一個純粹的直觀，即純粹現象。

中國古代藝術向來重視色和聲，如枚乘《七發》云：「練色娛目，流聲悅耳。」魏晉六朝美學最著名的現象之一是聲色大開[20]。詩人們「流連萬象之際，沉吟視聽之區」（劉勰《文心雕龍・物色》），「其為物也多姿，其為體也屢遷；其會意也尚巧，其遣言也貴妍。暨音聲之迭代，若五色之相宣」（陸機《文賦》）。古代文論家們所使用的「視聽」、「聲色」這類詞的組合，確乎宣告了美學上聲色大開的局面，標誌著人的感官和心靈對視聽現象的高度敏感，和人對自然的審美經驗極大地發達。在此過程中間，「物感」和「觸興」的審美經驗形成了。對照著儒家的將自然與德性作比德式的比附，聲色大開下的自然卻是被真正客觀或直觀地觀照著，例如，著名的「聲無哀樂論」就是把聲音（包括音樂）與哀樂（包括德性）區別開來了，聲音本質上成為「自然之和」。「自然之和」是一個哲學本體，聲音雖然是這個本體的現象，但它本身卻也是和諧的，因此，現象與本體是統一的，然而，嵇康認為在和諧之外還有不和諧的，換言之，自然現象和藝術現象並非總是和諧的。因此在嵇康，純粹現象的觀點還不可能產生。儘管如此，嵇康的「自然之

20沈德潛《說詩晬語》：「詩至於宋，性情漸隱，聲色大開，詩運轉關也。」請注意，此處「聲色大開」是與「性情漸隱」對舉而言的。

和」比之莊子的「天籟」，泛神論的成分已經極為淡薄了，因此，對「聲無哀樂論」不能不說是已經可以從現象學的角度去體味了。再如，此時人們對聲音和物色現象的審美感受也已經十分地細緻，「異音同至聽，殊響俱清越」(《夜宿石門詩》)、「空翠強難名」[21]，都是謝靈運獨造的寫景名句。

不過，純粹現象意義上的聲色，只有禪宗的觀色聽聲方法才可能達到，「一切色是佛色，一切聲是佛聲」，這種聲色才是真正的被視為純粹現象的自然。

那麼，魏晉開始的聲色大開，到底能走多遠呢？換言之，禪宗的空觀是否斷阻了聲色大開的歷史進程了呢？否。我以為，中國人的看自然，有比德的一路，方法上採用了類比法，如孔子的名言「智者樂水，仁者樂山」、「君子之德風，小人之德草」，如後來的將松竹梅尊為歲寒三友，等等。還有自然主義和現象空觀交融並漸次趨向後者的一路，泛神論的「天籟」，是「氣」的泛現象（氣化的自然主義）；只重和諧本體或尚拘於和諧不和諧之辯的「聲無哀樂」，以及獨化於玄冥之境的哲學，是「無」的準現象（分化的自然主義）；「一切色是佛色，一切聲是佛聲」，是「空」的純粹現象（空化的自然主義）。從「氣」到「無」到「空」，或許可以視為中國式現象學（儘管沒有形成那樣一種學術方法的體系）的看世界和看自己方法的歷史進程。

中國人觀自然的方式，一方面，愈來愈走向現象空觀，變得純粹，另一方面，自然主義方式愈來愈趨於虛化，兩者是逆向而動的。這是中國古人觀自然之感性經驗的一個重要特點。

21 下一節將論到。

三、從陶潛的「化」到王維的「空」

本節擬重點地對東晉陶淵明到唐王維的詩歌中所用「化」和「空」兩詞的自然觀背景作一研究和比較。並對漢以後唐以前古代詩歌中用「空」字情況作一概要的分析。

陶淵明，東晉人，他「質性自然」(《歸去來兮辭序》)，不喜作官，只是在家鄉種田、喝酒、寫詩，做過短暫的小官吏，因為並非名士，當時無甚影響。他與廬山慧遠和尚有交往，不免受到佛教思想的薰染，但細考其詩文，似仍以莊子和玄學的影響居多。

陶淵明的自然觀是與他的社會觀尤其是關於入仕做官的觀念相對立的，他的《歸園田居五首》之一極為典型地表達了他的這一立場：

> 少無適俗韻，性本愛丘山。誤落塵網中，一去三十年。羈鳥戀舊林，池魚思故淵，開荒南野際，守拙歸園田。方宅十餘畝，草屋八九間，榆柳蔭後簷，桃李羅堂前。曖曖遠人村，依依墟裡煙，狗吠深巷中，雞鳴桑樹顛。戶庭無塵雜，虛室有餘閑，久在樊籠裡，復得返自然。

這首詩裡，他把仕途視為「俗韻」、「塵網」和「樊籠」，貶斥之，這一關乎個體生存前景的仕途又是整個世俗社會的縮影，而「自然」是與世俗社會相對的另一個世界。陶詩中的「自然」並非單純的自然景象，而是一個「園田」，它們是「舊林」、「故淵」、「南野」、「方宅」、「草屋」、「遠人村」、「墟裡煙」等等。這是一個真實的小農社會，然而陶氏卻是把它當作自己的「烏托邦」了，其中的人際關係全然不同於世俗的等級社會：

> 人生無根蒂，飄如陌上塵。分散逐風轉，此已非常身。落地爲兄弟，何必骨肉親！得歡當作樂，鬥酒聚比鄰。盛年不重來，一日難再晨；及時當勉勵，歲月不待人。（《雜詩十二首》之一）

這首詩裡表達了這樣一個理想：「落地為兄弟，何必骨肉親」，它源於《論語・顏淵》「四海之內皆兄弟」的儒家民主思想。這是一種平等博愛精神，但是又不由它激起孔子孟子們積極進取的勇氣，而是將它安頓在漢代「古詩十九首」以來人生無常，得歡當作樂的思想背景之上，並演變而進入自己所營造的「桃花源」境界。所謂的「及時當勉勵，歲月不待人」，只能是他的理想社會的寫照。「桃花源」，那個地方有良田、美池、桑樹、竹林等人類生產、生活所必需的自然環境。道路縱橫交錯，雞犬之聲相聞。來來往往從事耕作的男男女女其妝束打扮看來並非當世之人，問之，才道是避秦時亂而來，從不知曉世上已經歷了漢、魏、晉諸代的更迭。那是一個「自然社會」，人們以農耕為生，沒有王權，無須納稅，小孩子唱著歌，老人們互相串門問候，其樂融融。那是一個平等社會，人們知足常樂，不爭不競，各得其所，稱為「素心人」。「桃花源」雖然是一個理想境界，卻在很大程度上是陶潛自身歸耕生活的寫照。因此「桃花源」就是「園田」，也就是他詩中所稱道的「自然」。置身在這個「自然」當中，他才可能實現自己的「烏托邦」小社會的理想，才獲得了自由。

「化」，陶氏詩歌中出現頻度極高的一個詞，共出現了十五次，如：

甚念傷吾生，正宜委運去。縱浪大化中，不喜亦不懼，應盡更須盡，無復獨多慮。（《神釋》）

流幻百年中，寒暑日相推。常恐大化（生命）盡，氣力不及衰。撥置且莫念，一觴聊可揮。（《還舊居》）

萬化相尋繹，人生豈不勞！從古皆有沒，念之中心焦。何以稱我情，濁酒且自陶。千載非所知，聊以永今朝。（《己酉歲九月九日》）

他還說：

天地長不沒，山川無改時。草木得常理，霜露榮悴之。謂人最靈智，獨復不如茲！（《形贈影》）

在陶淵明看來，宇宙、自然是永恒的存在（「長不沒」），而其中的一切卻在不斷地隨時間而變化，因而有春夏秋冬四季的循環往復，有生老病死的生命周期。可見，「化」大體就是指的莊子和玄學的自然，並突出其永恒變化的性質。陶氏尤其對生命的新生和遷逝獨特地敏感，他在農田中勞作，「晨興理荒穢，帶月荷鋤歸」（《歸園田居五首》之三），關注著自然正在不斷地「化」。於是他有「仲春遘時雨，始雷發東隅。眾蟄各潛駭，草木縱橫舒」（《擬古九首》之三），「平疇交遠風，良苗亦懷新」（《癸卯歲始春懷古田舍二首》之二)，「微雨從東來，好風與之俱」(《讀山海經十三首》之一）等寫景的詩句來表達自己對自然新變的歡欣。與此同時，他更感受到個體生命也正在不停地隨「化」而逝去。「一生復能幾，倏如流電驚」(《飲酒二十首》第三)，「氣變悟時易，不眠知夕永。……日月擲人去，有志不獲騁」(《雜詩十二首》之二)，「日月不肯遲，四時相催迫。寒風拂枯條，落葉掩長陌。弱質與運頹，玄鬢早已白」(《雜詩十二首》之七)，這種對無情之「化」的敏感和痛苦已經到了觸目驚心的地步。他的對生命行將逝去的痛苦往往要超過他對新生命的歡欣，這是很值得注意的。

另外，他似乎也受了佛教空觀的某些影響，如「人生似幻化，終當歸空無」(《歸園田居五首》之五)，分別加在傳統用語「化」和「無」之前的「幻」和「空」都是佛教的詞語。般若學六家七宗之第五宗即為幻化宗，吉藏《中論疏》中說：「壹法師云：『世諦之法皆如幻化。是故經云：從本以來，未始有也。』」可見陶詩中之「幻化」就是般若學的觀念。不過，那只是陶淵明在傳統的人生無常觀念之外從佛教所獲取的一個新的佐證而已，並不表明他已經轉而接受了佛教空觀。同是出現「幻」和「化」，《還舊居》中是這樣寫的：「流幻百年中，寒暑日相推。常恐大化盡，氣力不及衰。撥置且莫念，一觴聊可揮。」典型的縱浪大化，及時行樂的思想。

值得注意的是，早於陶潛的一些僧詩中也經常提到「化」。如康僧淵《代答張君祖詩》云：「真樸運既判，萬象森已形。精靈感冥會，變化靡不經。波浪生死徒，彌綸始無名。……逍遙眾妙津，棲凝於玄冥。大慈順變通，化育曷常停。……」(《廣弘明集》卷三十）前一「變化」指自然的變化，後二句中「大慈」指佛，意謂佛能因順變化，權宜變通的實施教化。

同樣有意思的是廬山諸沙彌所作的《觀化決疑詩》：

> 謀始創大業，問道叩玄篇。妙唱發幽蒙，觀化悟自然。觀化化已及，尋化無間然。生皆由化化，化化更相纏。宛轉隨化流，漂浪入化淵。五道化爲海，孰爲知化仙。萬化同歸盡，離化化乃玄。悲哉化中客，焉識化表年。（《古詩紀》卷四十七）

觀化，是中國的傳統，觀化就對自然有了領悟。這裡重要的最後六句。五道生死輪迴即是苦海，誰是深諳化之究竟的仙人呢？所有的化（萬化）都歸於消亡，離開輪迴之化來觀化之輪迴，才知道化的終結是玄空。嗚呼！身處化中之客，哪裡識得化的究竟呢？

上面兩個例子，非常典型地表現了佛教徒試圖將中國原有的「化」概念轉換而為佛教所用的努力。可以說，從「化」到「空」，是一個歷史的轉換。

王維所受禪宗影響，我將從分析他詩歌中所用「空」字入手來加以瞭解，在此以前，先來大略地看一下漢以後唐以前詩歌中用「空」字的情況。

東漢秦嘉《贈婦詩三首》之一：「遣車迎子還，空往復空返。省書情悽愴，臨食不能飯。獨坐空房中，誰與相勸勉。」

《古八變歌》：「枯桑鳴中林，絡緯響空階。」

著名的「古詩十九首」只有一個「空」字，《青青河畔草》中「倡家女」的自述：「蕩子行不歸，空床難獨守。」

魏曹丕《燕歌行》：「賤妾煢煢守空房，憂來思君不敢忘。」

曹植《雜詩》：「空室自生風，百鳥翔南征。」

晉左思《詠史八首》之四：「寥寥空宇中，所講在玄虛。」之八：「落落窮巷士，抱影守空廬。」

以上數個「空」字，有三種涵義，其一，虛，如「空房」；其二，徒然，如「空往復空返」；其三，廣大，如「寥寥空宇中」。三者意義都相當實，不僅與佛教因緣寂滅的思想了無關涉，即使是與東漢以後人生無常的流行思想也是沒有聯繫。

佛教與玄學的融合，在詩歌方面是通過玄言詩進行的，其方式是在玄言詩中糅入佛理。這種情況表現在詩歌中，於是出現了玄言和佛語，如「玄」、「冥」、「虛」、「理」、「空」、「幻」、「自然」、「真」、「幽」等等。

支道林《四月八日贊佛詩》有「慧澤融無外，空同忘化情」，「慧」即般若智慧，「化」仍指自然造化，「情」即有情，指人。詩句意謂佛的智慧普照宇宙，世人同歸於空而物我（化情）兩忘。他還有「曾筌攀六淨，空同浪七住」，「六淨」指六根清淨，「七住」指七常住果：菩提、涅槃、真如、佛性、菴摩羅識、空如來藏、大圓鏡智。顯然，「空同」一詞體現了般若空觀的思想。《詠懷詩五首》之二有「廓矣千載事，消液歸空無」，「空無」一詞是玄佛雙涵

22 鳩氏此詩將在本書第五章詳論。

的。支氏是即色宗的代表，倡「即色自然空」(《善思菩薩贊》)，他並不丟棄老莊的自然以解空，是值得注意的。

鳩摩羅什《十喻詩》云：「十喻以喻空，空必待此喻。」(《藝文類聚》卷七十六)[22]

略早於陶潛的慧遠作《五言奉和王臨賀喬之》，有：「眾阜平寥廓，一岫獨淩空。……事屬天人界，常聞清吹空。」兩個「空」字都是指天空，後一「空」可能另有所指。有意思的是，他講「玄谷」而不講「空谷」，如《五言奉和劉隱士遺民》有「冥冥玄谷裡，響集自可聞」(慧遠詩均據《廬山紀略》)。無獨有偶，較早的康僧淵也不講「空谷」而講「丹谷」(見他的《又答張君祖詩》)。這裡「玄」「冥」「丹」諸詞都有從玄轉到佛的意味。

《陶淵明集》收詩一百二十二首，其中出現「空」字十五次，大約每八首有一個，大多涵義比較偏於實。如《九日閒居》：「如何蓬廬士，空視時運傾。」《癸卯歲十二月中作與從弟敬遠》：「蕭索空宇中，了無一可悅。」比較特殊的是前面已經提到的《歸田園居五首》之五：「人生似幻化，終當歸空無。」[23]

「空無」與「幻化」配成對，是將道家思想與佛教思想糅合在一起了。這樣，「空」字就有了空幻的意思。從支道林、鳩摩羅什和慧遠的詩歌中「空」字兼涵玄佛的用法來看，陶淵明正是處在從玄到佛的歷史大轉換之中。

謝靈運詩中的空字例舉如下：

23《飲酒二十首》之八：「吾生夢幻間，何事紲塵羈。」把人生比為做夢，是莊子夢蝶的傳統。聯繫《歸園田居五首》之五「人生似幻化，終當歸空無」之語，當可設想此詩有偏於空幻的傾向，也許是受到了佛教空觀的影響。佛教十喻中有夢喻。

徇祿及窮海，臥痾對空林。（《登池上樓》）

虛館絕諍訟，空庭來鳥雀。（《齋中讀書》）

空翠難強名，漁釣易爲曲。（《過白岸亭詩》）

三江事多往，九派理空存。（《入彭蠡湖口》）

羽人絕彷彿，丹丘徒空筌。（《入華子岡是麻源第三谷》）

雲日相輝映，空水共澄鮮。（《登江中孤嶼》）

敬擬靈鷲山，尚想祇洹軌。絕溜飛庭前，高林映窗裡。禪室棲空觀，講宇析妙理。（《石壁立招提精舍》）

務協華京想，詎存空遺谷期。（《酬從弟惠連》之四）

謝靈運的詩中，「空」字明顯地加多了。其涵義大體如下：1.「空觀」，指大乘佛教的般若空觀，其意義最虛。同於支道林的用法。2.「空庭」「空存」「空筌」意義比較實，與前舉空字的三種用法無甚不同。3.「空水」，此空指天空。4.「空林」「空翠」意義就轉虛。翠為青綠色，「空翠」是難以言語形容的，或可意會，因此謝氏只得「難名」而「強」名之。左思《蜀都賦》有「郁紛緼以翠微」，《文選》注曰：「翠微，山氣之經縹也。」形容山氣青翠氤氳，隨風浮動，謝氏《佛影銘》云「借空傳翠」，正是這個意思；成語「青翠欲滴」，欲滴則有透明感，大概空翠也可以理解為綠得近乎透明；另外，翠為青綠色的玉，也叫翡翠，以全碧綠而透明者為佳。把三者綜合起來，翠與青綠色、浮動的山氣和通透的碧玉有關，古人正是把天空叫碧空。如果真是這樣，那麼就正如謝靈運所說的「空翠強難名」了。

這裡，要單獨講一講空林。樹林從視覺上看中間是空的，林中可能橫著一條小徑，也可能根本沒有路穿越其間。不過，或許用「空林」一詞是因為，即便有路卻也人跡少至，飛禽走獸亦遠離了，使人體會到：人禽只是樹林的過客，樹林本來是「空」的。如果不是實體空間上的空虛，那麼只能理解為是人把林看「空」了。[24]

如「高林映窗裡」，窗為禪室之窗，透過此窗望見高高的樹林，樹林也就成為禪的觀想物了。謝氏《過瞿溪山飯僧》「清霄颺浮煙，空林響法鼓」，「空林」中回盪著法鼓聲，兩者間的聯繫也是循了同樣的思路。空觀與「空林」顯然是有內在關聯的。

佛祖釋迦牟尼就是在菩提樹下開悟成道。永嘉玄覺的《永嘉證道歌》有云：

> 旃檀林，無雜樹，郁密深沉師子住。境靜林間獨自遊，走獸飛禽皆遠去。師子兒，眾隨後，三歲便能大哮吼。

百丈懷海也道「林樹莊嚴空無諸染」(《古尊宿語錄》卷二《百丈懷海大智禪師語錄之餘》)，靜寂的樹林原來是覺悟者的領地。阿蘭若，梵語aranya，是樹林、森林的意思，因為那裡荒無人煙，是空寂之地，僧人們喜歡到林中去修行[25]。

24王維《送李太守赴上洛》有「行客響空林」，楊素《山齋獨坐贈薛內史二首》之一有「鳥散空林寂」。

25「叢林」在佛教指寺廟。《大智度論》卷二云：「僧伽，秦言眾，多比丘一處和合，是名僧伽；譬如大樹叢聚，是名為林。」可見樹林與寺廟即和尚的修行之所緊密相關。

因此阿蘭若又指修行的地方，在此修行，稱為阿蘭若行，在此修行的人，稱為阿蘭若迦。我們完全可以猜測，謝靈運的「空林」當與阿蘭若有關。「空林響法鼓」，正是修行之地；「臥痾對空林」是在「徇祿及窮海」的幾近流放的人生困境之後，他還說「持操豈獨古，無悶徵在今」，擺出避世的姿態。

唐代詩僧貫休《酬韋相公見寄》有「詩寄空林問訊多」[26]，此「空林」即是指自己所居之禪寺及周遭山林環境。作為自然環境的「空林」「空山」根本不同於作為人的居所和用具的「空館」「空庭」「空床」，它具有更為深長的佛教意蘊。與直接把瞿溪山擬想為靈鷲山相比，「空林響法鼓」卻是通過感性的形象（空的樹林）悄無聲息地渲染滲透大乘空觀寂滅的思想，似乎更為成功。因此，我們可以把「空林」、「空山」和月、雲等與禪寺、禪行、禪悟相關的自然景物稱為「禪觀自然」，圍繞著這類自然之物的詩性關注將會尤其發展。[27]

26貫休與韋莊交往唱酬頗多。此時韋莊已經做了前蜀王建的宰相，寄詩向貫休問訊，此詩乃貫休酬答詩。

27禪宗言覺悟常注重「時節因緣」，即要求「從緣悟入」。《五燈會元》卷十七《建隆昭慶禪師》所記是如下一段：

揚州建隆院昭慶禪師，上堂：「始見新歲倏忽，早是二月初一。天氣和融，擬舉個時節因緣與諸人商量，卻被帝釋梵王在門外柳眼中努出頭來，先說偈言：「裊裊飏輕絮，且逐風來去，相次走綿毬，休言道我絮。」當時撞著阿修羅，把住云：「任你絮，忽逢西風吹渭水，落葉滿長安一句作麼生道？於是帝釋縮頭入柳眼中。」良久曰：「參。」

這一則公案極富詩意，頗有些寓言的意味。倡四大皆空的禪宗，儘管可以將芭蕉畫在雪地裏，說「晝入祇陀之苑，皓月當天；夜登靈鷲之山，太陽溢目。烏鴉似雪，孤雁成群。鐵狗吠而淩霄，泥牛鬥而入海」（《五燈會元》卷十四《芙蓉道楷禪師》），卻並不妨礙它講究什麼「時節因緣」，其用意即是要求在不斷變化的、有規律而偶然的自然現象上取得悟解的機緣（機緣一詞是時機因緣的縮略語）。而此公案，又將禪偈與詩互相印證，可以說是把中國人的美學傳統與佛教融會在一起了。

謝朓《觀朝雨》：「空濛如薄霧，散漫似輕埃。」

寶月《行路難》：「空城客子心腸斷，幽閨思婦氣欲絕。」蕭統《昭明太子集・講解將畢賦三十韻》：「意樹登空花，心蓮吐輕馥。」此「空花」為虛幻的花，《圓覺經》：「譬彼病目，見空中華及第二月。」

何遜《贈諸舊遊》：「望鄉空引領，極目淚沾衣。」《臨行與故遊夜別》：「夜雨滴空階，曉燈暗離室。」何氏詩用空字，以前一例為主，大體為徒然意。何氏對自然的視聽觀察已經極為細緻，後一例夜雨滴落空階的聽覺描述即是。但無從判斷是否與空觀有聯繫。

江總《南還尋草市宅》：「花落空難遍，鶯啼靜易喧。」詩句描寫詩人尋訪舊宅所見，花朵紛紛落地，但難以蓋滿庭院整個空間，鶯的啼鳴聲因為周遭靜謐而顯得喧鬧。空與靜對舉而出，是詩人關注的中心，因此空的意義就不單單是指空間了，它似乎還有般若空觀的人文意義。

祖珽《挽歌》：「榮華與歌笑，萬里盡成空。」這明顯是一個依空觀看破紅塵的例子。

薛道衡《昔昔鹽》：「暗牖懸蛛網，空梁落燕泥。」上句有出典，源於《詩經・東山》「伊威在室，蠨蛸在戶」，而下句則為薛道衡獨創。「空」與「暗」對舉，和「空」與「靜」對舉一般。此「空」字表面看涵義似頗實，而其實甚虛。

王維，盛唐詩人，他為禪宗創始人慧能寫過碑銘，為寫《楞伽師資記》以維護北宗正統地位的淨覺和尚以及其他禪師寫過碑銘，他和許多與他同時的禪師有過來往，如著名的馬祖道一等。他為自己取字摩詰，而摩詰正是《維摩詰經》

中的主人公。王維在自己的詩中，多次提到「安禪」，確實，讀王維的許多詩，感覺他就像一位主定喜靜的北宗禪師，長於以空的直觀來感受這個世界。「五蘊本空，六塵非有」(《六祖能禪師碑銘》)，「眼界今無染，心空安可迷」(《青龍寺曇壁上人兄院集》)，他的詩中多用「空」字。我粗略統計了一下，《王右丞集》收古近體詩四百四十一首，共出現「空」字八十四次，平均每五首有一個，這個頻率是相當的高了。

請讀他著名的《山居秋暝》：

> 空山新雨後，天氣晚來秋。明月松間照，清泉石上流。竹喧歸浣女，蓮動下漁舟。隨意春芳歇，王孫自可留。

這首詩描述秋天詩人山居的見聞，是以聲色對舉和交替的方式進行的。看中間兩聯，明月照在松林，山中極為靜謐，但見清清泉水在石頭上流過，這句似乎是寫色，其實暗含了聲，一個「流」字，發出了聲響，給整句詩灌注了生氣。下一句與上句相反，似乎是為了與「流」字相呼應，先出來一個「喧」字，竹林在鬧，浣紗女歸來了，水面上綠的蓮葉粉紅的蓮花浮動起來，漁舟也返回了，此一「動」字寫色，其實也暗含了聲，但因「喧」字在先，詩人有意將漁舟劃過水面的聲音弱化以強化蓮動的視象。四句詩，首尾重於寫形色，中間偏於寫動靜，聲色相得益彰，節奏感極強。由

王維詩中極喜寫「空山」，除了《山居秋暝》的「空山新雨後，天氣晚來秋」，還有：

空山不見人，但聞人語響。返景入深林，復照青苔上。（《鹿柴》）

人閑桂花落，夜靜春山空。月出驚山鳥，時鳴春澗中。（《鳥鳴澗》）

如果把此「空山」理解為《詩經・小雅・白駒》「皎皎白駒，在彼空谷」的大谷，或是深谷，其意義都變得十分的實，也十分的明確。而王維的「空山」卻顯得多義，有大、深、靜、幽、淨、虛諸義。顯然，此「空」字與般若空觀有著密切的聯繫。我們細細地品味他的這幾首詩，都與人有關。《山居秋暝》中有生動活潑的浣女和漁舟。《鹿柴》說「空山不見人，但聞人語響」，以人語反襯山之空靜。《鳥鳴澗》則以人之閑、夜之靜來托出山之空。可以肯定地說，山之所以空，正是因為它閑和靜。因此，山之空是人對它靜觀的結果，而不止是視覺上的大或深。[28]

王維詩中寫「空」的還有許多，如「空林」、「空翠」：

清川興悠悠，空林對偃蹇。青苔石上淨，細草松下軟。（《戲贈張五弟諲三首》）

28《詩經・小雅・白駒》：「皎皎白駒，在彼空谷。」空谷與空山相比，要好理解得多，空谷指山谷的凹形，猶言大谷，引申而為深谷，而空山則並非指山的形狀或不僅指山的形狀。梁武帝《淨業賦》：「若空谷之應聲，似遊形之有影。」將空與遊對舉，已經有新的意味了。前引謝靈運「務協華京想，詎存空谷期」，即是將空谷作為避世逍遙之所。可見此時的空谷也並非單純指山的形狀。以後王維對著空林講幽谷，也是這個意思。皎然《秋晚宿破山寺》有「秋風落葉滿空山，古寺殘燈石壁間。昔日經行人去盡，寒雲夜夜自飛還。」《新秋送盧判官》有「由來空山客，不怨離弦聲」，《與武原從送盧士舉》有「落日獨歸客，空山匹馬嘶」，可見，空山、空谷與人（客）相關，為禪觀自然。

鵲巢結空林，雉雊響幽谷。（《晦日遊大理韋卿城南別業四首》之四 ）

荊溪白石出，天寒紅葉稀。山路元無雨，空翠濕人衣。（《山中》）

前面分析謝靈運詩時已經講到「空林」為禪觀自然，與王維同時略早的孟浩然有一首《題義公禪房》：

義公習禪寂，結宇依空林。户外一峰秀，階前眾壑深。夕陽連雨足，空翠落庭陰。看取蓮花淨，方知不染心。

這首禪詩中「空林」與「空翠」都出現了。「結宇依空林」一句似乎受到謝靈運「空林響法鼓」的影響，「空林」之空當為空寂無疑。王維《過感化寺曇興上人山院》：

暮持筇竹杖，相待虎溪頭。催客聞山響，歸房逐水流。野花叢發好，谷鳥一聲幽。夜坐空林寂，松風直似秋。

《與蘇盧二員外期遊方丈寺而蘇不至因有是作》：

共仰頭陀行，能忘世諦情。迴看雙鳳闕，相去一牛鳴。法向空林說，心隨寶地平。……[29]

29又，王維《過乘如禪師蕭居士嵩邱蘭若》有「行踏空林落葉聲，進水定侵香案濕」。

顯然，詩風相近的孟浩然和王維的這三首描寫禪寺的詩，更坐實了「空林」與禪觀的聯繫。

那麼，「空翠」到底是什麼呢？謝靈運說「空翠強難名」，我們剛才已經作了一些猜測。讀孟浩然的「夕陽連雨足，空翠落庭陰」，知當時正是雨後初晴，陽光下，風將一些雨絲吹送過來經過樹林而落到庭院。皎然《集湯評事衡湖上望微雨》有「蒼涼遠景中，雨色緣山有」，微雨中的雨色是青山給它渲染上的，即空翠。孟浩然的《夏日南亭懷辛大》有「荷風送香氣，竹露滴清響」，「空翠落庭陰」其實與「竹露滴清響」句意正相仿佛，表現出幽獨之趣。王昌齡《青龍山曇壁上人兄院集》：「本來清淨所，竹樹引幽陰。簷外含山翠，人間出世心。」把青翠的山看作清淨之所，其意義與孟詩《題義公禪房》的「空翠」相同。

「空」的審美經驗在王維手中迅速佔領更多的地盤，空林、空山、空翠……還可以有許多的空。如：

雀噪荒村，雞鳴空館。（《酬諸公見過》）

荒城自蕭索，萬里山河空。（《奉寄韋太守陟》）

蕭條人吏疏，鳥雀下空庭。（《贈房盧氏琯》）

空虛花聚散，煩惱樹稀稠。（《與胡居士皆病寄此詩兼示學人二首》之二）

秋天萬里淨，日暮澄江空。（《送綦毋校書棄官還江東》）

30常建《題破山寺後禪院》：「山光悅鳥性，潭影空人心。」此空為蕩滌義，意謂潭中影是虛幻的，它可以喚醒人心，必須將一切看空。此一「空」字的涵義和用法非常值得重視。前所舉之「空」字都是放在某一自然物之前或之後，對之進行形

鐃吹發西江，秋空多清響。（《送宇文太守赴宣城》）

薄暮空潭曲，安禪制毒龍。（《過香積寺》）

空居法雲外，觀世得無生。（《登辨覺寺》）

眼空今無染，心空安可迷。（《青龍寺曇壁上人兄院集》）[30]

詩歌中聲色對舉的寫景手法，如前所引，在南北朝已經出現，謝靈運也用得較多，如：「崖傾光難留，林深響易奔」（《石門新營所住四面高山迴溪石瀨茂竹修林》），「鳥鳴識夜棲，木落知風發」（《夜宿石門詩》）。

到了唐代聲色對舉的寫法已然成熟，而王維詩中聲色對舉者所在極多：

聲喧亂石中，色靜深松裡。（《青溪》）

樹色分揚子，潮聲滿富春。（《送李判官赴江東》）

林下水聲喧語笑，岩間樹色隱房櫳。（《敕借岐王九成宮避暑應教》）

谷靜泉逾響，山深日易斜。（《奉和聖制幸玉

容。如空林、空山、澄江空，描述對象實際的空間之空，並漸漸有般若空觀潛移默化地滲透進去，喻示人對自然的看空，而常建詩中之「空」很特殊，它反過來，以自然的意象——潭影之虛幻，來曉喻人心須看空自然的佛理。空字作為動詞而不是形容詞。

還有，晚唐五代詩僧齊己《題東林白蓮》有「大士生兜率，空池滿白蓮」。「大士」指蓮花，兜率指兜率天，為欲界六天中的第四天。這個天的內院，為將來成佛的菩薩的住處，現在則有彌勒菩薩在其中說法。我們要注意的是後一句「空池滿白蓮」，池中既滿是白蓮，就談不上空，於是這個空只能理解為是人把池看空了。

眞公主山莊因題石壁十韻之作應制》）

聲連鳷鵲觀，色暗鳳凰原。（《和陳監四郎秋雨中思從弟據》）

細枝風響亂，疏影月光寒。（《沈十四拾遺新竹生讀經處同諸公之作》）

以上對句都是很好的詩句，它們的出現當與禪宗對聲色現象的重視有關。王維《大唐大安國寺故大德淨覺禪師碑銘序》云：「大塊群籟，無弦出法化之聲；恒沙眾形，□□（缺二字）為寶嚴之色。」這話其實與「一切色是佛色，一切聲是佛聲」說的是同一個意思。

王維詩中多有「閑」字，如：

北窗桃李下，閑坐但焚香。（《春日上方即事》）

已悟寂爲樂，此生閑有餘。思歸何必深，身世猶空虛。（《飯覆釜山僧》）

陶淵明詩中也多「閑」字，如

形跡憑化往，靈府常獨閑。……鼓腹無所思，朝起暮歸眠。（《戊申歲六月中遇火》）

農務各自歸，閒暇輒相思。相思則披衣，言笑無厭時。（《移居二首》其二）

息交遊閑業，臥起弄琴書。園蔬有餘滋，舊谷猶儲今。營己良有極，過足非所欽。（《和郭主簿二首》之一）

陶的「閑」是「閒暇」，與自己的農田勞作相聯繫著，耕種園田只是為了滿足自己有限的需求，一旦達到要求，則可以以「遊」的態度享受閒暇生活的樂趣。他的「獨閑」是「閒居離世紛」(《述酒》)、「鼓腹無所思」和「濁酒且自陶」(《己酉歲九月九日》)。而王維的「閑」雖然也有同於陶淵明，如《渭川田家》：

斜光照墟落，窮巷牛羊歸。野老念牧童，倚杖候荊扉。雉雊麥苗秀，蠶眠桑葉稀。田夫荷鋤立，相見語依依。即此羨閑逸，悵然歌式微。

此詩的意味與陶淵明詩極其相似，其中的「閑」是「閑逸」，也即陶的「閒暇」。

然而，王維詩中的「閑」更多地與寂靜、空定同義，「閑」是焚香、禪誦、入定和悟空的意思，除了前引詩，還可以舉出一些，如「終南有茅屋，前對終南山。終年無客長閉關，終日無心長自閑」(《答張五弟》)，「閑」就是對著終南山，無客關門，專心坐禪而至於「無心」，它表現為這樣一個空觀深入的過程：「愛染日已薄，禪寂日已固」(《偶然作六首》之三)。他的《苦熱》也很有意思：

赤日滿天地，火雲成山嶽。草木盡焦卷，川澤皆竭涸。輕紈覺衣重，密樹苦陰薄。莞簟不可近，絺綌再三濯。思出宇宙外，曠然在寥廓。長風萬里來，江海蕩煩濁。卻顧身爲患，始知心未覺。忽入甘露門，宛然清涼樂。

可見，熱與涼的轉換在於心，在於人能否達到禪定的境界。31

從對自然的審美經驗上看，「閑」的意義是把自然看空：

灑空深巷靜，積素廣庭閑。（《冬晚對雪憶胡居士家》）

寂寥天地暮，心與廣川閑。（《登河北城樓作》）

前一句描寫冬雪之夜，飛雪從天空（「空」）灑落，深巷一片寂靜，雪花堆積於寬廣的庭院，使人感受到「閑」。「閑」與「空」「靜」是相通的。後一句描寫登城樓遠望所見，天地間暮色寂寥，而詩人的心即與一望無際的平原化為一體，其感受也是「閑」。就是到達官貴人府上飲酒唱酬，也是帶著靜觀的態度，如：「楊子談經所，淮王載酒過。興闌啼鳥換，坐久落花多。」（《從岐王過楊氏別業應教》）「興闌」兩句是觀察和描寫落花的名句，讀來總是透出「閑」的消息。他的《青龍寺曇壁上人兄院集序》云：「以定力勝敵，以慧

31王維《夏日過青龍寺謁操禪師》也與《偶然作六首》之二同義。「龍鍾一老翁，徐步謁禪宮。欲問義心義，遙知空病空。山河天眼裏，世界法身中。莫怪銷炎熱，能生大地風。」裴迪《同詠》：「安禪一室內，左右竹亭幽。有法知不染，無言誰敢酬。鳥飛爭向夕，蟬噪已先秋。煩暑自茲退，清淨何所求。」

用解嚴。……不起而遊覽，不風而清涼。」坐禪入定了，就自然無染而「閑」，它是「遊覽」，是「清涼」，可以化解人生的煩惱和自然界的炎熱。總之，空觀下的自然所給予人的就是「閑」的感性心理經驗，它使詩人對自然界的靜謐（寂滅）具有極度的敏感，所創作的詩歌往往可以達到非常高的審美境界：

> 獨坐幽篁裡，彈琴復長嘯。深林人不知，明月來相照。（《竹裡館》）
>
> 木末芙蓉花，山中發紅萼。澗户寂無人，紛紛開且落。（《辛夷塢》）
>
> 不知香積寺，數里入雲峰。古木無人徑，深山何處鐘。泉聲咽危石，日色冷青松。薄暮空潭曲，安禪制毒龍。（《過香積寺》）

我們在本書引論中曾對王維《袁安臥雪圖》將芭蕉畫在雪中，使時序顛倒的畫法作過積極的評價，認為它體現了佛教的美學趣味。其實，王維的這一畫法是有其佛學出典的。《王右丞集》卷二十四《大唐大安國寺故大德淨覺禪師碑銘序》：「雪山童子，不顧芭蕉之身。雲地比丘，欲成甘蔗之種。」這裡前一句中包含了兩個佛教典故，其一，雪山童子，佛入雪山修行，故稱佛為雪山童子。其二，芭蕉之身，《涅槃經》云：「是身不堅，猶如蘆葦。伊蘭水沫，芭蕉之樹。」又云：「譬如芭蕉，生實則枯，一切眾生，身一如是。」王維將兩個典故合而為一，以雪中芭蕉的形象與臥雪之人形成某種內在的聯繫。據《宣和畫譜》，當時禦府藏王維畫作一百二十六幅，其中以雪為名的有二十幅之多，如雪江詩意圖、雪川羈旅圖和雪景山居圖，等等。可見王維對雪景及處於雪中之人有其偏愛，不為無因。以後中國詩歌中大量出現雪的意象，與佛入雪山修行典故有著因緣關係，換言之，隱於詩歌意象的雪之後的是佛教的背景。王維將佛教典故溶入所創造的藝術形象，幾臻天衣無縫的境界。如他的詩《華子岡》[32]：

> 飛鳥去不窮，連山復秋色。上下華子岡，惆悵情何極。

---

32 參看《文學遺產》1989年第2期陳允吉《王維輞川〈華子岡〉詩與佛家「飛鳥喻」》一文。陳文成功地揭示了王維《華子崗》詩與佛教飛鳥之喻的關係，並羅列不少旁證，洵為創見。陳文指出：「『飛鳥去不窮，連山復秋色』兩句，俱不應被誤解為泛泛的述景辭語，而有深邃的佛理含藏在其感性形象裏面。詩人於茲所展示的高度結撰技巧，最突出的一點是，他極善抓住對自然現象的剎那感受妙思精撰，令難以形求之佛學義理從中得到象徵性的顯現。」這裏存在的問題是，佛理不是藏在感性形象裏面，詩中所描寫的自然現象也並非佛學義理的象徵。就王維的覺悟水平而論，他已經達到超越色空的境界，證據可見於他的《薦福寺光師房花藥詩序》：「心舍於有無，眼界於色空，皆幻也。離亦幻也。至人者，不舍幻而過於色空有無之際。」在王維色與空並非兩個東西，飛鳥（色）即是空，空即是飛鳥。因此，飛鳥（色）對空沒有象徵的關係。

張伯偉也有相似的見解，他說：「佛教本來強調的是在幽靜的自然環境中瞑想，是為了有助於攝心守念，而傳入中國以後，由於玄學思想的影響，他們吸收了道家的觀念，將山水自然視作『法身』的象徵，這在自然觀上無疑是起了重大的變化。這種自然觀，影響了謝靈運，當然也影響了山水詩。」（張伯偉《禪與詩學》，浙江人民出版社1992年9月版第174頁）

把自然山水視為佛理的象徵，不會沒有，但是這種觀點對禪宗自然觀絕對是誤解。就是支道林的即色是空，也就不能把色理解為空的象徵。因為雖然色不自色，但是也並非色外另有空，而是色即是空。再說，道家和玄學是否以為自然山水是他們的觀念如玄理的象徵呢？當然不是。因為在他們，自然主要是親和的對象。親和不是象徵，托物言志或托興也不是象徵。中國的美學，有時很難以西方的哲學、美學或修辭學的觀念來描述。這是研究國學的難度所在。

「飛鳥」二字又見王維《六祖能禪師碑銘序》：「猶懷渴鹿之想，尚求飛鳥之跡。」飛鳥是許多佛經中均可見的一個譬喻，有其出典。僧祐《出三藏記集》卷四著錄有《飛鳥喻經》一卷。《增一阿含經》卷十五《高幢品》：「或結跏趺坐，滿虛空中，如鳥飛空，無有掛礙。」《涅槃經》：「如鳥飛空，跡不可尋。」《華嚴經》：「了知諸法性寂滅，如鳥飛空無有跡。」神會評此喻說：「譬如鳥飛於空，若住空必有墮落之患。」(《神會和尚禪話錄》《南陽和上頓教解脫禪門直了性壇語》)《華子岡》是一首藝術水平極高的小詩，讀者如果對諸佛經有所瞭解，則當可以將「飛鳥無跡」與空觀發生聯想，而若缺乏佛教修養，那他自然把飛鳥句讀作一個直觀意象，不會妨礙他欣賞詩的美感。孟浩然的《秋登萬山寄張五》有「北山白雲裡，隱者自怡悅。相望始登高，心隨雁飛滅」。同樣，「自幼好佛」而被韓愈指摘「嗜浮圖言」，「與浮圖遊」的柳宗元的那首絕妙小詩《江雪》[33]：

---

33 請比較W.顧彬的《中國文人的自然觀》(上海人民出版社1990年1月第1版第215—223頁)對柳詩和下引李詩的評論，顧氏認為《江雪》嚴格區分了自然和人這兩個領域，此詩的深意在：人是萬物之主，不像鳥那樣屈服於大自然。李白詩也指示了：人不只與客觀存在和平共處，人還是存在的主人。又云：山有堅實的根基，而鳥和雲卻無根可言。聯繫上文，我們明顯可以看出，李白《獨坐敬亭山》詩所受影響是來自禪宗。而顧氏的觀點其實偏於道家和儒家，全然脫離了唐代的佛教文化背景，因而導致如此荒謬的結論。

柳氏《禪堂》又云「心境本同如，鳥飛無遺跡」，與「千山鳥飛絕」同意。

請比較陶淵明《飲酒五首》其五：「山氣山夕佳，飛鳥相與還。」《歸去來兮辭》：「雲無心以出岫，鳥倦飛而知還。」陶詩中的飛鳥是結伴飛回窩，而王維的《華子岡》和柳宗元的《江雪》中的「飛鳥」都是飛去無蹤跡，剎那剎那變遷，飛去不飛回的。陶詩中的歸鳥意象襯托了陶氏悠然脫俗的懷抱(「心遠地自偏」)，但鳥結伴成群而歸，顯然仍是人間的，與自然是為一的、親和的，王贊《雜詩》「人情懷舊鄉，客鳥思故林」，鮑照《口落望江贈荀丞》「林際無窮極，雲邊不可尋。惟見獨飛鳥，千里一揚音。推其感物情，則知遊了心」亦可為證。而王、柳詩中的飛鳥意象是超絕(「無跡」)的、寂滅的，它是自然之空性的直觀。柳詩尤其如此。

千山鳥飛絕，萬徑人蹤滅。孤舟蓑笠翁，獨釣寒江雪。

也是以鳥飛（之跡）和人行之蹤的絕滅（「鳥飛絕」、「人蹤滅」，正是「空林」和「空山」的禪觀條件）來直觀地表象自己的寂滅之感，這個自我就是詩歌後兩句中孤獨的釣者。就是詩中的雪，讀者雖不妨把它與佛入雪山的典故作一聯想，但它仍然是一個直觀。對比之下，王維如下的詩句是無論如何不能算成功的：「……趺坐簷前日，焚香竹下煙。寒空法雲地，秋色淨居天。身逐因緣法，心過次第禪。不須愁日暮，自有一燈燃。」（《過盧員外宅看飯僧共題》）儘管詩作成功地渲染了佛教的精神，禪的氛圍很濃重。李白著名的五言絕句《獨坐敬亭山》：

眾鳥高飛盡，孤雲[34]獨去閑。相看兩不厭，

34 葛兆光一方面以象徵來界定「禪意的『雲』」，另一方面又表現出些許矛盾的心態。他說：「雲這一語詞被中晚唐詩人們用在詩裏的時候，它已經是一種澹泊、清淨生活與閒散、自由心境的象徵了。」（《中國宗教與文學論集》第四章《禪意的「雲」：唐詩中一個語詞的分析（個案研究之二）》）他把心境與視境加以區分。分析王維的「行到水窮處，坐看雲起時」云：「詩人靜坐，佇望遠處緩緩浮起的雲，雲與恬靜的心靈相映，詩人將自己的心境投射在白雲之中，因而視境中的「雲」也變得寧靜而閑逸。」這裏似乎有些矛盾，靜坐望浮雲，到底是心境還是視境呢？其實葛先生的思路是先設定心境，然後以心境去「投射」視的對象，結果形成視境。在這裏「投射」是一個重要的術語，文中還有一個術語「染」，用意相同。可以判斷，是「投射」造成了「象徵」。「象徵」是另一個重要術語。無論「投射」還是「象徵」，都必須有兩個不同的東西，一個是外在的自然物象，一個是充滿閒適禪意的心靈。

35 晉葛洪《抱朴子》有《博喻》、《廣譬》兩篇。這大概是「博喻」一詞最早的出處。

只有敬亭山。

顯然也是受到飛鳥之喻的影響，其詩的禪觀意味是相當濃重的。

我們須注意，與諸佛經所記釋迦牟尼及諸佛為向大眾說佛法而廣取譬喻的博喻[35]方式不同，禪宗往往沿用印度佛教的譬喻，它自己創制譬喻要少得多，也較少使用博喻，因為在大多數情況下，譬喻中喻體、喻意是可以分離的，那不適於禪宗的覺悟方式。如前引蕭統《講解將畢賦三十韻》中的「意樹登空花，心蓮吐輕馥」，其詩歌意象的構造就是引入了佛教的譬喻方式，王維的「寒空法雲地，秋色淨居天」也是如此。而禪宗卻有根本的不同，它說「一切色是佛色，一切聲是佛聲」，是把每一色每一聲都當作獨一無二的感性現象，當禪者看到或聽到它時，刹那間產生了一個空的直觀。如前引雲門文偃與眾僧講「真空不壞有，真空不異色」時，有僧問：什麼是真空？雲門避而不答，卻突然發問：聽到鐘聲了嗎？僧回答：聽到鐘聲了。雲門就斥之曰：做哪年的夢！這裡的鐘聲是一個聽覺上的直觀，之所以突然中斷談話而發問，是欲借機引導學僧在刹那間把鐘聲直接聽作真空，而決不容許將鐘聲與真空發生聯想，因此鐘聲也並非是隱喻。再如《華子岡》詩中的「飛鳥」，如果讀者僅僅把它與經文中的飛鳥喻作聯想，那麼他也沒有進入感性直觀。只有當他把飛鳥看作純粹的視覺現象時，他才是在進行空觀。而且，我們也可以料想，王維吟出《華子岡》時，並沒有發生一個將飛鳥之跡與經文有關內容進行聯想的過程，如「寒空法雲地，秋色淨居天」那樣將天空與法雲、秋色與淨居作聯想。他之所見就如他詩中之所寫，「飛鳥去不窮」僅是一個直觀，「千山鳥飛絕」也一樣。我們不妨將王維的《華子崗》、李白的《獨坐敬亭山》、柳宗元的《江雪》和同是唐人的本淨禪師的《見聞覺知偈》比較一下：

> 見聞覺知無障礙，聲香味觸常三昧。如鳥空中只沒飛，無取無捨無憎愛。若會應處本無心，方得名為觀自在。

本淨的偈採取譬喻方式，對於理解飛鳥的喻意也許更有助益，飛鳥並非如在詩人筆下是直觀的顯現，因此自然缺少美感。於是，我們可以設想，禪師和後來的詩人把印度佛教的譬喻轉換成直觀了，這是一個基本的變化[36]。我們甚至可以進一步說，就詩歌而論，當空觀與直觀於剎那間融會在一起的時候，境界—意境就產生了。在意象的構成和使用上，禪宗與印度佛教之間存在著重直觀與重博喻的區別，它反映到美學上，其意義尤為重大。

王維不僅是詩人，他還是一位很出色的文人畫家。蘇東

36葛兆光云：「當禪宗式的體驗出現後，人們的視境就發生了變化……在他們的視境中，郁郁黃花，青青翠竹，無一不有個禪心在，馬祖道一云『凡所見色，皆是見心』，正是這個意思，因此他們並不分別物象與心靈的差異，而尋求心物的合一。」（同前引文）細辨馬祖道一的意思，色當不是心「投射」或「染」的對象。「不分別」是什麼意思呢？象徵作為方法，承認分別是它的前提，因此，象徵也並不可能造成「心物的合一」。在馬祖道一看來，心境與視境本來是一個東西。因此，說它是一個渾然不可分割的直觀或禪觀，更為合適。當然，僅就語詞分析而論，使用象徵來說明也不錯的，問題出在用來表述「禪意」，象徵一詞似乎不太合宜。更進一步的問題是，如果論到意境，象徵也許更不相宜。意境是一個需頓然領悟的直觀境界，如果讀者不能在剎那間悟得所象徵的「意義」，那麼就無所謂象徵；即使讀者經過稍許思索，明白了象徵意義，詩歌意境的意味也蕩然無存了。從讀者接受心理分析，象徵作用在時間上必然遲於頓悟式直觀的剎那作用，這種延宕效應會阻礙意境的被接受，即使讀者無法感悟到意境。

坡云：「味摩詰之詩，詩中有畫；觀摩詰之畫，畫中有詩。」（《東坡題跋》下卷《書摩詰藍田煙雨圖》）王維的詩入畫三昧，如「遠樹帶行客，孤城當落暉」，如「江流天地外，山色有無中」等等，都是如此。詩與畫的相通，其實更基本的是與王維感性直觀的方法有關。當詩歌語言作出純粹的意象組合即如畫時，最是與中國詩歌的傳統相吻合，並極容易受納空觀的滲透，從而產生境界──意境。因此，人們直覺式地鑒賞詩歌中的意象直觀時，並不會意識到禪觀已經滲透到其中，已經於不知不覺中促成了空觀與直觀的融會。

禪家常說的三種境界也是空觀與直觀融會極妙的例子。三種境界：「落葉滿空山，何處尋行跡」，「空山無人，水流花開」，「萬古長空，一朝風月」。每境中都有「空」字。第一境「落葉滿空山，何處尋行跡」，舉目所見無非是鋪滿了落葉的空山，或是路為樹葉所掩，或是根本就沒有路，總之，山空的直觀宣告此處沒有人，沒有人也即沒有佛，因此「何處尋行跡」是有所執著之人所發的一個不當之問；第二境「空山無人，水流花開」，山空而沒有人佛，雖然佛尚未尋到（也尋不到），但「水流花開」卻是一個生動的直觀，它是一個無欲非人的聲色之境，水正流、花正開，非靜心諦聽諦視無以觀，觀者正可以藉此境以悟心，喻示[37]了對我執法執已經有所破除的消息；第三境「萬古長空，一朝風月」，前一句是永恒，後一句是剎那，剎那間（「一朝」）的風月是一個直觀，喻示時空被勘破，禪者於剎那間頓悟永恒的意義。在這三境中，空不光是講空間，而且還透過空來

37這裏「喻示」這個詞不可在象徵或是隱喻的意義上被使用，它只在直觀的意義上被使用。

看時間。因此，空觀不是一個抽象的觀念，空觀是直觀的靈魂（體），直觀是空觀的姿勢（用）。雖然空觀的對象是永恒之空，但是它實在卻是無數個互不相關的剎那直觀，沒有一個永恒不變的姿勢。尤其要注意的是，空觀不是借著直觀而實現，直觀也不是空觀的具體化，而應該是空觀即是直觀，直觀即是空觀。

第五章

說不可說之境

說不可說之境

自從一九〇八年《國粹學報》發表王國維的《人間詞話》，標舉境界一詞作為詞尤其是小詞的評賞標準，對境界的詮釋和理解就成為中國美學研究界的一項極其重要的課題，可以說，一時注家蜂起，然而不幸的是，大量爭論也由之而起。目前的境況是，王氏境界概念正在辨析之中而尚未辨析清楚，然而境界或意境已經以其獨特的話語魅力和豐滿的文化涵蘊，極大地吸引著美學界、文藝理論界和藝術界人士，幾乎成為他們評賞和研究差不多任何文藝作品的「口頭禪」或通用話語。[1]事實上，境界與意境兩個概念也還是長期糾纏不清，而研究家們對意境的興趣要遠遠超過境界。就是意境一詞，關注「意」也似乎更甚於關注「境」。存在著這樣一個基本事實，關於前者，研究的觸角可以遠溯至先秦，歷史能夠提供更多的資源，而後者就沒有這種幸運了。因此，在王氏境界概念尚未釐清前，意境的研究已經悄悄取代了境界的研究，當人們提到境界，心裏也是把它當作意境的。其結果不言而喻，就使得意境的歷史經由魏晉的言意之辯遠遠地向周易的時代回溯過去。

這種現象固然與詩歌運用語言創造形象的方法有關，但事實是，禪宗至少在最初階段是反語言的，其態度要比莊子和玄學更為激烈。換言之，禪宗比任何哲學學派都更看重直

---

1 值得注意的是，馮友蘭、熊十力、朱光潛和宗白華等哲學家和美學家都喜歡講境界，儘管其含義有偏於真或善或美的相異，但是使用境界一詞來表徵人生經驗及其價值的用法，卻是有其不約而同之處。而且，這種現象也提示我們，境界這個觀念最好是從哲學的層面來加以把握。

觀和直覺，更具有現象學的傾向。因此，如果我們欲對由王國維引起的訟爭作一徹底的清理，那麼，第一不能簡單化，以意境取代境界，第二要十分謹慎，不能把境界的歷史無限地回溯。總之，須有史的定位意識。境界一詞，是佛教的用語，這為研究界所公認。至少，早期禪宗典籍中只是使用境界一詞，而沒有用意境的。

那麼，是否境加上言意之辯之「意」，就構成意境了呢？或者有沒有可能，意境觀念是從意象發展而來的呢？我以為事實並非如此。如果沒有大乘佛教的般若空觀，如果沒有這個「空」，佛教的純粹感性和關於這一感性的直觀態度就不可能形成。如果沒有「一切色是佛色，一切聲是佛聲」的命題，不是通過色以觀空，藉境悟心，現象空觀的觀點就不可能形成。如果我們不從感性學和現象學的角度對境界進行真正的個案研究，那麼就無法阻止把意境研究的觸角向歷史的遠方延伸過去以至於把線索越搞越亂。既然如此，我們倒不如老老實實地從佛教教理最為基本的根境關係入手，或許能產生某種機緣，為釐清境界創造條件。例如，意境之意，與其說是言意之辯之意或者意象之意，還不如說是與六根中意根相對的思慮之意，而第六識即是依意根起作用而形成的意識。這在禪籍當中是有重要根據的。再如，王國維所講的「隔」與「不隔」的問題，其來源就在禪宗的語錄之中。我以為，境界在先，意境在後，最理想的是這樣聯結概念：境界──意境。

禪宗美學的核心問題是境界──意境。我們已經分別從美學角度考察了禪宗的心法和色法，而境界正是心與色的交會點。探尋通向意境之路，這就是本書第五章和第六章的任務。

佛教的境界是什麼？簡言之，是人的六根及其所對之對象。這種對象可以稱為法、塵、色、相、意，也可稱為境。在這些名號之中，境是最虛靈的一個。作為人心的剎那逗留之地，它指心靈的某種非理性的狀態，它是直觀或直覺。如果心靈覺悟，它就具有靈明鑒覺。靈明鑒覺與清淨是同一個東西。只不過清淨是人心的本然狀態，而靈明鑒覺則是覺悟時的光明智慧。

一、從王國維說起

王國維三十歲上寫了這樣一段後來非常出名的話：

> 哲學上之說，大都可愛者不可信，可信者不可愛。余知眞理，而余又愛其謬誤。偉大之形而上學，高嚴之倫理學，與純粹之美學，此吾人所酷嗜也。然求其可信者，則寧在知識論上之實證論，倫理學上之快樂論，與美學上之經驗論。知其可信而不能愛；覺其可愛而不能信。此近二三年中最大之煩悶。（《靜安文集續編・自序二》）

王國維所謂「可愛者不可信」，就是指康德、叔本華的「偉大之形而上學，高嚴之倫理學，純粹之美學」。從西方引進「可愛而不可信」的美學，來研究中國的文藝現象，王國維是開山之祖，是一個啟蒙者。正是因為他大膽地在比較中以德國美學來啟動中國美學，引導了中國美學的近代化進程，並且使它的可愛之處更加突顯出來。

王國維美學上的境界說，其來源有兩個，一個是叔本華，另一個是佛教。關於前者，沒有異義，關於後者，則多被研究家們所忽視，因為王國維看來對佛教講得很少。按照王國維《人間詞話》中評詞的思路，研究者往往把境界說與嚴滄浪的興趣說、王漁洋的神韻說相聯繫、作比較，而殊不知，影響了王國維的叔本華的思想卻與印度佛教的涅槃學說有聯繫，而王國維正是從叔本華間接地接受了佛教的影響。[2]

叔本華研究過印度哲學，他厭惡基督教，卻青睞佛教，因而，佛教成了叔本華美學思想的一個源頭。他書齋裏有兩尊雕像，一個是釋迦牟尼佛的銅像，另一個是康德的半身雕像。作為一個悲觀主義者，叔本華受到印度佛教尤其是涅槃學說很大的影響，他把意志視為人和世界的本質，意志就是人生命的欲望，它永遠得不到滿足，就生出無窮的痛苦。他所謂的意志，與佛教所謂的由無明而起之念，是頗有些相像的，只是叔本華更加悲觀罷了。

關於叔本華與美學有關的基本思想，我且從他的《作為意志和表象的世界》中引出如下一段：

> 如果人們由於精神之力而被提高了，放棄了對事物的習慣看法，不再按根據律諸形態的線索去追究事物的相互關係——這些事物的最後目的

2 佛教在其發源地印度，後來是不傳了，而中國卻成了佛教的重鎮。叔本華所受佛教的影響來自印度，他的直觀理論，就與佛教的定的理論非常相像。他的美學理論，在相當程度上是建基於佛教的涅槃理論。然而，到王國維甚至到目前為止，中國人當中還沒有人能夠像叔本華那樣從佛教的基礎上創造出一種較為有體系的美學來，而王國維卻是從西方人那裡接受了這樣的美學，並成功地用之於研究中國的藝術現象。這樣一種迂迴的現象，是很值得深思的。是否因為佛教離我們太近，反而障礙我們發現它的長處。另外，王國維雖然沒有花很多精力專門研究佛教，但是並不能由此得出他未讀過許多佛經，對佛教不甚瞭解的結論。

總是對自己意志的關係——，即是說人們在事物上考察的已不再是「何處」、「何時」、「何以」、「何用」，而僅僅只是「什麼」；也不是讓抽象的思維、理性的概念盤踞著意識，而代替這一切的卻是把人的全副精神能力獻給直觀，浸沉於直觀，並使全部意識爲寧靜地觀審恰在眼前的自然對象所充滿，不管這對象是風景，是樹木，是岩石，是建築物或其他什麼。人在這時，按一句有意味的德國成語來説，就是人們「自失」於對象之中了，也即是說人們忘記了他的個體，忘記了他的意志；他已僅僅只是作爲純粹的主體，作爲客體的鏡子而存在；好像僅僅只有對象的存在而沒有覺知這對象的人了，所以人們也不能再把直觀者〔其人〕和直觀〔本身〕分開來了，而是兩者已經合一了；這同時即是整個意識完全爲一個單一的直觀景象所充滿，所佔據。所以，客體如果是以這種方式走出了它對自身以外任何事物的一切關係，主體〔也〕擺脱了對意志的一切關係，那麼，這所認識的就不再是如此這般的個別事物，而是「理念」，是永恒的形式，是意志在這一級別上的直接客體性。並且正是由於這一點，置身於這一直觀中的同時也不再是個體的人了，因爲個體的人已自失於這種直觀之中了。他已是「認識」的「主體」，「純粹」的、無意志的、無痛苦的、無時間的「主體」。[3]

3 叔本華：《作為意志和表象的世界》，石沖白譯，商務印書館 1982 年 11 月版，第 249—250 頁。

王國維《叔本華之哲學及其教育學說》一文再三揭明，叔氏哲學的基本方法即是直觀主義：

> 叔氏哲學全體之特質，亦有可言者。其最重要者，叔氏之出發點在直觀（即知覺），而不在概念是也。

在直觀當中，人擺脫了意志，也就是擺脫了欲念，同時也擺脫了作為意志主體生存方式的時間和空間。因此，這個直觀是純粹的直觀，或者是如康德所云先驗的直觀。叔本華認為，處於這種直觀之中的人，是離卻了欲念之痛苦的，入於涅槃之境的。

反過來看王國維，他的《人間詞話》等所提出的諸觀念，大都與叔氏的直觀概念有關，如：觀、都在目前，遺其關係、限制之處，隔與不隔，詩人之眼、自然之眼、特別之眼，須臾之物，境界、有我之境、無我之境、感情亦境界，寫境、造境等等。以下略作引證並逐一分疏之。

「隔與不隔」，是指寫景。《人間詞話》第三十九條評姜夔「寫景之作……如霧裏看花，終隔一層」，又評史達祖、張炎諸家「寫景之病，皆在一『隔』字」。第四十條說「語語都在目前，便是不隔」，前半句王氏原稿作「語語可以直觀」，可見「不隔」是指寫景應達到如在目前的直觀。此「直觀」一詞來自叔本華，王氏在修改中將它改為「目前」。用「不隔」和「目前」來講直觀，全然是中國化了，可見王氏在作比較美學時用心之良苦。本章第四節我還對「隔」與「不隔」的觀念進行內證的邏輯分析，並舉出外證的語言來源，指出此觀念取自禪宗。

「觀」，王氏常用之詞語，即是直觀，從美學上理解，則是純粹的直觀。《人間詞話》第五條云：

> 自然中之物，互相關係，互相限制，故不能有完全之美。然其寫這於文學中也，必遺其關係、限制之處，故雖寫實家亦理想家也。

「遺其關係、限制之處」是說人擺脫欲念的糾纏，擺脫時空的限制而趨於理想化的過程，是純粹直觀形成的條件。「觀」之詞源，一是叔本華的直觀，二是佛教的觀。

「具眼」：「詩人之眼、自然之眼、特別之眼」。純粹直觀的主體是人，是「具眼」的人。王國維云：

> 政治家之眼，域於一人一事。詩人之眼，則通古今而觀之。詞人觀物，須用詩人之眼，不可用政治家之眼。（《人間詞話》刪稿第三十七條）
>
> 納蘭容若以自然之眼觀物，以自然之舌言情。此由初入中原，未染漢人風氣，故能眞切如此。（《人間詞話》第五十二條）
>
> 詩歌之題目，皆以描寫自己深邃之感情爲主。其寫景物也，亦必以自己深邃之感情爲之素地，而始得於特別之境遇中，用特別之眼觀之。（《屈子文學之精神》）

「詩人之眼」不為政治利害關係所羈束，能以純粹直觀來觀照歷史，具有審美的超越感；「自然之眼」則是指天真的觀照；「特別之眼」指只要詩人表現自己深邃的情感，那麼他就能在特別的境遇中用特別的眼光來觀察自然景物，並描寫之。王氏所云這三種「眼」，指出了純粹直觀的主體的某些特點。須指出的是，與「觀」相類，此種涵義之「眼」，其詞源同樣是來自佛教。

「須臾之物」，須臾的意味大致相當於佛教的剎那[4]。王國維《清真先生遺事・尚論三》云：

> 境界之呈於吾心而見於外物者，皆須臾之物。惟詩人能以此須臾之物，鐫諸不朽之文字，使讀者自得之。

純粹直觀的對象「都在目前」，是超越了時空和欲念的結果。這種超越只能在須臾剎那間發生，而被「具眼」之人所把捉得住。或者說，正因為發生於須臾剎那間，境界才純粹。

以上諸條闡釋，已經為境界作了多項注腳。

「境界」，是「具眼」者純粹直觀的對象，是「不隔」的景，是「遺其關係、限制」之理想化，是「須臾之物」。

---

4 須臾與剎那都是佛教的時間單位，指極其短促的時間。一須臾三十臘縛（lava）。剎那（ksana），佛教認為一彈指有六十剎那，又有說一念有九十剎那，一剎那有九百生滅。剎那所表示的時間之短是不能用語言表述的。佛教以為：剎那三世，一剎那間立三世的分別，現在的一剎那為現在，剛才的一剎那為過去，下一剎那為未來；剎那生滅，一剎那間已有生滅現象產生，無有暫住；剎那無常，一剎那間已有生、住、異、滅四相發生。佛教這 剎那的時間觀念，在美學上的意義就在於它確立了頓悟的直觀必然在極短的時間中發生。任何純粹現象都是剎那間的直觀，因此所有的頓悟直觀（有點類似於胡塞爾的本質直觀）都發生在不同的剎那。前一剎那與後一剎那不相接，因此所有的頓悟直觀都不會相同或重複。這就是純粹直觀或純粹現象。

> 詞以境界爲最上。有境界則自成高格，自有名句。（《人間詞話》第一條）
>
> 滄浪所謂興趣，阮亭所謂神韻，猶不過道其面目；不若鄙人拈出『境界』二字，爲探其本也。（《人間詞話》第九條）

境界為王國維美學的核心觀念，此一詞來自佛教，用以闡發中國美學，當比直觀一詞更為適宜而貼切。

「有我之境、無我之境」，指兩種境界。

> 有我之境，以我觀物，故物皆著我之色彩。無我之境，以物觀物，故不知何者爲我，何者爲物。（《人間詞話》第三條）
>
> 無我之境，人惟於靜中得之。有我之境，於由動之靜時得之。故一優美，一宏壯也。（《人間詞話》第五條）

這兩條所述，受到康德和叔本華美學思想的影響，無疑也。然王氏《孔子之美育主義》一文云：「無空乏，無希望，無恐怖；其視外物也，不以為與我有利害之關係，而但視為純粹之外物。此境界唯觀美時有之。蘇子瞻所謂『寓意於物』（《寶繪堂記》）；邵子曰：『聖人所以能一萬物之情者，謂其能反觀也。所以謂之反觀者，不以我觀物也。不以我觀物者，以物觀物之謂也。既能以物觀物，又安有有我於其間哉？』（《皇極經世・觀物內篇》）」他引了邵雍的話來說明「無我之境」在本質上是「以物觀物」，比之叔本華所云，純粹客觀的靜觀心境能夠喚起一種幻覺，彷彿只有物而沒有我存在的時候，物與我就完全溶為一體之說，似乎更為妥切。因為「以物觀物」的方法在古代中國儒道佛三家都習用，並非一定是幻覺。

「感情亦境界」。

> 境非獨謂景物也，感情亦人心中之一境界。故能寫眞景物、眞感情者謂之有境界，否則謂之無境界。（《人間詞話》第六條）
>
> 感情眞者，其觀物亦眞。（《文學小言》）

這一個定義非常重要，它不僅合於叔本華美學思想，而且也合於佛教的境界概念。

「造境、寫境」。

> 有造境，有寫境。此理想與寫實二派之所由分。然二者頗難區別。因大詩人所造之境，必合乎自然，所寫之境，必鄰於理想故也。（《人間詞話》第二條）

造境與寫境有別，但又難別，因為前者必須「合乎自然」，後者必須「鄰於理想」。「合乎自然」者，是出於純粹直觀，因為它「都在目前」；「鄰於理想」者，也是出於純粹直觀，因為它已經「遺其關係、限制之處」。

綜合起來看，境界就是純粹直觀的對象，與王國維強調叔本華哲學的本質是直觀完全相合。但是，王國維在運用直觀概念分析中國美學時，十分注意運用本國的語言概念來表述，因此，他的《人間詞話》仍然是充溢著中國風格的，是中國特色的美學。而且，我們還應看到，王氏把西方哲學美學引入到中國美學的語境之中，確實給中國美學輸入了活力。尤其值得提出的是，如果中國美學沒有佛學的背景（這一背景從魏晉以後就形成了），如果叔本華美學與佛學沒有內在的呼應，那麼王國維也是難以完成他的境界說的。

王國維還有意境之說，似乎與境界說略有不同，仍須辨析一番。署名樊志厚的《人間詞乙稿序》，據趙萬里的看法，此實是出於王國維之手筆。

> 文學之事，其內足以攄己而外足以感人者，意與境二者而已。上焉者意與境渾，其次或以境勝，或以意勝。苟缺其一，不足以言文學。原夫文學之所以有意境者，以其能觀也。出於觀我者，意餘於境。而出於觀物者，境多於意。然非物無以見我，而觀我之時，又自有我在。故二者常互相錯綜，能有所偏重，而不能有所偏廢也。文學之工不工，亦視其意境之有無與其深淺而已。（《人間詞乙稿序》）

這裏所說的意與境，大致相當於情與景，意和情是「內足以攄己」之「內」，是「觀我」，境和景是「外足以感人」之「外」，是「觀物」。「意與境渾」則大致相當於情景交融。這種思路可以從他的《宋元戲曲考》中獲得證實：

> 何謂之有意境？曰：寫情則沁人心脾，寫景則在人耳目，述事則如其口出是也。古詩詞之佳者，無不如是。元曲亦然。

我們可以再將境界與意境作一比較。境與界二詞，都是界域的意思，二者無甚分別，可以單獨用境，也可以單獨用界。王國維有時就單獨用一境字代表境界，如《人間詞話》第二十六條謂「樊抗夫謂余詞……鑿空而道，開詞家未有之境」，這個境指「用意」而「力爭第一義處」，它當然是境界；如寫境與造境之別，有我之境與無我之境之別，都是。

而意與境，則很有不同，意是主觀的，如用意、創意、命意，等等。《人間詞話》多用意字，如：評周邦彥詞「但恨創調之才多，創意之才少」（第三十三條），評張炎詞「所以不及前人處，只在字句上著功夫，不肯換意」，「換意難」（第六十五條），自評作詞「才不若古人，但於力爭第一義處，古人亦不如我用意耳」（第二十六條）。意字可以單獨使用，是指體現於創作中的主觀意圖，所謂「觀我」。「第一義」即真諦，最高真理。《維摩經・佛國品第一》云：「能善分別諸法相，於第一義而不動。」《壇經》中慧能向禪眾說通過無念無相無住即可以把握真如時，也引了這句話。這個「第一義」不可思議，無可言說，其實就是空。王國維在此把它拿來譬喻詞的登峰造極之境。但它指通過「用意」而達到「第一義」，當評詞須強調主觀之創意時，則不免要用意境，此時用意境比用境界更妥貼，也更方便。而境指景物或對象，所謂「觀物」。顯然，這個境與境界也不同，境界不僅指景物，也指情感。主觀的情感被觀之時，它就是境界。換言之，意境之意也可以是一個境界。而情感在意境中屬意而非屬境。

境界必須用於稱謂純粹直觀。如果境界是「須臾之物」，一個境界就是一個純粹直觀。純粹直觀是不可能如意與境分別而言之的。境界是文學作品的審美品格或本質，它不可分析。而意境一詞只有當作境界即純粹直觀理解，才不可分析。也就是說，如果意境一詞用於指純粹直觀，則不妨將之徑直理解為境界。境界與意境之間存在著這樣一種微妙而本質的區分，往往不為研究家所細察。

二、心・意・根・境

本節標題所列，是佛教中幾個基本的觀念。通過對它們的逐一清理，我們可以看到與境界——意境有關的基本佛學背景。同時，也有助於我們真實地體認到本章所要表述的一個基本觀點：境界-意境的概念是處於佛學的語境之域的。由

「心」，指佛心，是世界和自我的本體。關於心，我想以對禪宗影響較大的《大乘起信論》中的觀點來加以說明。《大乘起信論》以為，大乘法體由心構成，所謂法，就是眾生心，又稱如來藏心。「依一心法有二種門」，謂依一如來藏心法而有二種門，一是心真如門，二是心生滅門。但是，二門又不相離，各自統攝一切法。先看心真如門。

> 心眞如者，即是一法界大總相法門體。所謂心性不生不滅。一切諸法唯依妄念而有差別，若離心念，則無一切境界之相。--切法從本已來，離言説相，離名字相，離心緣相，畢竟平等，無有變異，不可破壞，唯是一心，故名眞如。（《大乘起信論校釋》第17頁）

這超絕無二的一心，不生不滅，平等不二，稱為「一法

界大總持相法門體」，構成法的本體。它統攝一切世間法和出世間法。

再看心生滅門。

真如(如來藏)本來是恒常不變的，是為淨法，但是忽然守持不住，無明念起，於是產生染法。真如似大海，本來平靜，忽然被無明風吹動，就翻掀起波浪，進入生滅之境。真如為生滅之體，而生滅為真如之相，因此說：

> 心生滅者，依如來藏故有生滅心。所謂不生不滅與生滅和合，非一非異，名爲阿黎耶識。此識有二種義，能攝一切法，生一切法。云何爲二？一者覺義，二者不覺義。(《大乘起信論校釋》第25頁)

這是《大乘起信論》的核心思想。它的特點是把「阿黎耶識」理解為具有生滅、不生滅兩種屬性，即如來藏自性清淨心與諸染心和合在一起，兩者「非一非異」，既不同一，也不相異，而是含攝於同一個阿黎耶識。覺悟緣於這一識，不覺悟也緣於這一識。

「意」，分別、思量，指心的作用；又指意根，生起第六識意識；或指第七識末那識。《大乘起信論》上說：生滅現象的產生，有其一定之因緣，那是有情產生依止心、意、意識輾轉而生起的。為什麼這樣說呢?因為依阿黎耶識自相心，而有無明。於是有「不覺而起」的「業識」，「能見」之「轉識」，「能現」之「現識」，「能取境界」之「智識」，「起念相續」之「相續識」。「不覺而起」、「能見」、「能現」、「能取境界」和「起念相續」，這五種輾轉相生的相就是所謂「意」。「業識」、「轉識」、「現識」、「智識」和「相續識」是「意」的五種名稱，它們也是輾轉相生的。業識，是就阿黎耶識的自體分而言的，轉識，是就阿黎耶識的見分而言的，現識，是就阿黎耶識的相分而言的，智識，是就阿黎耶識的細微地分別染淨之法而言的，相續識，是就阿黎耶識能連續不斷地生起種種妄念而言的。

這裡重點說一下現識和境界。

根據《楞伽經》，現識是三識之一，即阿黎耶識的異名，是說，一切諸法均依阿黎耶識而顯現。根據《大乘起信論》，現識則是阿黎耶識的相分。

> 所謂能現一切境界。猶如明鏡現於色像。現識亦爾。隨其五塵對至即現，無有前後。以一切時任運而起常在前故。（《大乘起信論校釋》第54頁）

現識能現一切現象，就像明鏡能現色像一般，可以毫髮不爽。現識是轉識的能見之相的變現之識，它的對象是五塵，而它所依託的是人的五根。

「根」，謂人的能生起感覺和意識作用的機能，如感官。眼、耳、鼻、舌、身五根，又稱為色根，所觀的五種境界，為色、聲、香、味、觸。眼能視色，耳能聽聲，鼻能嗅香，舌能辨味，身有所觸。這樣一種能現與所現的相對關係，就是五識。它們的產生「對至即現，無有前後」，只要根與境(塵)對上了，如眼對色，識境即刻就呈現，並無前後相生的關係，才叫現識。而且「以一切時任運而起常在前故」，那是說，境界的呈現可以在任何時間，無條件地，自然地「任運而起」，出現於諸法（淨法染法）生起之前。因此，現識向人們呈現的是作為境界的相，即與五根相對的諸現象。接下來，智識就運用智慧去思量、分別現識所呈現的諸現象，細微地把它們分別為淨法與染法。因此，現識所當下（剎那）呈現的諸境界，就是人們所直觀的現象界。

那麼意識是什麼呢？就是相續識。

> 一切法皆從心起妄念而生。一切分別，即分別自心，心不見心，無相可得。當知世間一切境界，皆依眾生無明妄心而得住持。是故一切法，如鏡中像，無體可得，唯心虛妄。以心生則種種法生，心滅則種種法滅故。復次，言意識者，即此相續識，依諸凡夫取著轉深。計我、我所，種種妄執，隨事攀援，分別六塵，名爲意識，亦名分離識。又復說名分別事識，此識依見、愛煩惱增長義故。（《大乘起信論校釋》第59頁）

意識起於妄念，它的功能就是起分別，把「我」視為有自性的主體，以為「我所」(「我」之認知對象。「我」與「我所」即認知與認知對象形成能所對待）也是真實的存在，區分色、聲、香、味、觸、法六境（塵)，而起很深的執著，一念接著一念，連續不斷，於是就有擺脫不掉的「見煩惱」和「愛煩惱」。意識是一條河流，其中流淌著無窮的妄念，而境界則是不覺相，是諸煩惱的見證。因此佛教把諸境界稱為「妄境界」，《大乘起信論》云：「妄境界，所謂六塵」。「不了真如法故，不覺念起現妄境界。以有妄境界染法緣故，即薰習妄心，令其念著，造種種業，受於一切身心等苦。」(《大乘起信論校釋》第75、78頁）無明為因，境界為緣，若是無明滅，心就無有起，因為心無有起，境界也就隨即滅。因緣俱滅，心相皆盡，就叫做得涅槃，成就不待造作、不可思議的自然業。可以看出，因為境界起於諸無明妄心，佛教對意識和境界大體是持批判和反對的態度的。

但是，佛教又認為境界本來與妄念是分離的，只是眾生以妄念去想境界，才產生分別的意識和種種煩惱。《楞伽經》云：「大慧，有七種第一義，所謂心境界、慧境界、智境界、見境界、超二見境界、超子地境界、如來自到境界。大慧，此是過去、未來、現在諸如來應供等正覺性自性第一義心。」(《楞伽經》卷一《一切佛語心品》)《大乘起信論》云：「一切境界，本來一心，離於想念。以眾生妄見境界，故心有分齊。」(《大乘起信論校釋》第154頁)真如的一心能夠朗照世界，在所有境界之相，就好比金器都是金所造，本質是不變的，但是如果只見金器之器而不見金器之金，那麼就進入虛妄之境了。看金器脫離了金的本質，是妄想所致，看境界脫離了真如，也是妄想所致。質言之，只要依據真如，則所有境界都不外是真如的相，可以由此悟斷，也就無由進入虛妄之境。

《大乘起信論》把所有生滅相分為二種。一種稱為「粗」，指生滅之相有外境與心相應，粗顯可見；一種稱為「細」，指生滅之相無有心王、心法和內外、能所的對待，其體微細，恒流不斷。又把粗中之粗稱為凡夫境界，即凡夫所悟斷的境界；粗中之細和細中之粗稱為菩薩境界，即初地以上菩薩所悟斷的境界；細中之細稱為佛境界，即佛陀所悟斷的境界，也稱為如來境界。凡夫境界、菩薩境界、佛境界，三者形成一個不斷覺悟、人格上升的進階。

以上主要集中依據《大乘起信論》來討論心、根、意、境諸概念。下面來看禪宗諸大德的見解。

五祖弘忍說：

> 汝正在寺中坐禪時，山林樹下，亦有汝身坐禪不？一切土木瓦石，亦能坐禪不？土木瓦石亦能見色聞聲、著衣持缽不？《楞伽經》云：境界法身，是也。（《楞伽師資記》）

弘忍持《楞伽經》的看法，「境界」就是「法身」。任何現象尤其是自然現象，都可以視為「法身」。佛的法身遍在於一切境界，佛無所不在，佛是超時空的，正因為如此，佛可以在人當下所生活的時空境界中得到印證。

慧能臨終向弟子傳授三科法門陰、界、入，陰則色、受、想、行、識五陰，界則六塵、六門、六識十八界，入則外六塵、中六門。我們看十八界，六塵：色、聲、香、味、觸、法，塵即境；六門：眼、耳、鼻、舌、身、意；六識：眼識、耳識、鼻識、舌識、身識、意識。六塵對六門（根），產生六識。十八界是一個產生境界的界域。

慧能《壇經》講到無念禪法時，雖然提出「於一切境上不染」、「於自念上離境」，要求在一切境界上都不起念想。但是他也提出「悟無念法者，見諸佛境界」，可見他也有把境界視為覺悟境界的。

境界是從諸根起的，又可稱為諸根境界。神會論六根，說：

若眼見色，善分別一切色，不隨分別起，色中得自在，色中得解脫色塵三昧足。

耳聞聲，善分別一切聲，不隨分別起，聲中得自在，聲中得解脫聲塵三昧足。

鼻離香，善分別一切香，不隨分別起，香中得自在，香中得解脫香塵三昧足。

舌嘗味，善分別一切味，不隨分別起，味中得自在，味中得解脫味塵三昧足。

身覺種種觸，善能分別觸，不隨分別起，觸中得自在，觸中得解脫觸塵三昧足。

意分別一切法，不隨分別起，法中得自在，法中得解脫法塵三昧足。

如是諸根善分別，是本慧；不隨分別起，是本定。[5]

神會的意思是說，人的眼根善於分別各種顏色，對色進行分別、判斷是眼根的功能。但是，當眼與色接觸之時，視覺並不運用自己進行分別的能力，而是即色得定，於觀色中獲得自由（自在）。本來，色對於人的清淨本性而言是塵，人能處於種種色之中而獲得對色塵的解脫，這就叫「三昧足」。三昧即定。同理，耳根可以於一切聲音中得解脫自在，鼻根可以於一切香味中得解脫自在，舌根可以於一切滋味中得解脫自在，身體可以在一切接觸中得解脫自在，意根可以在一切法中得解脫自在，條件是六根在與諸色接觸中做到不起分別。這是一些超絕的境界。神會的這一觀點，與

5 神會《南陽和上頓教解脫禪門直了性壇語》。

《維摩詰所說經》中的「不二法門」是相通的。《維摩詰所說經・入不二法門品》云：

> 喜見菩薩曰：「色、色空爲二，色即是空，非色滅空，色性自空，如是受想行識，識空爲二。識即是空，非識滅空，識性自空，於其中而通達者，是爲入不二法門。」
>
> 妙意菩薩曰：「眼色爲二，若知眼性於色，不貪不恚不癡，是名寂滅，如是耳聲、鼻香、舌味、身觸、意法爲二。若知意性於法，不貪不恚不癡，是名寂滅，安住其中，是爲入不二法門。」

喜見菩薩說：色與空並不是兩個東西，色就是空，並非要待到色滅壞然後才空。妙意菩薩說：人們都把眼根與外色（顏色，即眼識的對象）區分為二，然而如果知道眼性（與眼根不同，指眼識）對於色並不起貪、恚和癡，也即神會的「善分別」又「不隨分別起」，就可以稱為寂滅。眼識於此寂滅之狀態安處，那它與色也是不二的。與此相類似的看法，在禪宗諸大德的語錄中是不少的。

百丈懷海云：「欲界灼然無禪，禪是色界。」（《古尊宿語錄》卷一《百丈懷海大智禪師》）又云：「於一一境不惑不亂不瞋不喜，於自己六根門頭刮削併當得淨潔，是無事人。」（《古尊宿語錄》卷二《百丈懷海大智禪師》）這是說，要把一切聲色都當作佛的現象來對待。這就是境界。由

從《黃檗斷際禪師宛陵錄》，可以考察黃檗禪法的兩個方面，一是心空法空，他以為，心既然無為，法當然亦是無為。因為萬法都是由心變現而來。所以我心空故諸法空，千

品萬類悉數皆同。另一方面，是法空心空。黃檗云：「且如瞥起一念，便是境。若無一念，便是境忘心自滅，無復可追尋。」這話什麼意思呢？那是說，人心緣於所見而一起念，就會產生境界，如果不起念，就不會在所見之境上住念，把境忘了，心也就自然寂滅。「無明即是一切諸佛得道之處。所以緣起是道場，所見一塵一色，便合無邊理性。」只要心空，「無明」就是得道之處，所以「緣起是道場」。心空法空，是沒有境的，但若即心空而法空，則於法空可見心空。「一切法本空」，從法見空，則可以產生境，即空境。換言之，如果心空，則一切境均是空境。在黃檗希運看來，空就是色，色就是空。這是純粹的現象學。

> 問：「淨名默然，文殊讚歎云：『是眞入不二法門』，如何？」師云：「不二法門即你本心也。說與不說，即有起滅。無言說時，無所顯示，故文殊讚歎。」云：「淨名不說，聲有斷滅否？」師云：「語即默，默即語，語默不二，故云聲之實性，亦無斷滅。文殊本聞，亦不斷滅。所以如來常說，未曾有不說時。如來說即是法，法即是說，法說不二故。乃至報化二身、菩薩聲聞、山河大地、水鳥樹林，一時說法。所以語亦說，默亦說，終日說而未嘗說。既若如是，但以默爲本。（《古尊宿語錄》卷三《黃檗斷際禪師宛陵錄》）

這段對話中，我們最關心一句話：「聲之實性，亦無斷滅」。這是關於聲音的佛教現象學。上一章考察禪宗對聲、色現象的解釋中曾經提到，雲門文偃對僧講「真空不壞有，真空不異色」的道理，有僧問：什麼是真空？雲門突然發問：「還聞鐘聲麼？」僧答：聽到鐘聲了。雲門就斥道：「驢年夢見麼？」我以為，這是雲門的借機發揮。當時寺中必有鐘聲響起，而雲門恰見學僧對真空與色不異的道理並不理解，就發此問，以啟發學僧覺悟——此時聽到的鐘聲就是真空。然學僧並未由此而頓悟，才被雲門否斥。這一公案說明，禪宗並不把鐘聲聽作時間或別的什麼物理經驗或常識經驗的聲音，鐘聲就是真如，如果誰把它聽作物理的聲音，那只是表示他的癡愚。但是，對鐘聲的這種頓悟，其要點是須理解鐘聲不響時(即物理的聲波並不存在)，真空也是無所不在的。「聲之實性，亦無斷滅」，就是說的這個道理。

大珠慧海《頓悟入道要門論》闡發佛教的一個重要觀點：人的聽覺，不論有聲無聲，都能聽，因為「聞性常」。這個聞性就是自性，所以又叫「自性聞」。我們如果把黃檗的「聲之實性，亦無斷滅」與大珠的「聞性常」聯繫起來看，就可以對禪宗的聲音現象觀有一個更為深刻的瞭解。一方面，依黃檗的見解，聲音的實性是並不因物理聲波的不存在而消失的，聲音總是在響著，真如無所不在。另一方面，依大珠的見解，人的聞性也是不變的，並不會因為物理聲波的不存在而消失，無論有聲無聲，人總是在傾聽，或可以傾聽（黃檗與大珠的意見並不矛盾，他們只是各強調了同一現象空觀的不同側面而已）。聲音的不斷與聞性的不變，兩者都是真如（真空）的存在。而當聲音與聞聽相遇時，就產生了聲音的現象，只是聽者不能把所聽簡單地聽作物理的聲音，而是應該從中有所領悟，獲得對寂靜（真空或默）的真切體認。因此，可以總結說，聲音是什麼，聲音就是境界。

臨濟義玄也云：

> 夫如佛六通者不然，入色界不被色惑，入聲界不被聲惑，入香界不被香惑，入味界不被味惑，入觸界不被觸惑，入法界不被法惑，所以達六種色聲香味觸法皆是空相，不能繫縛。（《古尊宿語錄》卷四《鎮州臨濟慧照禪師語錄》）

三、名相之外

名相是什麼？是佛教所謂的概念，即種種以語言或符號表徵了的東西。佛教以為，名相是無明的現象，是妄念的寄託物。禪宗與佛教基本理論一致，對語言名相能否反映真如佛性是持懷疑和否定態度的，而且，這方面它在佛教諸宗表現得很特出。因此，禪宗力主守住自心，掃除語言名相，也持反詩的立場。

《大乘起信論》云：

> 以一切言說，假名無實，但隨妄念，不可得故。言眞如者，亦無有相。謂言說之極，因言遣言。此眞如體無有可遣，以一切法悉皆眞故。亦無可立，以一切法皆同如故。當知一切法不可說不可念，故名爲眞如。（《大乘起信論校釋》第17頁）

《楞伽師資記》「原序」云：

一切法，唯因妄念，而有差別；若離心念，別無境界之相。是故一切法，從本以來，離言說相，離名字相，離心緣相，畢竟平等，無有變異，不可破壞，唯是一心，故名眞如。

慧能禪法的重要一條，就是「無住、無念、無相」。他解釋「無念」說：「無者，離二相諸塵勞；真如是念之體，念是真如之用。自性起念，雖即見聞覺知，不染萬境，而常自在。」(《壇經校釋》第32頁）這裏的「二相」，即是指生滅、有無、空有、人我、是非、染淨、內外等對待的現象。所謂「離相」，並非要求人們遠離種種現象，因為這實在是辦不到的。而只是要求，對種種變幻不定的相（現象）不能執著而起妄念。這樣就可以從自己的真如實性起念，即使仍然對外界進行著感認而產生種種見聞覺知，也能做到不受「萬境」之染污，保持自己的自由自在。正是在這個意義上，他說「但能離相，體性清淨」。慧能論到什麼是「坐禪」，表達了不同傳統的見解。他認為坐禪這個法門能使人「一切無礙」，得到自由。他說，「坐」是「外於一切境界上念不起」，「禪」是「見本性不亂」。這無異於說，坐禪之「坐」並不須要真的跏趺而坐，儘管可以身處一切境界之中，唯一要求的是「念不起」，「禪」則是在一切境界之中現出自己的本性而不為諸境界所干擾。他解釋「禪定」也云：外離相曰禪，內不亂曰定。人的本性自淨自定，只是因為「觸境」，「觸」就亂，而離相不亂就定。

慧能認為，人「本性自有般若之智，自用智慧觀照，不假文字」(《壇經校釋》第54頁)。這個「不假文字」，就是禪宗不立文字的首次宣言。它的哲學上的依據，就是提出人的本性本來具有般若的智慧，若是覺悟，人自己就可以運用這個智慧來觀照世界和自己，而用不著假借文字語言的。慧能的邏輯是，萬法均是因人而興，一切經書，也是因人說有。

慧能自稱不識字，也許未必一字不識，但「不識字」之說具有很大的宣傳效果，它表明禪宗對語言文字能否把握真理的懷疑和否定態度，以及禪宗教外別傳的性質。慧能提出「三十六對法」，又提出「離二相」，這裏似乎有矛盾。《壇經》中說：「舉三科法門，動用三十六對，出沒即離兩邊，說一切法，莫離於性相。」慧能教他的弟子，如果有人前來問法，要出語盡雙，皆取法對。例如，設有人問：「何名為暗？」就這樣回答：「明是因，暗是緣，明沒即暗，以明顯暗，以暗現明，來去相因，成中道義。餘問，悉皆如此。」（興聖寺本《壇經》第四十八節）這樣回答，沒有靠向兩邊的任何一邊，也就不會形成執著的邊見，成就了中道義。「成中道義」，就包含了「莫離於性相」的意思，它與「於相離相」的說法是不矛盾的。對法的意義在於，它運用名相的分析性來超越名相。名相的性質是分析的，或者名相是可以分析的，分析（辨析）的結果，就是產生兩極，慧能正是借兩極製造對法，來掃破名相。三十六對法中，言語與法相有十二對，可見正確地言語是慧能思考的一個重點。《壇經》中說：「既言『不用文字』，人不合言語；言語既是文字！」言語是人的固有能力，問題不在是否一切禁絕言語，而在如何言語。

這一方面，百丈懷海說得更為激烈：

《大乘》、《方等》猶如甘露，亦如毒藥。消得去如甘露，消不去如毒藥。讀經看教，若不解他生死語，決定透他義句不過，莫讀最第一。亦云須看教，亦須參善知識，第一須自有眼，須辯他生死語始得。若辯白不得，決定透不過，只是重增比丘繩索。所以教學玄旨人，不遣讀文字。(《古尊宿語錄》卷一《百丈懷海大智禪師》)

因此懷海主張「說體不說相，說義不說文」，認為這樣才是真說。如果單純就文字說經，「皆是誹謗，是名邪說」。而菩薩說經，是如法說，這叫真說。他進而指出，應該讓眾生「持心不持事，持行不持法，說人不說字，說義不說文」。這個主張的要害是在人的生存的意義上說經，真正的言語是「如法」而說的，不會成為無生存意義的、概念的遊戲。於是，這樣的說法就不是運用語言普遍傳達的功能，而是把文字語言當成個別、特殊來言說，即便是佛經也應如此看待。黃檗希運如是說：

三乘教綱只是應機之藥，隨宜所說，臨時施設，各各不同。但能了知，即不被惑。第一不得於一機一教邊守文作解。何以如此？實無有定法如來可說。(《古尊宿語錄》卷二《黃檗希運斷際禪師》)

經書上寫的文字，無非是智人（利根之人、覺悟者）為愚人（鈍根之人、昏昧者）說法以開導他們覺悟而已。經書上所說，從現象上看僅是隨宜臨時的「一機一教」，具有特殊性，不可重複，無法依據概念普遍性地「守文作解」。因此我們可以看到，禪宗關於言語的看法帶有某種存在主義和現象學的色彩。

不過，禪宗早期已經對語言現象進行了較為細緻的區分，區分的目的是破除語言名相。如百丈懷海云：

> 須識了義教不了義教語，須識遮語不遮語，須識生死語，須識藥病語，須識逆順喻語，須識總別語。說道修行得佛，有修有證，是心是佛，即心即佛，是佛說，是不了義教語，是不遮語，是總語，是升合擔語，是揀穢法邊語，是順喻語，是死語，是凡夫前語。不許修行得佛，無修無證，非心非佛，佛亦是佛說，是了義教語，是遮語，是別語，是百石擔語，是三乘教外語，是逆喻語，是揀淨法邊語，是生語，是地位人前語。……但有語句，盡屬法塵垢。但有語句，盡屬煩惱邊收。但有語句，盡屬不了義教。了義教是持，不了義教是犯。佛地無持犯，了義不了義教盡不許也。（《古尊宿語錄》卷一《百丈懷海大智禪師》）

以往的禪宗研究對語言概念討論得多一些，以下想重點討論一下較少涉及的譬喻問題。

中國美學的傳統中，比興是極為重要的，比是譬喻，朱熹說：「比者，以彼物比此物也」；興是起情，劉勰說：「觀夫興之托諭，婉而成章，稱名也小，取類也大」(《文心雕龍·比興》)。朱熹說：「興者，先言他物以引起所詠之詞也」(《詩集傳》)。興其實也大體上屬於譬喻，只是它更接近托喻或隱喻，所謂托物言志。但是興的一個顯著特點是以自然物起情，很直接、迅捷，所謂觸興。孔穎達引鄭眾說：「詩文諸舉草木鳥獸以見意者，皆興辭也。」(《毛詩正義・關雎傳》)魏晉美學形成了一個新的傳統，即物感，它是指通過觀察自然物的盛衰變遷以引起情感。物感，前提是必須觀物，觀物過程中觀者的感性就非同尋常地發展起來了。物感當然與興的傳統有直接的關係，但是物感更講究直觀，譬喻和道德聯想的成分大為減少了。我們細察禪宗美學，發現它的感性經驗之形成，有一個逐漸脫離原始佛經中大量使用的譬喻而向禪觀——空的直觀的過渡。在禪宗的形成過程中，由於它初興起時對語言名相的強烈否斥態度，可以大膽地說，禪宗的現象空觀在某種程度上取代了原始佛經中作為語言名相的譬喻而起到了覺悟的證物的作用。這個趨勢，可以在早期禪籍中得到證明。

《五燈會元》卷一記：佛祖釋迦牟尼在靈山會上，拈花示眾。是時眾皆默然，唯迦葉尊者破顏微笑。世尊就說：

> 吾有正法眼藏，涅槃妙心，實相無相，微妙法門，不立文字，教外別傳，付囑摩訶迦葉。

這一段文字記錄了傳說中禪宗「教外別傳」性質確立的故事，正法眼藏，又稱清淨法眼，是證得正法的智慧之寶藏，只可以心傳心，其中重要的是直觀內證方式。且不論傳說是否實有其事，除了迦葉無言而應以微笑，就當時眾尊者對佛祖不借助語言文字而取拈花姿勢的無動於衷判斷，在印度佛教，直觀方式大約並非傳教的常規方式。還可以舉一個例子，《維摩詰所說經・入不二法門品》上記：維摩詰要三十二位菩薩各自說「入不二法門」，於是自然形成三十二種不同的說法。各位說完，文殊師利要維摩詰說自己的見解，「時維摩詰默然無言」。文殊師利贊之曰：「善哉！善哉！乃至無有文字語言，是真入不二法門。」三十二比一，維摩的無言，畢竟是少數。也可見「無言」的直覺（直觀）方式在印度佛教並不常用。而禪宗受維摩詰的影響是很大的。因此，判禪宗屬「教外別傳」是無甚問題的。

我們且來看古印度邏輯學中的譬喻量，《正理經》[6]云：

> 所謂譬喻量，就是以共許極成的同喻去論證所立宗。（《正理經》第一卷第一章第二節《量》）
>
> 譬喻量是根據一般承認的共性來成立的……（同上，第七節《譬喻量的探討》）

所謂的「共許極成」，就是論戰雙方(或多方)認識上的一致，即共識；所謂的「宗」，「就是提出來加以論證的命題」（同上，第八節《論式》）；所謂的「同喻」，就是與所要論證的命題同類的譬喻。因此，所謂的「譬喻量」，就是以論戰雙方（或多方）共認的譬喻來論證自己所要證明的論題。例如，對一個從不知水牛為何物的人，只要對他說「像牛那樣」的譬喻，他便能明白何為水牛。這說明，在古印度譬喻其實是一種借助於形象的理性認識方法，屬於邏輯學的範疇。這是我們討論佛教譬喻必須事先明瞭的一個大背景。

譬喻，梵文avadāna，音譯阿波陀那。印度佛教經典按

6 參見沈劍英著《因明學研究》附錄《正理經》。本經為印度邏輯史上最早的經典。

內容和形式分為十二個部分，稱為十二部經，阿波陀那即為其中一部，稱為《譬喻經》。康法邃《譬喻經序》云：

> 《譬喻經》者，皆是如來隨時方便四說之辭，敷演弘教訓誘之要。牽物引類，轉相證據，互明善惡罪福報應，皆可寤心，免彼三途。」（《出三藏記集》卷九）[7]

不僅佛經中大量運用譬喻，有些經中還有「譬喻品」，如《妙法蓮華經》卷二就有「譬喻品」。天竺僧人僧伽斯那還撰有《百喻經》[8]。印度佛教的諸經典，記如來及諸菩薩向世人講解佛理，為了讓人容易明白，較多使用譬喻，這就是有名的方便說法。

著名的盲人摸象故事出自佛經，多部佛經都講這個故事，它也是譬喻。《大般涅槃經》記：有一位大王，叫大臣去牽來一頭象讓眾盲人摸。然後大王問眾盲人：你們看見象了嗎？眾盲人回答：已經看見。大王又問：象像什麼東西？盲人中摸到象牙的，說象像蘿蔔；摸到耳朵的，說象像簸箕；摸到頭的，說象像石頭；摸到鼻子的，說象像杵杖；摸到腳的，說象像木臼……眾盲人雖然未說出象的整體，但並非什麼也沒有說；如果說這些各不相同的相都不是象，那麼離開這些相也就沒有別的象了。於是師子吼菩薩總結道：這個故事中，大王譬喻具有全知的如來，大臣譬喻《大般涅槃

7《大藏經》第四冊中收有《舊雜譬喻經》和《法句譬喻經》。

8 此經《出三藏記集》稱為《百句譬喻經》。收故事一百個，每個故事一般分兩個部分，前一部分為喻體，往往以「譬如」開頭，後一部分為喻意，借譬喻發揮佛的教誨。

經》，象譬喻佛性，盲人則譬喻一切無明眾生。佛經中此類譬喻多到不可勝數。可以說印度佛教的諸大師大多也是譬喻大師，佛經中的譬喻則是文學故事的寶庫。

大乘的十種譬喻，喻示萬法幻化假有，虛而不實。《摩訶般若波羅蜜經・序品》云：

> 解了諸法，如幻、如焰、如水中月、如虛空、如響、如犍闥婆城、如夢、如影、如鏡中像、如化。

這即是著名的般若十喻。《維摩詰所說經》則以另外十種虛幻之事來譬喻人的身體，云：

> 是身如聚沫，不可撮摩；是身如泡，不得久立；是身如焰，從渴愛生；是身如芭蕉，中無有堅；是身如幻，從顛倒起；是身如夢，爲虛妄見；是身如影，從業緣現；是身如響，屬諸因緣；是身如浮雲，須臾變滅；是身如電，念念不住。

印度佛教不光有「十喻」，以比況其運用譬喻之多、之廣，而且將譬喻作了細緻的分類。《大般涅槃經》羅列了八種譬喻：順喻、逆喻、現喻、非喻、先喻、後喻、先後喻、遍喻。由此可見，運用譬喻是印度佛教的擅場。

玄奘《大唐西域記》卷十《龍猛與提婆》上記：

> 時提婆菩薩自執獅子國（錫蘭）來求論議。

> 謂門者曰：「幸爲通謁。」時門者遂爲白。龍猛雅知其名，盛滿缽水，命弟子曰：「汝持此水，示彼提婆。」提婆見水，默而投針。弟子持缽，懷疑而返。龍猛曰：「彼何辭乎？」對曰：「默無所說，但投針於水而已。」龍猛曰：「智矣哉，若人也！知幾其神，察微亞聖，盛德如此，宜速命入。」對曰：「何謂也?無言妙辯，斯之是與！」曰：「夫水也者，隨器方圓，逐物清濁，瀰漫無間，澄湛莫測。滿而示之，比我學之智周也。彼乃投針，遂窮其極。此非常人，宜速召進。」

本來，提婆前來與龍樹辯論，但結果卻沒有辯起來。滿缽水，在龍樹是一個喻意豐滿的意象，在提婆是一個簡單的直觀。面對此水，提婆必須立即應對，他不假思索地將一支針投入水中，沒有言語。龍樹於是斷定對手是一位智者，滿缽之水，隱喻自己智慧的豐滿周密精深，而提婆投之以針，直沉水底，喻示對手具有破解自己智慧的智慧。這裏出現的水與針的直觀，雖然雙方在心理上把它們設為兩個譬喻，但是卻並非以語言為載體，無論用何種語言加以詮釋，都無法把它的底蘊說透。因此，最好的領悟狀態是保持對此直觀的直覺。然而龍樹自己卻把它解開了[9]，這在禪宗是不可以的，因為禪宗的原則是不說破。

再看一位從西域來華的譯經大師鳩摩羅什。他出生於天

9 龍樹似乎對語言的作用頗為首肯，他的《中論》說：「若不依俗諦，不得第一義。」他的《大智度論》則認為「語言能持義」，如果不借助於語言，那麼意義就難以把握。如此看來，他把滿缽水的直觀以語言加以闡明，就可以理解了。

竺國，晉時在長安譯經三百餘卷，我們現在仍可以讀到他譯的《成實論》、《妙法蓮華經》、《維摩詰所說經》等重要佛經。他七歲就從師讀佛經，每天唱誦佛偈千首。他自己也作佛偈，有《十喻詩》：

> 十喻以喻空，空必待此喻。借言以會意，意盡無會處。既得出長羅，住此無我住。若能映斯照，萬象無來去。（《藝文類聚》卷七六）

詩中的「十喻」即大乘十喻。所謂的十喻，其實就是博喻。詩中的「空必待此喻」，意思是說，要想了知空，必須借助譬喻，這叫「借言以會意」。看來他是譬喻解經方式的推重者。他為僧法和作頌：「心山育明德，流薰萬由延。哀鸞孤桐上，清音徹九天。」（《高僧傳》卷二《鳩摩羅什傳》）此詩後二句用中國傳統的鳳凰棲止於梧桐樹的典故來譬喻法和孤高潔清的品格，從方法上看，即是延用了儒家的君子比德傳統。《高僧傳》稱鳩摩羅什「凡為十偈，辭喻皆爾」，可見他作偈頌主要是運用譬喻方式。這種方式與中國頌詩的傳統是相通的。《高僧傳》又記，有人送他十位妓女，他也接受下來，而且從此不住僧舍，另建別館，每次講經，常先說一個譬喻：「如臭泥中生蓮花，但採蓮花，勿取臭泥也。」鳩摩羅什是一位譬喻大師。

大乘佛教的「空」是極難領會的，四大皆空，萬法皆空究竟說的是什麼道理呢？有時會出現極其拙劣的譬喻。《高僧傳》中說，鳩摩羅什廣誦大乘經論，洞其秘奧，他過去的老師盤頭達多就趕來向他討教。盤氏對他的舊弟子曰：你如此推崇大乘，到底有何高明見解呢？鳩氏曰：大乘佛法深淨廣大，可以明「有法皆空」的道理，而小乘佛法偏頗，局面狹小，滯於名相，多有失誤。盤氏曰：你說一切皆空，真是可畏，哪有捨去有法而偏愛空法的道理呢！我說個故事給你聽。過去有一個狂人，要求紡績匠為他紡極細的線。紡績匠使出渾身解數，紡出來的線細得像微細的塵粒。可是狂人還是嫌其粗。於是紡績匠大怒，指著空中說：這就是細線。狂人問：為什麼看不見呢？紡績匠回答道：此線極細，吾身為良匠，尤且看不見，何況他人呢。於是，狂人大喜，就叫紡績匠繼續紡下去。就這樣，紡績匠賺了狂人許多錢。講完故事，盤氏對鳩氏說：我看你的空法也不過如此。

盤頭達多的這一譬喻宥於小乘見解，把空誤讀為空間之空即「有法」，認為諸色法由極微構成，無限地分析下去，最後就達到了空，叫做分析入空。這正是鳩摩羅什所批評的滯於名相。不過，也可以從中看出，空的本質確實很難用譬喻來說明。盤頭達多以如此拙劣的譬喻來嘲戲善於舉譬的鳩摩羅什，不為無因。《高僧傳》接著說，羅什「乃連類而陳之，往復苦至，經一月餘日，方乃信服」，看來說服盤氏接受空觀十分困難，其方法仍然是大量運用譬喻（「連類而陳」）。禪宗師徒之間決不會發生這種艱難說服一月有餘的尷尬局面，因為禪者的覺悟往往在頓然間獲得，並非經由譬喻或博喻的啟發和說服。羅什《十喻詩》還說「借言以會意，意盡無會處」，就是莊玄得魚忘筌的意思，然而看他說服其師的過程卻並不像他詩中寫的那樣輕鬆。於是，可以設疑：使用譬喻來解說空，也許會不知不覺隨名逐相起來，落入名相的陷阱。

當然，譬喻也有貼切而巧妙的，如《大乘起信論》中以大海水譬喻人的真如佛性，它的濕性是永遠不變的；以風吹過海掀起波浪譬喻無明偶然而起，無關於海的濕性。佛經中出現頻率最高的譬喻：把金與金器的關係譬作真如(體)與它的具體存在形式（用）。華嚴宗的創始人法藏的《華嚴金師子章》，是他為武則天講《新華嚴經》，後者覺得難以理解，他就指鎮殿金獅子為喻，以譬喻為方便，使武則天開悟。

> 謂金無自性，隨工巧匠緣，遂有師子相起。（《明緣起第一》）
>
> 若看師子，唯師子無金，即師子顯金隱。若看金，唯金無師子，即金顯師子隱。若兩處看，俱隱俱顯。（《勒十玄第七》）

第一句說，如果金守不住自性，由巧匠施以加工製作，於是就有獅子的塑像出現。這裏，金是真如，巧匠是因緣，獅子是事物。獅子是沒自性的，只是金與巧匠因緣和合而產生獅子。這個譬喻中，金喻本質，獅子喻現象。第二句說，如果觀看獅子，就只是看到獅子而看不到金，獅子顯而金隱。如果觀察金，就只是看到金而看不到獅子，金顯而獅子隱。如果兩者都觀察，則金與獅子同時隱顯，即本質與現象並存。

這些譬喻相當貼切，富於哲理，也能形象地說明佛理。不過，這兩則譬喻也有與眾不同的地方，它們雖是譬喻，卻是進行了相的分析。如海水與風浪，雖然同是水，但它們其實是兩個不同的相。海水的相由濕性所決定，而風浪的相則由風所決定，風與濕絕然是兩個東西。而金與獅子之喻則相反，意在說明本質與現象的同一性，即實相與假相是統一的。

再看《壇經》中慧能的譬喻：定與慧是等同的，兩者好比燈光，有燈就有光，反之則無光。燈是光的體，光是燈的用。「名即有二，體無兩般」，從名份上看，是兩個東西，而實際卻是一體的。這是以體用觀念來理解定與慧的關係，譬喻的作用僅是幫助理解而已，它本身並不生動，可以說是學理上的分析與綜合。

牛頭法融的龜毛兔角之喻[10]也是如此。牛頭以為，凡人與聖人的區別僅在於有所得與無所得。於是學僧問：若是凡聖無異，那麼聖人的名稱因何而立呢?牛頭回答：凡與聖二者均是假名，假名之中無二，就無有異（同是假名，沒有不同）。這就如說龜毛兔角。學僧進而問：聖人如果同於龜毛兔角，則應該也是無。那麼讓人去學什麼呢？牛頭於是回答道：我說的是龜毛，不是龜。學僧再進而問：龜譬喻什麼，毛譬喻什麼？牛頭答道：龜譬喻道，毛譬喻我。所以聖人無我（毛）而有道（龜），凡夫無道（龜）而有我（毛）。所以把執我者譬為龜毛兔角。這一則譬喻，將聖人與凡人拉得很近了。但是，此譬喻卻有一些問題，如果依凡聖區別只在於有所得與無所得的道理，那麼聖人與凡人並非龜與毛的區別，而應該是龜與龜毛的區別，聖人只是不去執求龜的毛或兔的角而已。

臨濟義玄作過一個極高明的譬喻：

> 但有來求者，我即便出看渠。渠不識我，我便著數般衣，學人生解，一向入我言句，苦哉！

10龜毛兔角的譬喻出於印度佛教，《楞嚴經》卷一云：「世間虛空，水陸飛行，諸所物象，名為一切，汝不著者，為在為無，無則同於龜毛兔角。」

瞎禿子無眼人，把我著底衣認青黃赤白。我脱卻入清淨境中，學人一見便生忻欲。我又脱卻，學人失心，茫然狂走，言我無衣。我即向渠道：「你識我著衣底人否？」忽爾回頭認我了也。大德，你莫認衣，衣不能動，人能著衣。有個清淨衣、有個無生衣、菩提衣、涅槃衣、有祖衣有佛衣。大德，但有聲名文句，皆悉是衣變。從臍輪氣海中鼓激，牙齒敲磕成其句義，明知是幻化。大德，外發聲語業，內表心所法，以思有念，皆悉是衣。你祇麼認他著底衣為實解，縱經塵劫，祇是衣通，三界循環，輪迴生死。（《古尊宿語錄》卷四《鎮州臨濟（義玄）慧照禪師語錄》）

這是一個衣喻。衣是人的幻化，是種種境，如清淨、菩提、涅槃可能成為衣，因此，衣是假象，而非實解。不過，此一段妙語本身也是譬喻，它能助人解脫，但不能使人解脫。[11]

且不說譬喻本身的當與否，好的譬喻難求，畢竟譬喻僅是譬喻，它只能把佛性與無明之關係等佛學原理加以形象的說明，進行辨相的分別。而譬喻一旦進入到辨相的層次，就不再是簡單的講究形象的譬喻，它其實是學理的分疏，而須歸入佛教因明學的領域。按之因明學，喻構成因明三支宗、因、喻之一支，所謂譬喻就是由已知推斷未知。《正理經》

11 請注意，臨濟代表了與印度佛教相反的一個趨向，即印度佛教主張佛有十八種好、三十二種相，作為普度眾生的方便，而禪宗卻努力去破除種種「衣」相，以至訶佛罵祖。

12 印度哲學中共有十種「量」，其中有我們熟知的現量、比量，還有譬喻量等。可云：「所謂譬喻量，就是以共許極成的同喻去論證所立宗。」「譬喻量是根據一般承認的共性來成立的」[12]。唐窺基《因明入正理論疏》云：「喻者，譬也，況也，曉也。由此譬況，曉明所宗，故名為喻。」「宗」是什麼？是譬喻所要曉明的結論，即普遍之理。顯然，這種譬喻是論證，它的目標是對人進行理性說服，無助於人的真正覺悟解脫。這是因為，譬喻以意象別類的方式賦予人以普遍的義理而非個體特殊的覺悟，因此，儘管它是形象，卻不是現象空觀，也不是禪觀。

《楞伽師資記》為神秀的再傳弟子淨覺所撰，可以看作北宗禪史，其中講到兩個禪觀方法。一是「就事而徵」，一是「指事問義」。求那跋陀羅是禪宗早期經典《楞伽經》的譯者，他自稱「從師而學，悟不由師」。淨覺說他開啟人的智慧，都不通過說法，而是「就事而徵」。方法極其簡單：指樹葉是何物。「徵」是證，即證悟。請讀下面一段：

> 又云：汝能入瓶入柱，及能入火穴山，杖能說法不？又云：汝身入心入。又云：屋內有瓶，屋外亦有瓶不？瓶中有水不？水中有瓶不？乃至天下諸水，一一中皆有瓶不？又云：此水是何物？又云：樹葉能說法，瓶能說法，柱能說法，

見，譬喻在印度思想中是被當作一種認知方法的。以下錄印度邏輯史最早的經典《正理經》第一卷第一章第八節「論式」，以明譬喻在因明邏輯中的地位：

論式分宗、因、喻、合、結五部分。宗就是提出來加以論證的命題（即所立）。因就是基於與譬喻具有共同的性質來論證所立的。即使從異喻上來看也是同樣的。喻是根據與所立相同的同喻，是具有賓辭的實例。或者是根據其相反的一面而具有相反的事例。合就是根據譬喻說它是這樣的或者不是這樣的，再次成立宗。結就是根據所敘述的理由將宗重述一遍。

屋能說法，及地水火風，皆能說法，土木瓦石，
亦能說法者，何也？

這裡所列諸問，都並非譬喻。瓶、柱、火穴山、杖、屋、樹葉，以及地水火風、土木瓦石，觸目所見，一切都能說法，因此，可以就瓶等而一一發問。發問是環環相扣，一連串的，例如，問：

屋內有瓶，屋外也有瓶嗎？這一問完全在常識範圍之內。

又問：瓶中有水嗎？這也是一個常識之問，但又緊接著問一個相反的問題：

水中有瓶嗎？這是就瓶中的水而問，問題開始變得怪異。再進一步問：

瓶中的水中是否有瓶？這一問幾乎不可思議。從這一問開始，常識被打破進而被超越。接下去問題變得開闊了：由

天下之所有水中是否都有瓶？這一問因為是不可思議的前一問的延續，儘管就它本身來看是一個常識之問，但其實卻是一個深刻的禪理之問，它要追問的是：必有一物無所不在。於是又進而問：

此水是何物？答案應該是：此水是說法的物。但是，也不能如此簡單地下結論，結論卻是就其他事物發的又一設問：

「樹葉能說法……土木瓦石，亦能說法者，何也？」

「就事而徵」方法的原理是「境智無二，理事俱融」，凡物都會說法，佛法就是這麼簡單而不可思議。這是上面一連串「就事而徵」之問的答案。不過，理性之結論是不能代替具體之發問的。

菩提達摩也有一法，曰「指事問義」：「但指一物，喚

作何物，眾物皆問之，迴換物名，變易問之。」這一方法，大致與「就事而徵」相彷彿。弘忍的問法就是如此：

> 有佛(應爲佛有)三十二相，瓶亦有三十二相不？住亦有三十二相不？乃至土木瓦石，亦有三十二相不？
>
> 汝正在寺中坐禪時，山林樹下，亦有汝身坐禪不？一切土木瓦石，亦能坐禪不？土木瓦石，亦能見色聞聲，著衣持缽不？《楞伽經》云：「境界法身」，是也。（《楞伽師資記》）

上一問應答：一切物都有三十二相。下一問則由所引《楞伽經》答了：境界法身。一切境界都是法身。「就事而徵」、「指事問義」的方法，其實就是「境界法身」的意思。正所謂「不造不作，物物皆是大般涅槃也」(《楞伽師資記》)。

北宗禪所倡導的這種禪法，既非比（譬喻）也非感興也非象徵，它是一種空的直觀，即禪觀。儘管《楞伽師資記》中還記載了一些譬喻，如道信講於靜處坐禪，「直觀身心」，要達到這樣的境界：「即知自身猶如水中月，如鏡中像，如熱時炎，如空谷響，若言是有，處處求之不可見；若言是無，了了恒在眼前。諸佛法身，皆亦如是。」這是運用了博喻。而「就事而徵」與「指事問義」雖然也是扣住諸事物一一問來，卻並非博喻。譬喻、博喻是印度佛教的方便說經法，而禪宗雖然也使用它們，但是它自己的發展、創造卻是「就事而徵」與「指事問義」一類禪觀方法。這樣一種禪觀與譬喻有根本的不同。

印度佛教所大量運用的譬喻，構成了其運用語言的一大特點，我把它稱為譬喻方式。而禪宗則迴避譬喻而發展禪觀，它更多地依照即色是空的原理，運用禪的空觀，以直觀世界和自己。正所謂「擬心即差，動念即乖。有人解者，不離目前」(《古尊宿語錄》卷四《鎮州臨濟(義玄)慧照禪師語錄》)。這是禪宗的突出特點，我把它稱為禪觀方式。禪籍為什麼文字上明白如話，而其意義卻那麼難於拷問、把捉，迴避譬喻是一大原因，儘管仍然使用著許多的譬喻。[13]

現在我們從運用譬喻的角度來分析一下禪宗傳法中慧能偈與神秀偈的分歧與得失高下。六祖的遴選，是禪宗產生的關鍵。根據《壇經》中的記載，五祖弘忍為把衣法傳承下去，採用了讓各位門人呈心偈的辦法，也許是出於無奈的一種策略。弘忍要眾門人呈偈，目的是看一看門人中有否「悟大意者」(了悟佛法大意的人)，而眾門人向五祖所呈者稱為「呈心偈」。簡言之，從偈語可以瞭解寫偈之人的覺悟程度。據《壇經》(惠昕本等)和《祖堂集》記載，神秀的偈是：

身是菩提樹，心如明鏡台，時時勤拂拭，莫使有塵埃。

這一偈用了兩個譬喻，把身體譬喻為菩提樹，心體譬喻為明鏡台。這裏，喻體和喻依判為二物，所以，須勤奮拂拭才能使明鏡免於蒙上灰塵。弘忍認為此偈見解未到，只在門前，尚未進入，尋覓無上菩提還談不上，要他重作一偈呈

13 禪宗的譬喻有許多是從印度佛經中沿用而來，如金與金器之喻就是如此。

來。慧能偶聽童子唱此偈，也判斷神秀未見性。於是他自己作了一偈：

> 菩提本無樹，明鏡亦非台，本來無一物，何處有塵埃！

慧能偈針對神秀偈反其意而作，其方法是，打破神會的譬喻之喻依，依空觀立意，說菩提本來就並非樹，明鏡亦不是台。菩提、明鏡只是覺悟的直觀喻象，即智慧，但是如果把它們引入譬喻身心的解脫，就有法執了。因此慧能要把這一喻依破壞，說「本來無一物」。與此相類，《祖堂集》此二句作「身非菩提樹，心鏡亦非台」，直接針對神秀偈，說身體並非菩提樹，心體也不是明鏡台，因此並不存在構成譬喻的雙方，結論自然也是「本來無一物」。從邏輯上講，神秀用的是表詮法，譬喻就是肯定，慧能用的是遮詮法，破神秀的譬喻就是否定。同是否定，惠昕本《壇經》等是否定菩提與樹、明鏡與台的譬喻關係，《祖堂集》是否定身、心與菩提樹、明鏡台的譬喻關係，這是兩者的不同。不過，慧能切斷身、心與菩提樹、明鏡台的語言聯繫，並沒有否定神秀譬喻所運用的這些喻象。因此，「本來無一物」的悟解其實是與菩提（樹）和明鏡（台）的意象有關的，應該了悟菩提（樹）和明鏡（台）本來是空，僅是一個心境而已。懷讓云「說似一物即不中」。空是一個直觀，沒有辦法作譬喻的。換言之，從一個好的譬喻無法判斷作譬喻者是否真的覺悟，從一個壞的譬喻卻可以判斷譬喻者尚未覺悟，如弘忍已經否定了神秀的偈，以為他尚未入門。

從譬喻的角度看，神秀的偈可以說比較忠實地繼承了印度佛教的譬喻傳統。禪宗四祖道信就是這樣做的，他以著名的鏡喻來證空。他在講到《維摩經》「是身如浮雲，須臾變滅」時引入了鏡喻：

> 常觀自身，空淨如影……如眼見物時，眼中無有物，如鏡照面像，了了極分明，空中現形影，鏡中亦無物。當知人面不來入鏡中，鏡亦不往入人面，如此委曲，知鏡之與面，從本以來，不出不入，不去不來，即是如來之義。如此細分判，眼中與鏡中，本來常空寂，鏡照眼照同，是故將爲比，鼻舌諸根等，其義亦復然。（《楞伽師資記》）

此鏡喻是以人面照鏡喻人眼觀物，鏡中空無物，眼中亦空無物。這種觀空法其實還是印度佛教的譬喻方法，儘管非常形象生動，但是無法使人產生空的直觀。它並非我前面所描述的禪宗自己發明的現象空觀。因此，道信把眼所見色稱為「他色」，就不足為怪了。從純粹直觀的角度看，這個譬喻顯然是有嚴重缺陷的。而神秀的「時時勤拂拭，莫使有塵埃」僅是道信鏡喻的延伸，兩喻在本質上是如出一轍的。由

《壇經》上記，法達讀《法華經》七年，仍認為「經上有疑」而不知正法之處，慧能開導他說，《法華經》無多語，七卷盡是譬喻因緣。如來廣說三乘，只是因為世人根性遲鈍，經文上分明只說了一佛乘。一佛乘是什麼呢？就是「本源空寂，離卻邪見」八字。如果執著於經中所講的譬喻因緣，那就要「外迷著相，內迷著空」，於是「心行轉《法華》，不行《法華》轉；心正轉《法華》，心邪《法華》

轉」。經是外在的，譬喻因緣也是外在的。

明與暗是佛教的一個著名譬喻，《祖堂集》記唐中宗派中使薛簡去迎接慧能進京，慧能謝而不去。薛簡就請慧能指示心要，以回覆朝廷，稱此舉「譬如一燈照百千燈，冥者皆明，明明無盡」。這裏，明、暗分別譬喻智慧、煩惱，燈譬喻明，一燈照百千燈，就可以明明無盡。慧能則云：道無明暗，明暗就是代謝的意思；明明無盡，也是有盡，因為明與暗是相待而立名的。說明就有暗，稱暗就有明，明暗的代謝或明明無盡（一燈照百千燈）的前提都是明與暗的相待，相待就不是絕對。因此經書上說：「法無有比，無相待故。」佛法只有一個，是沒有任何東西可以與之相比的絕對之物，為什麼？是因為佛法沒有任何東西與之相待。薛簡仍然起疑，云：明譬喻智慧，暗譬喻煩惱。學道之人如果不以智慧來照生死煩惱，又怎麼能得到解脫呢？慧能繼續道：煩惱即是菩提，是因為二者無二無別的緣故。以智慧去照煩惱，是小乘的見解，有智慧的人是不那麼理會的。他進而提出「住煩惱而不亂，居禪定而不寂」，「涅槃不遠，觸目菩提」。這些話的意思，與「境界法身」（《涅槃經》）是相同的。

慧能教法達讀《法華經》的故事，慧能給薛簡說「明暗是代謝之義」，倡「觸目菩提」，兩者都說明經書是外在的，譬喻是外在而相待的，而佛法是唯一的，無待的。本淨禪師也說「道無相似，道無比並，道無譬喻，道無對治」（《祖堂集》卷三《司空山本淨和尚》），此道即真如，真如是不可以作譬喻的。這些見解，代表了禪宗對譬喻的基本看法。

以下看臨濟義玄如何破鳳林禪師詩中譬喻：

到鳳林，林問：「有事相借問得麼？」師云：「何得剜肉作瘡！」林云：「海月澄無影，游魚獨自迷。」師云：「海月既無影，游魚何得迷？」林云：「觀風知浪起，玩水野帆飄。」師云：「孤輪獨照江山靜，自笑一聲天地驚。」林云：「任將三寸輝天地，一句臨機試道看！」師云：「路逢劍客須呈劍，不是詩人莫獻詩。」鳳林便休。（《古尊宿語錄》卷五《臨濟禪師語錄之餘》）

鳳林禪師似乎頗有語言修養，虛以相問：向您獻疑一二，可否？義玄應以一個意象：不須剜肉作瘡！於是鳳林吟詩一句發問：海月澄無影，游魚獨自迷。似乎是說：雖然四大皆空，而我還是迷惑得很。這其實是一個隱喻，前一句喻一切皆空，後一句喻自己卻尚有迷惑之處。義玄就勢破之：月亮映照著海面，既然清澄無影，那麼游魚又從何得迷呢？言下之意：既然已經識得四大皆空，緣何尚有迷惑之處呢？從空觀的角度看，鳳林的兩句詩所喻正自相矛盾。鳳林仍借詩發問：觀風知浪起，玩水野帆飄。仍是依水為喻。這是一組動態的意象：風吹過水面掀起波浪，而船帆憑藉風勢正好玩水。也許認為鳳林的詩句純是文字遊戲，此時義玄的應答繞開而返回到鳳林第一問之詩句中的意象：月亮。月輪孤獨朗照，江山一切靜寂，此中有一人——覺悟者，此人獨自發出一聲笑，天地的靜寂被打破了。這是一組直觀，沒有譬

14禪宗公案如此作解甚是無味，也極容易落入語言的陷阱，我這樣做只不過是為了更明白地解釋一下臨濟禪師是如何破譬喻的。

喻。鳳林大概很不滿意，就使出激將法：請說一句臨機語我聽聽。義玄對云：你還不是劍客、詩人，我亦無須呈劍、獻詩。鳳林於是不得不罷休。[14]

古靈禪師啟發其師覺悟的故事也許能比較貼切地說明譬喻方式在禪宗的真實地位。古靈禪師於福州大中寺出家，離開本師遊參百丈懷海而契悟。後來回到大中寺，欲設法使師傅覺悟，以報其恩，但須等待「方便」之時。一天，禪房新糊了窗紙，陽光透照進來，異常明亮。師傅於窗下看經，有一隻蠅子沒頭沒腦地向透亮的窗紙上撞，「求覓出路」，想要飛出去。古靈待立在旁，見此情景，就道：「多少世界，如許多廣闊，而不肯出頭，撞故紙裏，驢年解得出摩？」師傅聽了，終於覺悟，僅靠讀經是沒有出頭之日的。（《祖堂集》卷十六《古靈和尚》）我們更關心古靈禪師應機而設的「方便」——蠅欲從窗紙而出去追逐光明。這是禪宗語境中一個典型的直觀，它是一個視覺之境，並非譬喻。窗紙與經書都用紙，這也是直觀，有助於觸發覺悟。只是被作為公案記載進了禪籍如《祖堂集》中，它才因為失去了當下性而可能被人視為譬喻。同理，《壇經》中著名的幡動、風動或心動公案也不是譬喻而是直觀之境。

從以上可以看出，禪宗的對話大都是不直接回答對方所問，而是繞路說禪，往往是甲以一個直觀意象發問，乙又以另一直觀意象來應答（除非對方的直觀意象本身有邏輯上的矛盾之處，可以直接破之），這樣以譬喻方式的對話就往往進行不下去了。我們讀禪宗語錄，總是覺得很難懂，其原因簡單地說，就是因為禪師們的對話往往呈現為一個一個獨立而非連續的直觀，它們或是語義的或是意象的，不像世俗的對話那樣流暢，明白可懂。我們讀禪籍，經常可以讀到學僧要求禪師「離卻目前機」、「勿要將境示人」而直接回答「如何是祖師西來意」等問題，那是什麼意思呢？一機一境，往往是禪師隨手拈來啟發學僧覺悟的直觀。這種直觀雖然近在眼前身邊，卻必須遠離禪者當時所處的佛學語境（禪僧們正在討論的問題，如「祖師西來意」），而赫然成為純粹現象，成為直觀的對象，才可能產生觸發覺悟的效果。它們往往不是譬喻、象徵，因為譬喻或象徵由兩個東西組成，需要借助於聯想作用將兩者聯繫在一起，聯想的過程並不利於頓悟的產生。[15]《壇經》立「無念為宗，無相為體，無住為本」，認為人的思想是前念、今念、後念，念念相續無有斷絕的。思想是一股不停息的意識之流，但是不能「住」在「法」（現象）上，「一念若住，念念即住，名繫縛」，「著境生滅起」。住相就是有所執。僅就對話語境而言，對話中禪師的思維是無住不定的，其言語和意象也就跳躍或飄忽、空靈或離奇而極難把捉。而「一念斷即死」，意識是不可中

15如果從頓悟的角度來看譬喻，明喻顯然不如隱喻。明喻中須同時出現兩個東西，而隱喻中只出現了一個東西，即一個意象。隱喻在不同的語境中或者可以被看作是譬喻，或者可以被看作是直觀。我們仔細觀察禪宗的頓悟個案，那種看似隱喻的東西，其實僅僅是直觀而已。質言之，禪宗頓悟的語境中沒有隱喻而只有直觀。
值得注意的是，葉維廉這樣說：「莊子和郭象所開拓出來的「山水即天理」，使得喻依和喻旨融合為一：喻依即喻旨，或喻依含喻旨，即物即意即真，所以很多的中國詩是不依賴隱喻不借重象徵而求物象原樣興現的，由於喻依喻旨的不分，所以也無需人的知性的介入去調停。」（《中國古典詩中山水美感意識的演變》）葉氏此說重在論述莊與玄（郭象）對山水詩美感的影響，「不依賴隱喻不借重象徵」之說極具見地，有其合理的一面。但是他所說的「物象原樣興現」其實是循了現象學的思路，我以為不依賴隱喻和象徵以及寓言的景況須待禪宗，只有現象空觀才真正是那樣的。莊子的整個哲學都是以寓言的形式展開，它具有濃重的泛神論色彩，莊子還不可能產生純粹直觀。至於郭象講「獨化」，是比莊子更進了一步，但是純粹直觀還是沒有產生，讀一下《世說新語》即可明瞭這一點。因此，只能說莊子和玄學為「不依賴隱喻不借重象徵」作了準備，禪宗才真正達到了這一步。

斷的，只能任其跳躍、遷移。最好的辦法，是把對話本身理解為一個一個分離的剎那、剎那的直觀意象或語象。臨濟形容自己禪法的風格是「石火莫及，電光罔通」，那是非常迅捷的思維，是前思維的。顯然，譬喻或象徵的運用在這種對話語境中不免顯得紆緩、遲鈍。即使是譬喻或象徵，也須在剎那間去領悟它，否則就可能落入概念思維，於是固定的譬喻或象徵也就被剎那間還原為直觀。例如王維小詩中的飛鳥不同於印度佛教飛鳥喻中的飛鳥，它只是一個剎那的直觀，不容人對之作飛鳥去無跡的聯想（審美直觀都是當下的，事後的聯想或許可以給飛鳥意象加添一些喻義，但它卻並非審美直觀本身)。飛鳥即空，即色是空，不必借助於譬喻以溝通二者。可以說禪宗用的是減法，而印度佛教用的是加法。馬祖道一有「三句語」：一、即心即佛；二、非心非佛；三、不是心，不是佛，不是物。宗密《禪源諸詮集都序》上說，他所集的「諸家禪述，多是隨問反質，旋立旋破，無斯綸緒，不見始終」[16]。「非」、「不是」，「反質」、「破」、「無綸緒」、「不見始終」，等等，都是否定，可見，禪宗更多地使用遮詮法。而慧能的對法，則是以兩兩相對的方法來破除迷執，其精神與遮詮法是相通的。其實禪宗的對話語境都是基於慧能的對法。尤其須注意，禪宗不斷地使用遮詮，以迴避因個別的否定而蘊含著的個別的肯定，即宗密所云「隨問反質，旋立旋破」。因此，譬喻方式因其表詮居多而為禪宗所回避，是可以理解的。說破了，譬喻亦是名相。只是譬喻因其相對固定的組合而有可能把名相轉為法執。

16宗密對此有具體解釋：「有問修道，即答以無修；有求解脫，即反質誰縛；有問成佛之路，即云本無凡夫；有問臨終安心，即云本來無事。」

佛教因明學有比量、現量之分，宗密說：

> 量有三種勘契須同者，西域諸賢聖所解法義，皆以三量爲定：一比量，二現量，三佛言量。量者，如度量升斗，量物知定也。比量者，以因由譬喻比度也。如遠見煙，必知有火，雖不見火，亦非虛妄。現量者，親自現見，不假推度，自然定也。佛言量者，以諸經爲定也。（《禪源諸詮集都序》）

比量方法，就是推理、類比，宗密稱為「推度」；現量方法，則「不假推度」而是「親自現見」，就是所謂親證或直觀、直覺，它是不可思議的，與本書所用概念「現象空觀」相同。所謂的禪觀，基本就是現量。從邏輯上看，比量與表詮方法有更緊密的關係，因為它是通過比類來實現肯定判斷；現量無須推度，任何一個現象空觀必然都與類比推理無關，也即與表詮方法無關，而且，現量固然未必盡是遮詮，但是遮詮法的一一否定其實是為了把對方引向某一個（隨機隨境的）未知的頓悟。也就是說，否定並非遮詮的目的，遮詮的真正目的是把人引誘或是逼迫到不可思議的現象空觀。

在譬喻的問題上，禪宗的思考也許比印度佛教更為深刻。就禪的覺悟方式來看，以禪觀取代譬喻有其必然性，而禪宗教外別傳，重直觀頓悟的特色也從中體現了出來。從感性經驗的角度看，中國人的審美之眼迅速地從類比方式向直觀方式躍遷。這是禪宗帶給中國美學的一個極其基本而且影響極其深遠的變化。

四、法眼和「隔」與「不隔」

禪宗對人的五根（感官）尤其是其中最主要的兩個根，眼根和耳根的看法及其延伸，是本書美學研討的重點所在。我已在別的章節有所涉論，講耳更多些。本節對佛教、禪宗關於「眼」的見解作一簡要描述，並根據法眼宗尤其是清涼文益的「一切見成」理論，探討後來王國維所提出的「具眼」（「詩人之眼」、「自然之眼」和「特別之眼」）和「隔」與「不隔」理論的禪學淵源。

眼根，五根或六根之一，是眼的感覺生起的依據。佛教認為，眼根由地、火、水、風四大要素所造。它分成兩部分：一、扶塵根，即眼球，肉眼可見；二、勝義根，在扶塵根的基礎上發生作用，它體質清淨，肉眼是看不到的。盲人有扶塵根而沒有勝義根，就無法產生視知覺，看不見東西。大珠慧海所謂的「見性常」，即是指勝義根所具有的清淨本質，它不會因扶塵根之所見而起執著。

佛教把眼分得很細，有肉眼、天眼、慧眼、法眼、佛眼的五眼之說：

「肉眼」，觀粗近之色，感官所見，眼力最為有限；

「天眼」，觀細遠之色，為「神通」所見，可隔障見色，透視眾生的未來與生死，可依禪定而修得；

「慧眼」，二乘者所具的眼，智慧能觀照對象，見諸法皆空；

「法眼」，菩薩的眼，能透觀一切法的分別相，即見一切苦、無常等生滅法數及見眾生根欲性等，具有法力廣度眾生；

「佛眼」，能了知一切的智慧眼光，既能察知事物普遍的空性，也能察知事物個別的殊相。

佛教把各種眼分別得如此細緻，是前所未見的，可見，佛教體系觀察世界一定是十分仔細、周全。肉眼是物質的眼，即通常所說的眼根。天眼、慧眼、法眼和佛眼，都不是物質的眼。這裏存在神異的成分，如天眼是神通之眼。而慧眼、法眼和佛眼，則是指不同的智慧，但它們都能觀，而且能觀真如。因此，可以說它們乃是視覺向智慧的延伸。所謂的觀，是佛教一種很特殊的姿勢。五眼中，除了天眼帶有更為濃重的佛教神話的色彩，肉眼、慧眼、法眼和佛眼的區分則富於哲理。我們且看佛教經典對諸眼的論述：

> 實不實爲二，實見者尚不見實，何況非實，所以者何？非肉眼所見，慧眼乃能見，而此慧眼無見無不見，是爲入不二法門。（《維摩經・入不二法門品》）
>
> 肉眼見一切色，慧眼見一切眾生諸根境界。（《華嚴經》）
>
> 二乘之人，雖有慧眼，名爲肉眼；學大乘者，雖有肉眼，名爲佛眼。（《涅槃經》）

肉眼與慧眼，一是肉身之眼，只能見一切顏色，一是智慧之眼，無見無不見，無分別。慧眼能看破一切相之空，法眼則運用看空的智慧而觀察分別相，具有法力。二乘即聲聞乘和緣覺乘[17]，是小乘的教法，修小乘者，即使具有慧眼，

17緣覺乘是指，通過觀十二因緣而能斷惑證理的人；還有一種說法是，因觀天地自然變化之緣而覺悟的人。二乘之人稱為獨覺之人。

也只能稱作肉眼；如果是修了大乘，六根清淨，已觀中道，見佛性，即使是肉眼，也可以稱作佛眼。肉眼與慧眼、法眼或佛眼的這種互相溝通非常有價值，感官的肉眼而又具有非理性的高度的智慧（靈明鑒覺），為佛教直觀方法及理論的實踐和展開奠定了基礎。

禪宗繼承了印度佛教對眼的重視，而且作出了某些重要的發展。禪籍中記載，佛祖釋迦牟尼靈山會上，拈花示眾。眾皆默然，唯迦葉尊者破顏微笑。世尊就說：「吾有正法眼藏，涅槃妙心，實相無相，微妙法門，不立文字，教外別傳，付囑摩訶迦葉。」（《五燈會元》卷一《釋迦牟尼佛》）這一段文字記錄了傳說中確立禪宗「教外別傳」性質的故事。正法眼藏，又可稱大法眼藏，指體會正法的智慧之寶藏；眼即智慧。佛祖將正法眼藏付囑迦葉，迦葉又將法眼付囑阿難，阿難又付囑給商那和修……如此不斷地將大法眼付囑給後來的覺悟者，可見法眼在禪宗興起歷史的傳說中所扮演的重要角色。

四祖道信論法眼云：「真得心者，自識分明，久後法眼自開，善別虛之與偽。」（《楞伽師資記》）主張色性是空的道信如何看待肉眼呢？他以為：眼性本來就空，凡是所見之色，須知是「他色」。如此來覺知色，就稱為觀空寂。換言之，看見了色卻並不把色當作色來覺知，就是空。這種觀空法，他作了一個譬喻：

恒如中夜時，晝日所見聞，皆是身外事，身中常空淨，守一不移者，以此空淨眼，注意看一物，無問晝夜時，專精常不動，其心欲馳散，急手還攝來，如繩繫鳥足，欲飛還掣取，終日看不

已，泯然心自定。（《楞伽師資記》）

這裡其實有兩個譬喻，其一是如夜半清淨，白天之見聞為身外事，而有「空淨眼」；其二是以「空淨眼」觀注一物以使心靈專精，無動搖旁騖，就像繩繫鳥足，可隨時把欲飛的它牽回來。可以說，這是禪宗空觀的開端，不過，這「空淨眼」雖然觀「色性是空」，但是並沒有達到「色即是空」的純粹直觀，因此色還是「他色」，色與空尚未真正統一。

大珠慧海重新解釋了五眼：

見色清淨，名爲肉眼；見體清淨，名爲天眼；於諸色境，乃至善惡悉能微細分之，無所染著，於中自在，名爲慧眼；見無所見，名爲法眼；無見無所見，名爲佛眼。」（《大珠禪師語錄》卷上《頓悟入道要門論》）

這一新的解釋，已經沒有神秘的成分了，這是一個重要的變化。[18]值得注意的有兩處，一是他對肉眼的解釋：見色清淨，已經有空觀的因素了。二是關於法眼與佛眼。

問：「云何是正見？」答：「見無所見，即名正見。」問：「云何名見無所見？」答：「見一切色時，不起染著；不染著者，不起愛憎心，即名見無所見也。若得見無所見時，即名佛眼，更無別眼。若見一切色時，起愛憎者，即名有所

18 請參看杜繼文、魏道儒《中國禪宗通史》第250—251頁相關文字。

> 見。有所見者，即是眾生眼，更無別眼作眾生眼。乃至諸根，亦復如是。」（《大珠禪師語錄》卷上《頓悟入道要門論》）

這裡，他回答第一問的「見無所見」之「正見」，就是上面所說的法眼。法眼觀一切色，不起染著，不起愛憎心，所以稱為「見無所見」；而所謂「眾生眼」則相反，起染著，起愛憎心，是「有所見」。值得注意的是，眾生眼與肉眼不同，眾生眼完全是世俗的眼，而肉眼卻見色清淨，具有某種超越的性質。他又把「見無所見」稱為佛眼，與他自己論五眼時說佛眼「無見無所見」不同。也許此處原文有闕漏，也許他自己也不想把二者清晰地加以區分。其實，「見無所見」並非真的無所見，它亦是「無見無所見」，這是空觀所要求的。他的同門百丈懷海就是這樣論視覺和聽覺：「都無一切有無等見，亦無無見，名正見。無一切聞，亦無無聞，名正聞。」（《古尊宿語錄》卷二《百丈懷海大智禪師語錄之餘》）大珠慧海論域中的慧眼、法眼和佛眼，三者已經沒有多少區別了。例如，他講五眼中的慧眼其所對的是諸色境，另一處講法眼所對的也是一切色；而按傳統的說法，慧眼主要是能對色觀空，法眼則進而能辨相，他卻定義慧眼具有「微細分之」的辨相能力，法眼為「見無所見」，而「見無所見」其實說的是觀空的能力，它主要是慧眼的功能，《維摩經》上就是這樣說的。大珠慧海幾乎把二者混為一談。這同樣也顯示著一個重要的變化。神秘成分的淡化與諸眼區別的虛化，表明禪宗關於五眼的觀念已經趨於簡化，其趨向大致是：一方面突出關注空觀，另一方面將肉眼與慧眼、法眼、佛眼的界限縮小，功能融合，二者是同趨的。現在，對觀的眼來講，色與空已經可以統一於直觀了。

百丈懷海論五眼云：

> 所謂不漏六根者，亦名莊嚴空無諸漏，林樹莊嚴空無諸染，華果莊嚴空無佛眼，約修行人法眼，辯清濁亦不作辯清濁知解，是名乃至無眼。《寶積經》云：法身不可以見聞覺知求。非肉眼所見，以無色故。非天眼所見，以無妄故。非慧眼所見，以離相故。非法眼所見，以離諸行故。非佛眼所見，以離諸識故。若不作如是見，是名佛見。同色非形色，名眞色。同空非太虛，名眞空。（《古尊宿語錄》卷二《百丈懷海大智禪師語錄之餘》）

懷海主張，觀者需要具備「不漏六根」，最重要的是觀一切聲色對象都不能以見聞覺知求：從否定的角度看，五眼所見分別為「無色」、「無妄」、「離相」、「離諸行」和「離諸識」；從肯定的角度看，五眼正因為不作「色」、「妄」、「相」、「諸行」和「諸識」見，才稱為佛見。他最後兩句話「同色非形色，名真色。同空非太虛，名真空」，是說見色但不把它視為形色，觀空但並不執著於虛空。這話其實和他著名的觀點「一切色是佛色，一切聲是佛聲」說的是同一個意思。如欲不作、不起見聞覺知，問題還在觀者自己：「只如今於一一境不惑不亂不瞋不喜，於自己六根門頭刮削併當得淨潔，是無事人，勝一切知解頭陀精進，是名天眼，亦名了照為眼，是名法界性，是作車載因果。」（同上）

仰山也論五眼：

> 入人如無受，即法眼三昧起，離外取受；入性如無受，即佛眼三昧起，即離内取受。入一體如無受，即智眼三昧起，即離中間取受。亦云：不著無取受，自入上來所解三昧，一切悉空，即慧眼所起；入無無三昧，即道眼所起，即玄通礙也。譬如虛空，諸眼不立，絕無眼翳，贊如上三昧。畢竟清淨無依住，即淨明三昧也。」(《祖堂集》卷十八《仰山和尚》)

這是從諸眼即觀的角度論三昧，他講了法眼、佛眼、智眼、慧眼、道眼，與傳統的說法略有不同。他的意思其實也同於懷海，主張「清淨無依住」，諸眼可以不立，就達到「淨明三昧」。值得注意的是他所說的「道眼」，以前已有臨濟義玄說過，後來玄沙師備講了一連串的眼，如「金剛眼睛」、「沙門眼」、「法眼」等，其中也有「道眼」。玄沙的弟子羅漢桂琛則是法眼的老師，正是他啟示法眼以超越見聞覺知的「一切見成」的禪觀。儘管眼睛有許多，禪宗其實是要突出自己本有的佛性，這叫「識取自己眼」(《五燈會元》卷十《龍華慧居禪師》）或「衲僧眼睛」，這才是根本。由

從禪宗對「眼」的極度重視，可以見出其對理性認知及其思維的極度輕忽，對直觀、直覺的極度倚重。而從它不再看重五眼的功能區分，也可以見出其歸向直觀式的禪觀的趨向。禪宗之「眼」深刻地影響了唐以後的詩學，如較為典型的有宋代惠洪，他說：

詩者妙觀逸想之所寓也，豈可限以繩墨哉？如王維作《畫雪中芭蕉》詩，法眼觀之，知其神情寄寓於物，俗論則譏以爲不知寒暑。（《冷齋夜話》卷四《詩忌》）

「法眼觀之」說的意義就在於超越俗論之見聞覺知的常識。值得注意的是，惠洪所論正是唐代的王維，而王維可以說是中國藝術意境最早的創造者之一。

《祖堂集》記石霜慶諸回答一位生病的禪僧「病與不病相去幾何」之問曰：「悟即無分寸，迷則隔山歧。」是以迷悟來界分隔與不隔的，顯然，這是一個精神境界的問題，而非關視覺上物理的障礙。同書又記，石霜病重時，有新來的二百餘僧人未能參見到他，惆悵失望之餘，不禁出聲啼哭。石霜聽到哭聲，就問是什麼人在哭。回云如是這般而哭。石霜於是道：「喚他來隔窗相看。」來者就隔窗禮拜，問：「咫尺之間為什摩不睹尊顏？」他們覺得石霜此舉實在不可思議。石霜回說：「遍界不曾藏。」（《祖堂集》卷六《石霜和尚》）石霜雖然臨終，但他還是不忘隨時設機啟發弟子。他的意思是，看到了人未必覺悟，看不到人未必不覺悟，真如、般若之智是無所不在的。

法眼宗清涼文益（法眼）禪師一系談「隔」、「不隔」比較多一些，以下我主要從心物關係角度對這一系的見解加以剖析。

先從瑞鹿本先禪師的一段話來看法眼宗是如何提出問題的：

「諸法所生，唯心所現。」如是言語，好個入

> 底門户。且問你等諸人，眼見一切色，耳聞一切聲，鼻嗅一切香，舌了一切味，身觸一切軟滑，意分別一切諸法，只如眼耳鼻舌身意所對之物，爲復唯是你等心，爲復非是你等心。若道唯是你等心，何不與你等身都作一塊了休，爲甚麼所對之物，卻在你等眼耳鼻舌身意外？你等若道眼耳鼻舌身意所對之物非是你等心，又爭奈「諸法所生，唯心所現」，言語留在世間，何人不舉著？（《五燈會元》卷十《瑞鹿本先禪師》）

這一通議論，是對人的六根及其所對之物的關係起了疑心，疑即疑在「諸法所生，唯心所現」一語。因為在此心物關係中，心與其所對之物最終並沒有和合為一體。試比較道信的說法：

> 知眼本來空，凡所見色者，須知是他色。耳聞聲時，知是他聲；鼻聞香時，知是他香；舌別味時，知是他味；意對法時，知是他法；身受觸時，知是他觸。如此觀察知，是爲觀空寂。見色知是不受色，不受色即是空，空即無相，無相即無作，此是解脫門。學者得解脫，諸根例如此。不復須重言說，常念六根空寂，爾無聞見。（《楞伽師資記》）

在道信看來，六根在接觸各自所對的對象時，須以空觀判定對象沒有自性，為「他色」、「他聲」、「他香」、「他味」、「他法」和「他觸」，因此，禪者見色時了知自已並不受色，而是無聞見。如此的觀，才是觀空寂。顯然，按道信「六根空寂，爾無聞見」的說法，剎那間並沒有發生空的直觀。這裏其實對色空關係已經有所執著了。瑞鹿卻懷疑：如果唯心所現，為何對象並沒有與你為一體？為甚麼所對之物卻存在於你的六根之外？

我們面臨的難題是：觀與所觀是一是二，所觀是否為觀所生，所觀有否自性？這並非主觀與客觀的關係問題，佛教唯心的前提是不能否定的，在此論域中，主觀與客觀的區分沒有意義。對「諸法所生，唯心所現」的觀念不能執著地來看。六根接觸對象時，如果執著於對象，那就可能不自覺地以為對象有自性，而隨著對象而轉移。不過可以設想另一種情況，如果並不執著於對象，在直觀中也未必必須判定對象是「他」，在剎那的直觀中其實不可能發生如此的判定。依佛教唯心的基本思想，人的感性經驗必然被否定，依「六根空寂，爾無聞見」的觀點，即色是空的直觀也不可能發生。換言之，人的審美經驗與佛教無關。事實並非如此。

對這些疑義，法眼宗是以「一切見成」來回答的。以下我將結合著王國維所提出的「隔」與「不隔」來討論法眼宗關於心物關係的理論[19]。

> 師（文益）問寶資長老：「古人道：山河無隔礙，光明處處透。且作麼生是處處透底光明？」資曰：「東畔打羅聲。」（原文小字注：歸宗柔別云：「和尚擬隔礙。」）師指竹問僧：「還見麼？」

---

19 此論域中的心物關係與唯心唯物無關，嚴格說來與主觀客觀也無關。

20《世說新語・文學》記：「殷、謝諸人共集。謝因問殷：『眼往屬萬形，萬形來入眼不？』」請參看本書第一章有關內容。

曰：「見。」師曰：「竹來眼裏，眼到竹邊？」[20]
(《五燈會元》卷十《清涼文益禪師》)

前一問，重點是「隔礙」二字，「光明處處透」是一個直觀，無法對之作出解釋，而法眼卻著意要問「作麼生」，顯然是有意設圈套，所以後人判斷他「擬隔礙」，而寶資以「東畔打羅聲」答之，沒有落入圈套。後一問，重點在「竹來眼裏，眼到竹邊」一句，竹是眼之所觀，即對象。僧回答師：已經見到竹。直觀論域就此確立。在眼對竹的直觀中，到底是竹來到眼裏，還是眼去到竹邊呢？顯然，法眼的問題是剛才瑞鹿本先禪師的問題之所本。[21]

法眼作有《華嚴六相義頌》：「華嚴六相義，同中還有異。異若異於同，全非諸佛意。諸佛意總別，何曾有同異？……不留意，絕名字，萬象明明無理事。」華嚴宗的六相義，區分為六種相，即總別、同異、成壞，三對六相。六相，是華嚴宗用以說明其法界緣起、本體界與現象界諸關係

21 這是一個美學問題，蘇東坡曾經總結文與可畫竹為「成竹在胸」，他說：「今畫者乃節節而為之，葉葉而累之，豈復有竹乎！故畫竹必先得成竹於胸中，執筆熟視，乃見其所欲畫者，急起從之，振筆直遂，以追其所見，如兔起鶻落，少縱即逝矣。」(《蘇東坡集》前集卷三十二《文與可畫篔簹谷偃竹記》)

蘇東坡所謂的「成竹在胸」是一個直觀意象，它當然是觀察的結果，但「執筆熟視，乃見其所欲畫者」並非面對真實之竹的寫生，其實是下筆的剎那間形成的一個竹的直觀，它「兔起鶻落，少縱即逝」。我們與法眼一樣，要問的是：蘇氏所論創作狀態下的竹，是竹來眼裏，還是眼到竹邊呢？我的意見是，「成竹在胸」的直觀與「急起從之，振筆直遂」的直觀或許略有相異之處，但是它們都是感性直觀，是沒有「節節而為之，葉葉而累之」的分別的細節的。蘇氏《大悲閣記》這樣描述自己坐禪的情景：「及吾燕坐寂然，心念凝默，湛然如大明鏡，人鬼鳥獸雜陳乎吾前，色聲香味交遘乎吾體，心雖不起，而物無不接。」這是純粹的感性直觀，它是前藝術、前技法的。蘇氏《送參寥詩》也表達了同一個意思：「欲令詩語妙，無厭空且靜。靜故了群動，空故納萬境」。因此，蘇東坡的問題與法眼的問題在本質上是相同的。

學說的重要內容。我們來看一看華嚴宗法藏是如何闡發他的六相圓融觀念的。

> 師子是總相，五根差別是別相；共從一緣起是同相，眼、耳等不相濫是異相；諸根合會是成相，諸根各住自位是壞相。（《華嚴金師子章・括六相第八》）

法藏以殿前金獅子為喻而展開他的六相：師子是總相，即整體，師子的眼耳鼻舌身五根是別相，為組成整體的部分，這是整體與部分之關係；諸別相（眼耳等）同一緣起而組成整體（師子），稱為同相，然而各別相互相之間還是有差別（不相濫），這是同一與差異之關係；諸根和合成師子相，為成相，諸根各自獨立而不和合，師子不能成立，則為壞相，這是對立面相互依存、轉化之關係。法藏認為，諸事物都處於「總別相即」、「同異相印」、「成壞相即」的圓融狀態。

法藏對「六相圓融」的道理還有一個總的譬喻：

> 總即一舍，別即諸緣；同即互不相違，異即諸緣各別；成即諸緣辦果，壞即各住自法。（《五教章》）

這是說，總相就好比是一座房舍，別相好比是椽子、瓦片等；同相就好比椽子、瓦片等和合成房舍，異相就好比椽子、瓦片各不相同；成相就好比椽子、瓦片共同組成房舍，壞相就好比椽子、瓦片各自獨立。這也是一個譬喻。我們注意到，法藏闡發他的六相圓融理論非常依賴譬喻，這種譬喻的作用並非啟發覺悟，而是用於辨相，即作一般理論的分析與綜合。因此，無論是師子之喻還是房舍之喻，雖則都具有形象化的特色，但是卻並非剎那間發生的純粹直觀。

佛學研究界有些專家大概以為法眼在認真研究華嚴宗以後吸收了其理事六相圓融的觀念，但我們細讀他的《華嚴六相義頌》，卻似乎讀出了別的意思。他主要就同異、理事兩對範疇而發表議論，說同中有異，異如果異於同，那並非佛的主張。又說萬象明明無理事。那是什麼意思呢？他其實是把同異與理事聯繫起來考慮，同即理，異即事，考之萬象，同異（理事）關係並不真實或確切，真實的只是總別關係。[22]就華嚴宗的理事關係來看，無非是理事不二罷了。但與其說理事不二，還不如乾脆說無理事。這裏，其實存在著法眼對華嚴宗的有意誤讀。[23]而他自己是發展了「一切見成」的觀念。

《五燈會元》上記，道潛禪師初謁法眼，法眼問他看什麼經，答曰：《華嚴經》。於是師徒談論起經中總別、同異、成壞六相的理論。道潛據經文，說：世間出世間一切法，皆具六相。法眼問：那麼空是否也具六相?道潛不能答對。法眼要道潛反過來問他：空是否也具六相？法眼答曰：

22《古尊宿語錄》卷三《黃檗（希運）斷際禪師宛陵錄》上記有這樣一段對話，可參考：問：「佛性與眾生性，為同為別？」師云：「性無同異。若約三乘教，即說有佛性有眾生性，遂有三乘因果，即有同異。若約佛乘及祖師相傳，即不說如是事，唯指一心，非同非異，非因非果。所以云：『唯此一乘道，無二亦無三，除佛方便說。』」。

23日本忽滑谷快天《中國禪學思想史》第二十九章《法眼文益之禪風》之第五節即題為「法眼之活用華嚴」。此節引法眼的《華嚴六相義頌》和《三界唯心頌》，無文字評論，唯標題中「活用」二字有深意。

24 見《五燈會元》卷十《永明道潛禪師》

空。道潛於是開悟，踴躍謝禮。[24]總別、同異、成壞六相的區分是辨相，而空其實是無法辨相的，反過來也可以說，一切相都是空，無須分辨。

法藏還說：

> 師子諸根，一一毛頭，皆以金收師子盡。一一徹遍師子眼，眼即耳，耳即鼻，鼻即舌，舌即身。自在成立，無障無礙，名諸法相即自在門。（《華嚴金師子章・勒十玄第七》）

這是論金師子眼、耳、鼻、舌、身諸根之關係。師子諸根諸毛都是金，即師子的各種相都是金體的顯現；師子的每一根每一相全都遍佈師子眼，即師子眼遍佈全身，於是師子眼即師子耳，耳即鼻，鼻即舌，舌即身。不過，諸根又彼此分別，自在成立，互無障礙，這就叫「諸法相即自在門」。這一門是論現象與現象之相即而又相異的關係。

我們看法藏如何說。他作《三界唯心頌》：

> 三界唯心，萬法唯識。唯識唯心，眼聲耳色。色不到耳，聲何觸眼？眼色耳聲，萬法成辦。萬法匪緣，豈觀如幻。山河大地，誰堅誰變？

法藏說，諸根相即，眼即耳……又說，諸根相異，眼非耳。但他其實更傾向於前者，以為相即更重要。法眼問：依唯識唯心的思路，是否可以設想眼與聲（即眼與耳）溝通，耳與色（即耳與眼）溝通呢？這其實是法藏的理論，依華嚴宗的六相圓融理論及其神異傾向，是可以的。不過法眼卻又問：色不到耳，聲何觸眼？只有眼與色通，耳與聲通，萬法才能成立。萬法如果並非出於因緣，那麼也許連幻相也看不到的。顯然，法眼並不同意法藏的諸根相即，而是主張諸根相異的。因為只有這樣，諸根才可能對色進行真正的純粹的直觀，才能通過萬法的時節因緣獲得覺悟。

於是，我們可以看到，法眼宗所面對的一個大難題，是如何解釋「諸法所生，唯心所現」的佛理。正如瑞鹿本先禪師所疑：如果一切唯心，那麼所對之物為何反而存在於眼耳鼻舌身意之外？顯然，佛教唯心觀可能導致心物二元的困境，但是，這在禪宗是以直觀的現象方式加以妥善地解決了。[25]我們且看法眼宗人如何解決這個難題。《五燈會元》記，靈隱清聳初參法眼，正下著雨，法眼隨機指雨對清聳說：「滴滴落在上座眼裏。」清聳起初並不領悟，後來讀《華嚴經》感悟，遂為法眼所印可。那麼他從《華嚴經》究竟悟到了什麼呢？也許是悟到了理事不二，也許是悟到了根本無須分辨理事。我們且細考法眼的話：滴滴落在上座眼裏。雨滴是一個直觀，可以喻示萬象，它沒有滴落到清聳禪師的心裏，而是滴落到了他眼裏。眼喻示諸根。這是說，心與物（按華嚴宗的說法是理與事、或總與別）通過眼這扇窗戶獲得了直觀式的統一或融匯。值得注意的是，靈隱清聳也提出了心物關係問題。

25禪宗常說的「三界唯心，萬法唯識」其實不過是一個構陷困頓於唯物論與唯心論之間的後人的圈套而已。唯心與唯識至少有語義上的矛盾，而兩者的統一其實就是現象空觀。禪宗看世界和看自己的方法基本是直觀、直覺，是現象空觀，主客觀的對立在它並不是一個重要的問題。而把禪宗之直觀誤讀為譬喻、象徵之類具有二元傾向的方法，倒真是有可能將它歸到主觀唯心主義陣營中去。但是這樣的歸類對於讀解禪宗並無益處。

又曰：「見色便見心，且喚甚麼作心？山河大地，萬象森羅，青黃赤白，男女等相，是心不是心？若是心，爲甚麼卻成物象去？若不是心，又道見色便見心。還會麼？只爲迷此而成顚倒，種種不同，於無同異中強生同異。且如今直下承當，頓豁本心，皎然無一物可作見聞。若離心別求解脱者，古人喚作迷波討源，卒難曉悟。」(《五燈會元》卷十《靈隱清聳禪師》)

清聳禪師對「見色便見心」加以闡釋。這裏的關鍵是，在「見色便見心」的語境當中，引進華嚴宗的同異關係是否合理、恰切。清聳認為，不必「於無同異中強生同異」，心與色（物象）本不相異，如果「直下承當，頓豁本心」，那麼就「皎然無一物可作見聞」，色（物象）並非見聞覺知的分析理知對象，而是頓悟的境，也就是「皎然」的「本心」，而不必如道信那樣把所見之色判為「他色」。因此，他回答「牛頭未見四祖時如何」曰「青山綠水」，回答「見後如何」曰「綠水青山」，只是把「綠水」與「青山」換了個位置而已。

天臺德韶曾經作一偈：「通玄峰頂，不是人間。心外無法，滿目青山。」[26]法眼對此偈評價極高，贊道：「即此一偈，可起吾宗。」德韶還說：「法身無相，觸目皆形；般若

26「心外無法，滿目青山」一句，見於《古尊宿語錄》卷三《黃檗（希運）斷際禪師宛陵錄》。

無知，對緣而照。」(《五燈會元》卷十《天臺德韶禪師》)「心外無法」、「法身無相」、「般若無知」，無法無相無知，是否定了諸現象，因為如果心（法身、般若）與對象之關係對應固定了，也就把本體給否定了；但是，心（法身、般若）卻應機隨緣地（對緣）通過諸根（觸目）與法、相、知相遇，形成「滿目青山」的直觀。

心與物之間，還隔著眼、耳、鼻、舌、身諸根；諸根是人與外界溝通的門戶，所謂「見色便見心」，須「見」才有覺悟的可能。溈仰宗的兩位大德溈山與仰山曾討論「見色便見心」：

> 因溈山與師遊山，説話次，云：「見色便見心。」仰山云：「承和尚有言：『見色便見心。』樹子是色，阿那個是和尚色上見底心？」溈山云：「汝若見心，云何見色？見色即是汝心。」仰山云：「若與摩，但言先見心，然後見色。」云：「何見色了見心？」(《祖堂集》卷十八《仰山和尚》)

這一段對話極可深究。溈山提出「見色便見心」。仰山不解的是：只有樹的色可見，如果說見色即可見心，那麼哪個是你色上見的心呢？這一問頗為刁鑽，仰山意在引誘溈山把心與色區分開來。溈山以為，你如果已見了心，就不用談見色，因為所見色就是你的心。溈山這一解釋頗為勉強，仍有區分心與色之嫌，被仰山抓住破綻：如果說先見心，然後見色，那麼如何是「見色了見心」呢？請注意，溈山的「見色即是汝心」和仰山的「見色了見心」都是「見色便見心」

的同語反覆，而先見色抑或先見心之辯，卻是仰山為了故意把問題攪糊塗而設的語言陷阱。「見色便見心」的真實含義是這樣的：只要見了色，便是見了心。換個說法「心外無法，滿目青山」。這一樣是同語反覆。可見，「見色便見心」是不可思議的，先於概念思維的，只有把它視為純粹直觀，才是正當的。

如此，再回來看法眼的問題：究竟是竹來眼裏，還是眼到竹邊？[27]法眼作此問，並非要求學僧分辨孰來孰到，而是借此問啟發學僧領悟通過諸根作空的直觀。報慈行言禪師云：「法無偏正，隨相應現，喚作對現色身。」(《五燈會元》卷十《報慈行言導師》）法是「隨相應現」的，並不能理解為法從另一處所投現於此一處所，而是說法普遍地體現於一切現象，而人所作的空觀則是隨機的、偶然的。所謂「對現色身」即是現象空觀，它非同非異，非心非相。

定山惟素禪師被其徒贊為「臨機不答舊時禪」，他談自己的酬對經驗云：

> 若論家風與境，不易酬對。多見指定處所，教他不得自在。曾有僧問大隨：「如何是和尚家風？」隨曰：「赤土畫簸箕。」又曰：「肚上不貼榜。」且問諸人作麼生會？更有夾山、雲門、臨濟、風穴皆有此話，播於諸方。各各施設不同，又作麼生會？法無異轍，殊途同歸。若要省

27禪宗經常會提出類似的問題，如《祖堂集・百丈政和尚》記：「有老宿見日影透過窗，問：『為復窗就日，為復日就窗？』師云：『長老房內有客，且歸去好。』」這一類的思考都具有如下的特點：針對直觀之對象而發問。其實它們是《壇經》中風幡公案的翻版。正如慧能否定風動和幡動，百丈也對分辨窗與日之關係無興趣。

> 力易會，但識取自家桑梓，便能紹得家業，隨處解脫，應用現前，天地同根，萬物一體，喚作衲僧眼睛，綿綿不漏絲發。（《五燈會元》卷十《定山惟素山主》）

這一則關於「臨機不答舊時禪」的禪話值得仔細推敲領會。每一系的禪都有自己的「家風」、「境」或「話頭」，如著名的「庭前柏樹子」、「祖師西來意」等等。這些家風、境和話頭往往「指定處所」，使學僧不能自由想像、發揮。定山認為如大隨「赤土畫簸箕」、「肚上不貼榜」之類話頭很難讓人領會，而且各家的具體「施設」又不同，更難領會。所以，他主張「識取自家桑梓」，「隨處解脫，應用現前，天地同根，萬物一體」，這其實就是法眼「一切見成」的意思。定山稱之為「衲僧眼睛」。禪宗對「眼睛」的重視非同尋常，法眼所謂「滴滴落在上座眼裏」極有深意。《景德傳燈錄》上說，法眼初見老師桂琛，老師問他：「行腳事作麼生？」他回答：「不知。」老師即首肯之，云：「不知最親切。」最親切的是不知，它是「皎然無一物可作見聞」。「衲僧眼睛」就是直觀之眼，它不形成見聞覺知，而是觀「一切見成」之眼，是智慧眼。以這個智慧眼去觀世界和自己，產生「對現色身」，就不會「隔」。

王國維的「隔」與「不隔」，雖也論情，但似乎主要就寫景而論。「寫景之作……如霧裏看花，終隔一層」，「寫景之病，皆在一『隔』字」，「語語都在目前，便是不隔」。顯然，這是心物關係論域中的問題。王氏之使用「隔」與「不隔」的詞語，顯得頗為突兀。為什麼他會選擇這個「隔」字來作為寫景好壞的判斷標準呢？我以為，對此一問題作追根尋源的探究，於把握王國維的美學思想是極其必要的。以上，我已經嘗試著從法眼一系「一切見成」的禪法為「隔」的理論找尋內證，雖然不敢說就是如此，但是卻有幾分把握。所謂的「隔」，決不是單純指觀看不清楚、描寫不清晰、意象迷糊，或是細節不真實，而是達不到「語語都在目前」的境界。「語語都在目前」，即是作感性直觀。歐陽修《六一詩話》引梅堯臣語云：狀難之景，如在目前；含不盡之意，見於言外。」梅氏、歐氏要求寫景「如在目前」，王氏「語語都在目前」顯然有本於此。不過，我還可以從禪宗語錄中找出若干證據，以證明「目前」的提法其實來自禪宗。

「目前」一詞的原意是眼前。《後漢書》卷五十一《陳龜傳》上疏云：「且牧守不良，或出中官，懼逆上旨，取過目前。」《列子・楊朱》：「目前之事，或存或廢，千不識一。」禪宗的「目前」也有眼前的涵義，不同的是，又多了直觀的涵義。

《壇經》中記，慧能論到世俗之眾以為佛在西方，就願住生西方的誤解，對使君說：「惠能與使君移西方剎那間，目前便見，使君願見否？」(《壇經校釋》第66頁）慧能的意思是，只要人「自心地上覺性如來，放大智惠光明，照耀六門清淨……」就能覺悟，在東方不異西方而在「目前」。因此，「目前」是一個清淨的覺悟之境。

禪宗有「目前法」、「目前意」、「目前機」諸說。「目前法」指在目前可以覓到的佛法，「目前意」指當下的智慧，「目前機」指作為覺悟機緣的禪境。石頭希遷《參同契》云：「色本殊質象，聲元異樂苦。……眼色耳音聲，鼻香舌鹹醋。……觸目不會道，運足焉知路？進步非近遠，迷隔山河固。」他認為眼對色、耳對聲、鼻對香、舌對味，因此「觸目會道」，如果「迷」則智慧之光就無從透過山河而形成「隔礙」。強調覺悟中根境相對相應，觸目會道，其實是對「目前法」、「目前意」和「目前機」作了詮釋。臨濟義玄也云：「擬心即差，動念即乖。有人解者，不離目前」；又云：「心法無形，通貫十方，目前現用」。即煩惱而菩提，覺悟不離目前，境與智相應，是禪宗的基本信念。所謂「隔」與「不隔」的問題，即是針對著「目前」而形成的。

> 目前無法，意在目前。他不是目前法，非耳目之所到。（《祖堂集》卷七《夾山和尚》）

這是船子與夾山師徒應對中所作的一首頌。後來，「目前無法」就作為夾山門下的宗風了（《祖堂集》卷九《落浦和尚》）。夾山認為：「無法本來是道，無一法當情」（《祖堂集》卷七《夾山和尚》），「目前法」之「法」是指佛法、祖訓，夾山說：「三乘十二分教是老僧坐具，祖師玄旨是破草鞋，寧可赤腳不著最好。」（同上引）他以為，把佛法作為所依之法，識性就沒有自由分。「今時學人觸目有滯，蓋為依他數量作解，被他數量該括得定，分寸不能移易。所以見不逾色，聽不越聲。鼻香、舌味、身觸、意法亦然。」（《祖堂集》卷九《落浦和尚》）夾山把這種「觸目有滯」、「被他數量該括得定」、「見不逾色，聽不越聲」的人稱為「無眼狂人」。因此，人須有眼目，方可「永脫虛謬之見，不墮幻惑之法」。「法」作為所依之法，卻是使人失去自由分的死法，而活的卻是「意」，它在目前，可以稱為「目前意」。這個「目前意」不是「目前法」，它「非耳目所到」，而是智慧的對象。對「目前意」的自由把握，就是有「眼目」。注意，這裏所說的「非耳目所到」，說的是「目前意」並非見聞覺知的對象。因此，「目前法」與「目前意」、「目前機」正好相反，前者為擬心思量的對象，是死的，後二者為智慧直觀的對象，是活的。

黃龍祖心禪師也論到「目前」，他說：「若也單明自己，不悟目前，此人有眼無足。若悟目前，不明自己，此人有足無眼。」[28]這裏，「目前」其實是一個境或機，如果在「自己」(「眼」) 與「目前」(「足」) 之間單明其一，那麼他並未真正覺悟。這種對舉還可以表述為「心」與「境」的對舉：「愚人除境不忘心，智者忘心不除境。不知心境本如如，觸目遇緣無障礙。」(《五燈會元》卷十七《黃龍祖心禪師》) 真正的覺悟者應該是這樣的智者，在他，「心」與「境」是統一於當下之直觀的。「心境如如」即是「目前意」。

傳為王維所作《山水訣》云：

> 夫畫道之中，水墨最爲上。肇自然之性，成造化之功。或咫尺之圖，寫百千里之景。東西南北，宛爾目前；春夏秋冬，生於筆下。

王維所論水墨畫的功能，並非簡單的寫實，而是對時空作直

---

28 處微禪師與仰山有這樣一段對話：師問仰山：「汝名什摩？」對曰：「惠寂。」師曰：「阿那個是惠？阿那個是寂？」對云：「只在目前。」師曰：「你猶有前後在？」對曰：「前後則且置，和尚還曾見未？」師曰：「吃茶去。」(《祖堂集》卷十七《處微和尚》)

觀，因此可以使「東西南北，宛爾目前；春夏秋冬，生於筆下」。例如，他可以把雪與芭蕉畫在一起，呈現於「目前」，就是這樣一種特殊的直觀使然。

如果以一雙法眼、慧眼、道眼或佛眼，將對象作空觀，就能觀「一切色是佛色，一切聲是佛聲」，觀「一切見成」，產生「對現色身」。這裏的聲色並非單純的聽覺或視覺之對象；它們是這樣一種對象，心通過諸根對之作空觀。除了上舉內證，我想還可以找到若干外證，即禪籍中具體出現的「隔」與「不隔」。以下逐一列舉。

1.慧遠《五言遊廬山》：

崇岩吐清氣，幽岫棲神跡。希聲奏群籟，響出山溜滴。有客獨冥遊，徑然忘所適。揮手撫雲門，靈關安足辟。流心叩玄扃，感至理弗隔。孰是騰九霄，不奮沖天翮。妙同趣自均，一悟超三益。（《廬山記》，《大正藏》第五十一冊）

這一個「隔」字用於遊覽廬山中對山水所體現之佛理的感悟。那是說，佛理與自然萬象之間並無隔礙，兩者是一體的。

2.百丈懷海云：

眼耳鼻舌各各不貪染一切有無諸法，是名受持四句偈，亦名四果六入無跡，亦名六通。只如今但不被一切有無諸法閡（阻隔的意思），亦不依住不閡，亦無不依住知解，是名神通。（《古尊宿語錄》卷二《百丈懷海大智禪師語錄之餘》）

這裡出現了「閡」與「不閡」成對使用的情況。意思是，眼、耳、鼻、舌不貪染於一切有無諸法，即不會被法「閡」，但也不能對「不閡」執著，執著就是「隔」，這樣，人就有了神通。他又說：「自無眼，依他作眼，教中喚作比量智。」「隔」與「不隔」的問題與「眼」是聯繫一在一起的，自己沒有「眼」，借了別人的「眼」來看世界和自己，就只能稱作「比量智」。比量是推理、算計、比較、譬喻的意思，它不同於現量，後者是直觀、直覺、當下、頓悟的意思。因此，「隔」往往是陷入了比量，而「不隔」則是現量。「隔」或「不隔」與智慧和觀的姿勢有關。

3.丹霞天然有頌云：

> 丹霞有一寶，藏之歲月久。從來人不識，餘自獨防守。山河無隔礙，光明處處透。體寂常湛然，瑩徹無塵垢。……（《祖堂集》卷四《丹霞和尚》）

上引法眼云古人語，即是源於丹霞。這是一顆無狀非大小的寶珠，其實是他自己的真如佛性。

4.黃檗希運以為情是知解的產物，說：「情生則智隔。」（《古尊宿語錄》卷二《黃檗希運斷際禪師》）他又云「多知多解反成壅塞」，「空你情解知量，但消融表裏情盡，都無依執，是無事人」（同上），「有之與無，盡是情見，猶如幻翳。所以云：『見聞如幻翳，知覺乃產生。禪宗門中，只論息機忘見。所以忘機則佛道隆，分別則魔軍熾。』」（《古尊宿語錄》卷三《黃檗（希運）斷際禪師宛陵錄》）以上諸語可為他「隔」字注解。他論「見色便見心」也與「隔物」「隔礙」有關，他說：

> 性即是見，見即是性，不可以性更見性。聞即是性，不可以性更聞性。只你作性見、能聞能見性，便有一異法生。（同上）

於是有僧起疑：既然說性即見，見即性，就意味著性自無障礙、無劑限，那麼為何隔物就看不見？在虛空中近可見，遠就看不見？他答道：那是你妄生異見。

> 若言隔物不見、無物言見，便謂性有隔礙者，全無交涉。性且非見非不見，法亦非見非不見。若見性人，何處不是我之本性！所以六道四生、山河大地，總是我之性淨明體。故云：見色便見心，色心不異故。只爲取相作見聞覺知，去卻前物始擬得見者，即墮二乘人中依通見解也。（同上）

正如黃檗所說「性即是見，見即是性」，那是不會有「隔」的。所謂的「見性人」，所見者均是「我之本性」，因此「見色便見心，色心不異故」。這其實就是後來法眼禪師「一切見成」的同一個意思，也是他不同意區分同異的原因。其實，心色關係也是色空關係，《祖堂集》卷十七《岑和尚》記：

> 問：「教中有言：『色不異空，空不異色。』

未審教義如何？」師以偈答曰：礙處無牆壁，通處勿虛空。若能如是解，心色本來同。

注意「礙」與「通」二詞，「礙處」肯定有所隔，「牆壁」可以指任何色相，「通處」也並非虛無所有之頑空，心與色本來是同一的。因此，可以料想，如果遵循「色心不異」的思路，那麼一切所見都是空觀，就不存在「隔礙」了。必須指出，「隔礙」並非指視覺的障礙，而是指不能見性，只是因為「取相作見聞覺知」，就會造成有東西隔著而不能見性的困境，因此，「隔」與「不隔」的關鍵是須以法眼作現象空觀。

5.臨濟義玄云：

是什麼解說法聽法？是你目前歷歷底，勿一個形段孤明，是這個解說法聽法。若如是見得，便與祖佛不別。但一切時中更莫間斷，觸目皆是。只爲情生智隔，想變體殊，所以輪迴三界，受種種苦。……一心既無，隨處解脱。（《古尊宿語錄》卷四《鎮州臨濟（義玄）慧照禪師語錄》）

他的意見是，「目前歷歷底」，「觸目皆是」，這些就是「解說法聽法」者，也是法眼禪師「一切見成」的意思。所謂「情生智隔，想變體殊」，是說情見生起就隔障了智慧，想像變幻就轉移了心的本體。簡言之：「情見」為隔，而「觸目皆是」的「目前」卻不隔。尤其值得注意的是，他將「目前」與「隔」直接聯繫了起來。

溈山也有相同的意思，而且說得更為透徹，他說：

> 一切時中，視聽尋常，更無委曲，亦不閉眼塞耳，但情不附物即得。（《五燈會元》卷九《潙山靈祐禪師》）

他認為不必「閉眼塞耳」，只是做到「情不附物即得」。反之，如果「情附物」，就是「取相作見聞覺知」，就是起「情見」。

6.汾陽善昭「五位頌」云：

> 正中偏，霹靂鋒機著眼看，思量擬議隔千山。（《古尊宿語錄》卷十《汾陽善昭禪師語錄》）

這裡的「思量擬議」即是概念思維，而禪悟的機鋒迅如霹靂，兩者根本不相容。一旦落入概念的窠臼，思量擬議起來，形成見聞覺知之相，禪悟就不可能發生了，於是不免「隔千山」。顯然，「隔」是概念思維的結果。

7.報慈藏嶼也談到「不隔」：

> 僧問：「心眼相見時如何？」師云：「向汝道甚麼？」問：「如何是實見處？」師云：「絲毫不隔。」……問：「情生智隔，想變體殊。只如情未生時如何？」師曰：「隔。」曰：「情未生時，隔個甚麼？」師曰：「這個梢郎子未遇人在。」(《五燈會見》卷十三《報慈藏嶼禪師》)

所謂的「實見」，就是「絲毫不隔」的直觀。

8.五祖法演則已經成對使用「隔」與「不隔」。

> 上堂云：「古人道：『無邊刹境，自他不隔於毫端。十世古今，始終不離於當念。』」(《古尊宿語錄》卷二十二《黃梅山東山(法)演和尚語錄》

此語為法演引前輩禪師語，其中「不隔」二字指「無邊刹境」之空間，與「十世古今」之時間相對。法演又有偈《與瑰禪化麥》：「水中撈得麥，恐悚瑰禪客。往復偃溪邊，聞聲隔不隔。」（同上）這裏，「隔」與「不隔」對揚，指對溪水聲的聽覺。「不隔」是「不離於當念」的直觀和直覺，「隔」則相反。說透了，所謂「不隔」就是空；當人們作空觀時，也就不會「隔」。

法演的弟子圜悟克勤作《碧岩集》，其中第二十四則云：

> 風塵草動，悉究端倪，亦謂之隔身句，意通而語隔。到這裏，須是左撥右轉，方是作家。

此「隔身句」又作「隔手句」，意謂覺悟不必借助語言，而是有某種神秘的溝通自然無間地發生。「意通而語隔」，是說對佛法的領會已經完成，而言語卻是障礙領悟的東西。同條克勤評唱引法演語云：「莫將有事為無事，往往事從無事生。爾若參得透去，見他恁麼如尋常人說話一般，多被言語隔礙，所以不會。」克勤頗承其師的衣鉢，《碧岩集》第一則「聖諦第一義」云：「不立文字，直指人心，見性成佛。若恁麼見得，便有自由分，不隨一切語言轉，脫體現成。」

語言是覺悟的障礙，這是禪宗一貫的主張。

以上諸條禪宗人論「隔」與「不隔」，為我讀禪籍所發現，當可設想，未見者或許更多。由是，也可以進而設想，與「漏」「無漏」、「了義」「不了義」等佛教的本有觀念相似，「隔」「不隔」或許本是禪宗的一個話頭。

我們來把上述這些證據作一個歸納。所謂的「隔」，是指禪者囿於情見、見聞覺知、語言等，給見性、悟理造成障礙，所謂的「不隔」，是指超越的覺悟，它迅如霹靂電閃，不容思量擬議，是意通、見性、悟理。如果聯繫王國維的看法，則「具眼之人」以一雙智慧的法眼[29]去直觀現象，他寫的景物能「都在目前」，就是「不隔」；而「隔」則是思量擬議、過分倚重語言的表意功能，反而無法做到「意通」。[30]因此，「一切見成」和「見色便見心」，是「不隔」的極佳表述。

可見，「隔」「不隔」其實是心色關係論域中的問題。從普通心理學的學理來看，心與色本來不可能見面，但是在智慧之眼的直觀之下，心色卻獲得了溝通，剎那間成了一個東西，即空觀下的色。空的直觀是不可思議、不可分析、當下現成、超越的。它既置身於人們通常以為處於對立之中的心色（心物）關係，又把這種關係打破，使心色（心物）兩者獲得溝通並進而融合為一體。這樣一種感性經驗，是禪宗的產物，它是基礎性的，廣義地講，它本身就是審美直觀；狹義地講，當它產生於文藝的論域之中，就構成了藝術的審

29 王國維詞《浣溪沙》云：「山寺微茫背夕曛，鳥飛不到半山昏。上方孤磬定行雲。試上高峰窺皓月，偶開天眼覷紅塵。可憐身是眼中人。」此「天眼」即為佛教的天眼。

30 這個「意」與意境的意有著內在的聯繫。

美直觀。如王國維論「隔」與「不隔」所要求的「都在目前」之直觀，就是如此。

第六章 禪化與詩化

禪化與詩化

禪宗對中國古代美學的影響，它的最高表現，大概應該說是它使中國人的審美經驗臻於境界化。這種境界的性質是空，無可懷疑。魏晉以後，中國人的審美經驗經歷了一個禪化的過程。不過，當這種影響強大到一定程度，尤其是中國文人在禪的空觀大力薰染之下，不期而然地，就有一種逆向的過程發生，那就是禪的詩化，即意境化，或人文化。以前，在印度佛教影響下，聯想類比的譬喻方式佔據了主要地位。儘管真如佛性是不可思議、不可言說的，然而作為一種方便，譬喻卻是意欲使不可思議、不可言說的東西變得可以思議、言說，以俾佛教的廣泛傳播。這一個內在的矛盾，禪宗從一開始就極力要超越或擺脫它。我們注意到，在禪宗的發展歷程中，作為空觀的禪觀被中國人所著意吸收，早期的空觀被極度純化而形成了禪宗的現象空觀。直觀方式悄悄取代了譬喻方式而成為中國佛教尤其是禪宗的主流感性經驗。當禪宗漸次趨於文人化，禪的經驗也就被賦予了更多的詩的性質。禪化與詩化成為一種雙向的過程，互相滲透，互為因果。它的匯聚點是境，可以是禪境，也可以是詩境。由於佛教對情感世界的洗刷，世俗之情被貶抑，而涅槃式的純情開始萌生，它以詩情的面目出現，其實是一種作為審美經驗的禪心。與此同時，中國傳統中另一個重要的概念——意開始突顯，並向審美之域進發。意可能偏向理性、理智，但當它落腳到空的境，就因之而成為空靈的意，而不同於中國傳統的言意之辯之意。

一、禪境與詩境

如前所述，我以為中國古代詩歌的境界——意境，在盛唐已經形成，以王維、孟浩然等一批傑出詩人的小詩為標誌。從此，詩境或詩歌的境界就為古人所重視。詩境與禪境互相交流、滲透，對唐以後中國人的審美經驗及其品格造成了重大之影響。

以下我舉一對半首佛偈與半首詩歌的例子，以觀佛境與詩境的不同之處。

「詩境」，此詞唯識宗的開山祖玄奘早已使用，他的《題半偈舍生山》：「忽聞八字超詩境，不惜丹軀舍此山。偈句篇留方石上，樂音時奏半空間。」(《全唐詩續拾》卷三) 捨身山，即喜馬拉雅山，也稱雪山。《大般涅槃經》卷十四記：

> 我（釋迦）住雪山，天帝釋爲試我，變其身爲羅刹（惡鬼），說過去佛所説半偈：「諸行無常，是生滅法。」我於爾時聞半偈心生歡喜。四顧唯見羅刹，乃言：「善哉大士，若能說餘半偈，吾終身爲汝弟子。」羅刹云：「我今實饑，不能說。」我即告曰：「但汝說之，我當以身奉大士。」羅刹於是說後半偈：「生滅滅已，寂滅爲樂。」我聞此偈已，於若石、若壁、若樹、若道書寫此偈。即時升高樹上投身於地。爾時羅刹復帝釋形，接取吾身。依此功德超越十二劫。

值得注意的是，玄奘生存活動的年代要略早於禪宗四祖弘忍。他認為「生滅滅已，寂滅為樂」八字半偈比中國傳統詩歌的境界要高得多，聽聞此偈的快樂就像聽到音樂在半空中奏響。這裏，他將佛教的快樂與藝術審美的快樂比一高下，將佛境與詩境比一高下。由玄奘這樣一位重要的早期佛學家作出這一比較，是一個值得重視的現象。

《歲時廣記》引《漫叟詩話》云：

> 南唐金輪寺有僧曰明光者，行一年中秋玩月，得詩一聯云：「團團離海角，漸漸出雲衢。」竟思下聯不就。次年中秋，再得一聯云：「此夜一輪滿，清光何處無。」遂不勝其喜，徑登寺鳴鐘。時有善聽聲者聞之：「此鐘發聲通暢，若非詩人得句，即是禪僧悟道。」[1]

這是一則詩話，出於詩人之手，視角正好與佛學家玄奘相反，但其所記卻是詩僧作詩。明光第一年中秋所得上聯「團團離海角，漸漸出雲衢」，描繪了圓圓月亮緩緩初升之狀，然而苦吟下聯不就，一年之後的中秋才獲得下聯。「此夜一輪滿，清光何處無」，描述了這樣一幅情景：中秋夜，一輪滿月高掛空中，清光灑向宇宙，沒有它照不到的地方。詩僧得句完全出於偶然和頓然，此時，他的心中透亮，就如自己詩中所寫，充溢著光明。顯然，他登上了涅槃之境。這是一個頓悟的境界，在此境界當中，詩境與禪境已經無可分

1 此詩《全唐詩》八五一、《全五代詩》三九均作南唐失名僧《月詩》，《全唐詩續補遺》卷一一作南唐僧謙明作《中秋詠月》：「迢迢東海出，漸漸入雲衢。此夜

別。半首詩是不圓滿的，非得在一年之後的中秋面對一輪滿月，證悟了，才獲得下聯。前半首，詩意尚無，後半首為全詩灌注了禪意，禪意即詩意。鐘聲也構成了禪的直觀之境，「善聽者」對敲鐘「發聲通暢」的聽覺，評價所云「若非」、「即是」的句式，其實正暗示了詩境與禪境的相通，因為詩人和禪僧本為一人。不僅如此，作詩所得的快樂與悟道所得的快樂也是相通的。

八字半偈為佛的啟示，揭示了佛的境界，而《月詩》為人的證悟，是詩的境界。值得推敲的是，兩者都將覺悟的境界與聲音相聯繫，玄奘將聽聞偈句比擬為聽到音樂，此音樂即為佛的聲音；而明光得詩後之擊鐘，在他自己是標誌了他覺悟的喜悅，所謂法喜禪悅，而「善聽者」卻是直接將「得句」與「悟道」聯繫了起來。玄奘的比擬尚不免有幾分將佛音視作外在的聖旨，而詩僧「得句悟道」的鐘聲卻是純然發自內心的喜悅。由此，我們當可發現，詩境與禪境的互相滲透，也許造成了更為深刻的個體覺悟之境。

自然界的許多聲響被禪師們視為純粹現象，以啟迪學禪者覺悟。如前引歸省禪師以簷頭水滴聲啟發學僧證會趙州和尚柏樹子話頭，細讀其僧所作頌：「簷頭水滴，分明瀝瀝。打破乾坤，當下心息。」他竟然從水滴的響聲（偶然之動）悟到了打破乾坤的涅槃之境（永恒之靜）。這是聽聲的一個好例。

詩人也會聽聲，皎然《山雨》：

> 一片雨，山半晴。長風吹落西江上，滿樹蕭蕭心耳清。雲鶴驚亂下，水香凝不然。風迴雨定芭蕉濕，一滴時時入晝禪。

來了一片雨，有風將其吹落到江面，滿樹可以聽到蕭蕭的雨聲，沒有別的聲響，此時心境清、耳根清。一忽兒，風折回去了，雨停，然而芭蕉還是濕的，屋檐上有水滴下，一聲一聲，打在芭蕉葉上，清晰可聞。水滴聲中，人入禪定。這是一個由動態反襯著的非常靜謐的禪境—詩境，它極其生動。

以上兩個例子，前者是禪宗公案，體現了禪觀寂靜的境界，後者是詩歌，體現了詩歌靜謐的意境。兩者不約而同，都以動釋靜，是慧能對法的體現。值得注意的是，後者竟然比前者早出，事實上，皎然活動於中唐，而趙州活動於晚唐。

再舉一些證據。

皎然：「江郡當秋景，期將道者同。跡高憐竹寺，夜靜賞蓮宮。古磬清霜下，寒山曉月中。詩情緣境發，法性寄筌空。翻譯推南本，何人繼謝公。」（《秋日遙和盧使君遊何山寺宿 上人房論涅槃經義》）

中唐詩人姚合：「看月空門裏，詩家境有餘。」（《酬李廓精舍南台望月見寄》）

唐末僧泠然：「佛寺孤莊千嶂間，我來詩境強相關。」（《宿九華化成寺》）

晚唐五代詩僧齊己：「詩魔苦不利，禪寂頗相應。」（《靜坐》）

「禪心盡入空無跡，詩句閑搜寂有聲。」（《寄蜀國廣濟大師》）

當然還可以找到更早更多的證據，我們暫且據此略作分析。皎然云「詩情緣境發，法性寄筌空」，既將詩情與禪境聯繫起來，又把「詩情」與「法性」對舉，十分明確地揭示了詩與禪的內在溝通。在空觀的基礎上主情，實在是大膽的為詩歌張目。姚合也將空門與詩境對舉，以為詩境是從看月的空觀而來。泠然詩句中詩與境是兩個詞，「強相關」的「強」為大的意思，即大相關，意謂詩境與禪境大有關係[2]。齊己詩作得很苦，所以有「詩魔」之說；當詩思困頓不通之時，禪寂卻足以啟迪靈感，於是又說「詩句閑搜寂有聲」，「寂有聲」與「空無跡」相對而相濟。從這些詩句可以看出，禪境與詩境是互相發明的，只是禪的作用更為基本也更大一些。

法眼一系的宋代僧人從顯禪師在與學僧問答時，曾經舉王維《終南別業》中的詩句「行到水窮處，坐看雲起時」以啟發其覺悟：

> 時有僧問：「居士默然，文殊深贊，此意如何？」師曰：「汝問我答。」曰：「恁麼人出頭來，又作麼生？」師曰：「行到水窮處，坐看雲起時。」（《景德傳燈錄》卷二五《洪州觀音從顯禪師》）

這亦說明，禪對詩的薰習已經完成，而詩對禪的滲透則顯已開端。[3]

本書曾經幾次談及的禪家三境，其中第一境：「落葉滿空山，何處尋行跡」，來自於唐天寶大歷年間詩人韋應物的詩《寄全椒山中道士》：「今朝郡齋冷，忽念山中客。澗底

2泠然全詩為：「佛寺孤莊千嶂間，我來詩境強相關。岩邊樹動猿下澗，雲裏錫鳴僧上山。松月影寒生碧落，石泉聲亂噴潺湲。明朝更躡層雲去，誓共煙霞到老閑。」
3 周裕鍇認為，這是禪籍中引用詩句的第一個例子。

束荊薪，歸來煮白石。欲持一瓢酒，遠慰風雨夕。落葉滿空山，何處尋行跡。」詩中所敘為擬想之情。這種「能道不吃煙火食語」的詩境，被禪者取來喻示空境，是十分自然、貼切的。第二境：「空山無人，水流花開」，出自蘇東坡所作佛偈《十八大阿羅漢頌》，而其首句又出自司空圖《二十四詩品・縝密》「水流花開，清露未晞」。禪者向詩人借取詩境，詩人創寫禪境，這種態勢表明，王維、孟浩然、韋應物、柳宗元、蘇東坡們所造的詩境與禪境已然相通。換言之，詩的禪化和禪的詩化，是互為表裏的。它是總的禪之文人化過程的一個產物。

詩僧的產生也是禪之文人化過程中一個值得關注的現象。詩僧的身份頗難定義，他們大概首先是僧，然後也作詩，而且他們的詩總體上不如詩人的詩成就高。劉禹錫《秋日過鴻舉法師寺院便送歸江陵》詩引分析詩僧作詩云：

> 能離欲，則方寸地虛，虛而萬景入，入必有所泄，乃形乎詞。詞妙而深者，必依於聲律，故自近古而降，釋子以詩名聞於世者，相踵焉。因定而得境，故翛然以清；由慧而遣詞，故粹然以麗。

佛家所倡的定慧被劉氏判為詩僧詩成功的兩個因素：因為禪定而得境清，因為得慧而作詩麗，僧詩風格為清麗。

主張「詩情緣境發」的皎然，他的詩中「境」字出現頻率極高，現細析分之如下。

1. 主體直觀下的自然萬象之境，如：

萬境澄以靜（《答鄭方回》）；

境新耳目換，物遠風煙異（《奉和顏使君眞卿與陸處士羽登妙喜寺三癸亭》）；

遙聞不斷在煙杪，萬籟無聲天境空（《戞銅碗爲龍吟歌並序》）。

這類「境」，或是聲，或是色，林林總總，它是耳目的對象，就在目前，在當下，它空，它是禪觀自然。

2.擾亂人心的「俗境」、「人境」，如：

武陵何處訪仙鄉，古觀雲根路已荒。細草擁壇人跡絕，落花沉澗水流香。山深有雨寒猶在，松老無風韻亦長。全覺此身離俗境，玄機亦可照迷方。（《晚春尋桃源觀》）

野寺出人境，舍舟登遠峰。林開明見月，萬壑靜聞鍾。（《陪盧中丞閑遊山寺》）

釋事情已高，依禪境無擾。（《奉酬顏使君眞卿王員外圓宿寺兼送員外使迴》）

這類「境」，也是聲、色，但因為它仍處俗世之中，是為禪觀的對立面。

3.正因為俗世萬境擾人，所以須以心的閑、靜、淨來洗滌之，如：

釋印及秋夜，身閑境亦清。（《酬烏程楊明府華將赴渭北對月見懷》）

境清覺神王，道勝知機滅。（《妙喜寺達公禪

齋寄李司直公孫房都曹德裕從事方舟顏武康士騁四十二韻》）

境淨萬象眞，寄目皆有益。原上無情花，山中聽經石。竹生自蕭散，雲性常潔白。卻見羈世人，遠高摩霄翮。達賢觀此意，煩想遂冰釋。伊予戰苦勝，覽境情不溺。智以動念昏，功由無心積。……（《苕溪草堂自大歷三年夏新營洎秋及春彌覺境勝因紀其事簡潘丞述湯評事衡四十三韻》）

這裡有三層意思值得注意：一是「身閑」而「境清」；二是「境清」而「神王」，這裏包含了一對心物關係，看來是心閑而境清，但是境清又能使人神王，因此心與物在直覺之下是完全統一的，不必強分前後；三是「境淨」而所對之「萬象真」，就能對自然作純粹直觀。

4. 作為禪境和詩境的「禪中境」、「心境」、「真境」、「靈境」、「絕境」等，如：

月彩散瑤碧，示君禪中境。（《答俞校書冬夜》）；

江春行示瘼，偶與眞境期。（《遙酬袁使君高春暮行縣過報德寺見懷》）

仁坊標絕境，廉守躡高蹤。（《冬日遙和盧使君幼平綦毋居士遊法華寺高頂臨湖亭》）

心境寒草花，空門青山月。（《酬李司直縱諸公冬日遊妙喜寺題照昱二上人房寄長城潘丞述》）

幽期諒未偶，勝境徒自尋。（《晚冬廢溪東寺懷李司直縱》）

外心親地主，內學事空王。花會宜春淺，禪遊喜夜涼。高明依月境，蕭散躡庭芳。（《因遊支硎寺寄邢端公》）

雲山出空鳥未歸，松吹時飄雨浴衣。石語花愁徒自詫，吾心見境盡爲非」。（《酬秦系山人題贈》）

偶來中峰宿，閑坐見眞境。寂寂孤月心，亭亭圓泉影。

□□□（缺三字）滿山，花落始知靜。從他半夜愁猿驚，不廢此心長杳冥。（《宿山寺寄李中丞洪》）

嘗覽高逸傳，山僧有遺蹤。佐遊繼雅篇，嘉會何由逢。塵世即下界，色天當上峰。春暉遍眾草，寒色留高松。繚繞彩雲合，參差綺樓重。瓊葩灑巾舄，石瀾清心胸。靈境若可托，道情知所從。（《奉陪陸使君長源諸公遊支硎寺》）

另皎然《兵後早春登故鄣南樓望昆山寺白鶴觀示清道人並沈道士》、《奉和陸使君長源夏月遊太湖》和《同顏使君真卿李侍禦萼遊法華寺登鳳翅山望太湖》等詩都用了「靈境」。

這裡最可注意的是「心境寒草花，空門青山月」一句。人在空門，所對者為青山和明月，心境所映者為「寒草花」。山、月、花、草，是心境，是禪者之所觀。它絕然是一個詩境。

5.這樣一種空的心境和詩境，形成了主體空寂、閑靜、清淨的人格境界：

何意欲歸山，道高由境勝。花空覺性了，月

盡知心證。永夜出禪吟，清猿自相應。（《送清涼上人》）

古寺寒山上，遠鍾揚好風。聲餘月樹動，響盡霜天空。永夜一禪子，冷然心境中。（《聞鐘》）

不因居佛裏，無事得相逢。名重朝端望，身高俗外蹤。機閑看淨水，境寂聽疏鐘。宣室（宮名）恩長在，知君志未從。（《建元寺集皇甫侍御書閣》）

百緣唯有什公瓶，萬法但看一字經（《一字頂輪王經》）。從遣鳥喧心不動，任教香醉境常眞。蓮花天晝浮雲卷，貝頁宮春好月停。禪伴欲邀何著作，空音宜向夜中聽。（《同李著作縱塵外上人院》）

如何有歸思，愛別欲忘難。白鷺沙洲晚，青龍水寺寒。蕉花鋪淨地，桂子落空壇。持此心爲境，應堪月夜看。（《送關小師還金陵》）

在直觀之下，花香醉人，此境卻被觀空，花香依然醉人。一切聞香、賞月、聽鳥、聞鐘、看水，都不外乎心靜之證，空的人格由是獲得了詩的品格。可見，境化的同時詩化了。

皎然主情，除了「詩情緣境發」，他還有：

野性配雲泉，詩情風景遊。（《送王居士遊越》）

一見西山雲，使人情意遠。（《白雲歌寄陸中丞使君長源》）

白雲關我不關他，此物留君情最多。情著春

風生橘樹，歸心不怕洞庭波。（《別洞庭維諒上人》）

芳草隨君自有情，不關山色與猿聲。爲看嚴子灘頭石，曾憶題詩不著名。（《送侯秀才南遊》）

講情，是禪之詩化的一個基本要素。從皎然開始，滲透著情的境開始抬頭。但要注意，他所謂的詩情並非世俗之情，而是純粹的情或純情。由此，可以看出禪的文人化進程加速進行的情形。

二、個案研究：月

家家望秋月，不及秋山望。山中萬境長寂寥，夜夜孤明我山上。海人皆言生海東，山人自謂出山中。憂虞歡樂皆占月，月本無心同不同。自從有月山不改，古人望盡今人在。不知萬世今夜時，孤月將□誰更待？（皎然《山月行》）

月，或月亮，是佛教中一個極為重要的意象，也是中國文化傳統中一個極為重要的意象，有鑒於此，本節擬探討月從印度佛教到中國禪宗的位格轉換，並描述它在中國文化中的美學意味。

月亮，在中國文化中本來有它豐富的涵義，我這裏且舉出與本書宗旨相關的三條。一、月有圓闕：「月之為言闕也，有滿有闕也」（《白虎通·日月》），月亮的陰晴圓闕在古時是作為記時的工具的，農曆就是以月亮的運動為依據的；二、月性為陰，與日相對：「月為陰精」（《顏氏家訓·

歸心》)，其光清冷，[4]此義後來引申為臣妾之道；三、月性為水：「月者，水之精也」(《論衡・說日》)，後來月光如水的意象大概就是從此而來。

月作為一個審美意象，古人多有描述。《詩・陳風・月出》極為著名：

月出皎兮，佼人僚兮，舒窈糾兮。勞心悄兮。

月出皓兮，佼人懰兮，舒懮受兮。勞心慅兮。

月出照兮，佼人燎兮，舒夭紹兮。勞心慘兮。

這是一首相思之歌，月光皎潔，情思勞勞。月亮作為起興，將其與純潔的戀情作聯想，十分的簡單，似乎表明此時月亮尚未作為其他如政治、道德等的象徵。[5]古詩十九首《明月皎夜光》和《明月何皎皎》二首在構作方法上也是如此。[6]

漢初公孫乘《月賦》[7]云：

月出皎兮，君子之光。鵾雞舞於蘭渚，蟋蟀鳴於西堂。君有禮樂，我有衣裳。猗嗟明月，當心

4 薛道衡《敬酬楊僕射山齋獨坐》「露寒洲渚白，月冷函關秋。」

5 中國古代神話體系中，月亮是一個基本的意義單位，但本書將不作這方面的論述。

6《明月何皎皎》：「明月何皎皎，照我羅床帷。憂愁不能寐，攬衣起徘徊。客行雖云樂，不如早旋歸。出戶獨彷徨，愁思當告誰。引領還入房，淚下沾裳衣。」

7 本篇賦《初學記》引作枚乘作。

> 而出。隱員岩而似鉤，蔽修堞而分鏡。既少進以增輝，遂臨庭而高映，炎日匪明，皓璧非淨，躔度運行，陰陽以正，文林辯囿，小臣不佞。

這篇賦中值得注意的是將皎潔的月光與君子的品格作聯想，稱之為「君子之光」。賦中說明月「當心而出」，有時隱於高岩，像一隻彎鉤，有時蔽於長牆，像半面圓鏡。待到它漸漸升臨中天，就是火熱的太陽也比不上它的明亮，白璧也比不上它的潔淨。這裏，明顯有一種君子比德的傳統自然觀在起作用。漢樂府《白頭吟》「皚如山上雪，皎若雲間月。聞君有兩意，故來相訣絕」，是以月之皎潔來比擬愛情的純潔。

到了魏晉南北朝，人們對月亮的觀察似乎更為細緻，對月亮作為一個審美對象的感受也更為具體、生動和感性化。如曹丕《雜詩》云「俯視清水波，仰看明月光」，陶淵明《雜詩》（十二首之二）云「白日淪西河，素月出東嶺。遙遙萬里暉，蕩蕩空中景」，陸機《擬明月何皎皎》云「安寢北堂上，明月入我牖。照之有餘暉，攬之不盈手」。將月光定位於「素」，擬之為「素月」、「素輝」，並與「清露」聯繫起來，以「攬之不盈手」的動態和形態形容月光的質感，均是極為成功的。當一輪明月從窗外照入室內、床上，詩人們就免不了對自己的個體生命進行反思。曹丕《燕歌行》「明月皎皎照我床，星漢西流夜未央」、張華《情詩》「清風動帷簾，晨月照幽房」、潘嶽《悼亡詩》「皎皎窗中月，照我室南端」是如此，上引陶與陸詩均是如此。作為古人個體生命的意象，是月亮的一個重要意義所在。

南朝宋謝莊《月賦》是影響更大的一篇作品。

> 若夫氣霽地表，雲斂天末，洞庭始波，木葉微脫。菊散芳於山椒，雁流哀於江瀨；升清質之悠悠，降澄輝之藹藹，列宿掩縟，長河韜映；柔祇雪凝，圓靈水鏡；連觀霜縞，周除冰淨。

這篇賦中，前舉月諸義得到了明確的表述，這裏重點研討後二義。賦中說「日以陽德，月以陰凝」，稱月有「清質」、「澄輝」，在它的朗照之下，大地似「雪凝」，潔白無瑕，遠處的亭臺樓閣就像蒙上了霜色的生絹，而周圍卻又如冰一般淨潔。尤其值得留意的是「圓靈水鏡」--一句，描寫月光照射下的天空，如水面，如鏡面，圓而空靈。蘇軾《永遇樂》有云「明月如霜，好風如水，清景無限」，辛棄疾《念奴嬌·過洞庭》上闋有云：「洞庭青草，近中秋、更無一點風色。玉鑒瓊田三萬頃，著我扁舟一葉。素月分輝，明河共影，表裏俱澄徹。悠然心會，妙處難與君說。」都寫出了這種美感。水與月都為陰性，而月為水之精。這種觀念與印度佛教的月觀念非常相近。

這篇賦中並沒有出現將月亮當作標誌時序的意象，但是，卻把它當作一個超越時間的共時性的意象，「美人邁兮音塵闕，隔千里兮共明月」[8]。此意象一出，影響極為深遠，引出後來無數的懷人詩，如張融《別詩》：「白雲山上盡，清風松下歇。欲識離人悲，孤台見明月。」陳昭《昭君詞》「唯有孤明月，猶能遠送人」，範云《送沈記室夜別》「秋風兩鄉怨，秋月千里分」。皎然《待山月》：「夜夜憶

8 與謝莊同時的鮑照《玩月城西門廨中》有「三五二八時，千里與君同」，句意相彷彿。

故人，長教山月待。今宵故人在，山月知何在。」李白著名的《靜夜思》也是這樣：

> 床前明月光，疑是地上霜。舉頭望明月，低頭思故鄉。

只是這種「靜夜思」所體現的僅為傳統的懷人情結而已，並無禪觀的成分。

月映水面，水與月相聯繫，是古代印度和中國人共同的看法。他們都傾向於以水中月的意象來直觀月亮的共時性和永恒性。何遜《入西塞示南府同僚》云「薄雲岩際出，初月波中上」，就是如此。

到了唐代，出現了著名的《春江花月夜》，詩中云：

> 江天一色無纖塵，皎皎空中孤月輪。江畔何人初見月？江月何年初照人？人生代代無窮已，江月年年只相似；不知江月待何人？但見長江送流水。……

這裡，作者張虛若對月亮的共時性進行了更為深入的玄思：人生一代一代變化無窮，正如長江流水永不停息，而倒映江中的月亮卻只是相似，既不知道江月最初是被何人所見，江月又是何時初照人間。一方面是人類的代代相傳，江水的永遠流淌，另一方面是月亮的亙古不變。宋代陳與義《臨江仙》詞云「長溝流月去無聲」，意正相同。《春江花月夜》通過這種對比，表達了人類對時間的永恒性的歎為觀止。

我們轉而去看看印度佛教中的月亮，這是一個譬喻，它常常具有多重意義。

《大唐西域記》卷二《印度總述》云：

> 印度者，唐言月。月有多名，斯其一稱。言諸群生輪回不息，無明長夜，莫有司晨，其猶白日既隱，宵月斯繼，雖有星光之照，豈如朗月之明！苟緣斯致，因而譬月。良以其土聖賢繼軌，導凡御物，如月照臨。由是義故，謂之印度。

此或許為傳說，但是在月亮也受到非同尋常重視的華夏，它出自玄奘這樣一位中國高僧筆下，必然產生很大的影響。從上述可以看到，在中國尚沒有產生月光崇拜，但是印度佛教卻是如此看月亮的。

《大般涅槃經》卷九《如來性品》有著名的月喻：

> 譬如有人見月不現，皆言月沒而作沒想，而此月性實無沒也。轉現他方，彼處眾生復謂月出，而此月性實無出也。何以故，以須彌山障故不現。其月常生性無出沒，如來應正遍知亦復如是。……如是眾生所見不同，或見半月，或見滿月，或見月蝕。而此月性實無增減噉之者，常是滿月。如來之身亦復如是，是故名爲常住不變。復次善男子喻如滿月，一切悉現，在在處處，城邑聚落山澤水中若井若池若盆若鑊，一切皆現。

人們看月亮，以為它有出沒，有圓缺，其實這是須彌山障礙了人們的眼光的緣故，月亮並沒有出來隱去，也沒有半月、滿月和月蝕之分。[9]月性常住不變，總是一輪滿月。這樣，月亮就成為如來佛性的一個極妙譬喻。又可以把善男子譬喻為滿月，在在處處，不僅是城市鄉村，每一處水面，無論大大小小，都無例外地可以見到它。

《大般涅槃經》卷二十《梵行品》中耆婆以譬喻方式向王講解「月愛三昧」，云：

> 譬如月光能令一切優缽羅花開敷鮮明，月愛三昧亦復如是，能令眾生善心開敷，是故名為月愛三昧。大王，譬如月光能令一切行路之人心生歡喜，月愛三昧亦復如是，能令修習涅槃道者心生歡喜，是故復名月愛三昧。大王，譬如月光從初一日至十五日形色光明漸漸增長，月愛三昧亦復如是，令初發心諸善根本漸漸增長，乃至具足大般涅槃，是故復名月愛三昧。大王，譬如月光從十六日至三十日形色光明漸漸損減，月愛三昧亦復如是，光所照處所有煩惱能令漸滅，是故復名月愛三昧。大王，譬如盛熱之時，一切眾生常思月光，月光既照，鬱熱即除，月愛三昧亦復如是，能令眾生除貪惱熱。大王，譬如滿月眾星中王，為甘露味，一切眾生之所愛樂，月愛三昧亦復如是。諸善中王為甘露味，一切眾生之所愛樂，是故復名為月愛三昧。

9 與印度傳統不同，中國傳統卻是說「明月空在帷」(劉繪《有所思》)、「屏風有意障明月」(江總《閨怨篇》)，明月的障礙是人的居所尤其是閨房造成的。

經中認為，月亮發出一種光性清涼之大光明。耆婆作了三種譬喻。其一，月亮可以使鮮花盛開，使行路人心生歡喜。月愛三昧也具有類似的性質，可以使眾生之善心如鮮花開放，使修習涅槃道者心生歡喜。其二，月光從初一至十五形色光明漸長，從十五至三十形色光明漸減，月愛三昧也是如此，可使初發善根漸漸增長，也可使煩惱漸漸損減。其三，月光可於盛夏之時去除鬱熱，滿月具有甘露味，為一切眾生所愛，月愛三昧可以去除眾生貪惱熱，為一切眾生所愛。耆婆講解月愛三昧，採用了博喻方法，其核心即是月亮具有一種光性清涼之大光明。這類博喻的好處是喻意比較豐富，缺點是不免有幾分隨意性。同是出於《大般涅槃經》，《如來性品》中認為月亮的陰晴圓缺並非出於它本身的緣故，而是因為有須彌山擋住了人們的視線，而《梵行品》中卻認為月亮從初一至十五，又從十五至三十，其形態是有變化的。印度佛教的博喻在某種程度上是不避矛盾的。換言之，印度佛教的月亮意象不僅是多義的，而且還是歧義的，儘管這種歧義其實是多義的一種存在形態。

印度佛教影響中國禪宗最重要的還是它的水月之喻。印度大乘佛教中的水月（或水中月）之喻，是以水中月影的虛妄不實，來譬喻諸法緣起無自性的道理，為著名的般若十喻之一。《維摩詰所說經》卷七《觀眾生品》上說，文殊師利問維摩詰：住於不可思議解脫法門的菩薩，是怎樣看眾生的呢？維摩詰答言：就像幻術師看他所幻化出來的人一樣，完全是虛幻不實的。「如智者見水中月，如鏡中見其面像，如熱時焰，如呼聲響，如空中雲，如水聚沫，如水上泡，如芭蕉堅，如電久住」。水中月、鏡中像、空中雲等等，無非是譬喻眾生相的如幻。中國人極喜說的「鏡花水月」，鏡中花、水中月，都是同一個意思。石頭希遷云：

> 吾之法門，先佛傳受。不論禪定精進，唯達佛之知見。即心即佛，心佛眾生，菩提煩惱，名異體一。汝等當知，自己心靈，體離斷常，性非垢淨。湛然圓滿，凡聖齊同 。應用無方，離心意識。三界六道，唯自心現。水月鏡像，豈有生滅？（《五燈會元》卷五《石頭希遷禪師》）

水中月，鏡中像，那是虛幻之境，是沒有生滅的，唯是自己心靈的印現。不過，禪宗看水中月，雖然也有十喻的那個意思，但是卻更強調了其作為直觀對象和喻示一多關係的意義。正是這一喻，在禪宗取得了意義的一貫性。以下略為申說。

永嘉玄覺作歌云：

> 一性圓通一切性，一法遍含一切法，一月普現一切水，一切水月一月攝。（《永嘉證道歌》）

一個月亮普現於一切水面，形成了無數個水月，而無數個水月其實是一個月亮的影像。以此譬喻佛性與一切人性的關係，佛法與一切法的關係，意謂佛性內在於一切人性，佛法體現於一切法。相近的提法還有「一月千江」、「月印萬川」等，從哲學上看，它們表述的其實是一與多之關係。[10]

10宋代大儒朱熹經常用「月印萬川」之喻，意謂：天上只有一個月亮，印在江湖河川裏的千萬個月亮雖然各不相同，但卻不是這個月亮的部分，而是同具這個月亮的全體。他引用永嘉玄學的「一月普現一切水，一切水月一月攝」，稱讚「那釋氏也

月的形和光具有圓通的性質，以此喻人人均有圓通之佛性，《景德傳燈錄》卷二十五有云：「諸上座盡有常圓之月，各懷無價之寶。」丹霞作有《如意頌》，云：

> 眞如如意寶，如意寶眞如。森羅及萬象，一法更無餘。海澄孤月照，天地洞然虛。寂寂空形影，明明一道如。（《祖堂集》卷四《丹霞和尚》）

這是說，真如是一個無所不在的如意之寶，天地間（森羅萬象）只有一法，就像清澄的海面為一輪孤月所照，所見只是空虛。寂然之空當中，只有「如」（真如）是一道光明。在此譬喻中，圓通的月亮是真如的喻像。

月亮具有圓通的形與光，因此其意象的譬喻義即是圓通。禪師們經常就此進行辨相的討論，如石室禪師與仰山玩月：

> 師與仰山同玩月次，仰山問：「這個月尖時，圓相在什摩處？」師曰：「尖時圓相隱，圓時尖相在。」雲嵒云：「尖時圓相在，圓時尖相無。」道吾云：「尖時亦不尖，圓時亦不圓。」（《祖堂集》卷五《石室和尚》）

仰山、石室、雲嵒、道吾諸禪師共同欣賞月亮，仰山發問：月亮尖的時候，圓相何在？石室答曰：月亮尖時圓相隱而不見，圓時尖相也在。這是說圓相為共相，而尖相為殊相，共

窺見得這些道理」（《朱子語類》卷十八）。可見禪宗對宋代儒學影響之一斑。

相與殊相同在。雲嵒答曰：月亮尖時圓相也在，圓時則尖相沒有了。前一句斷語強調圓相的無所不在，不錯，後一句更進而強調圓相而否定尖相，顯然，雲嵒把共相與殊相分離了。道吾答曰：月亮尖時其實並不尖，而圓時其實並不圓。這一答顯得更為圓通，月亮尖時並不尖，因為有圓相在，而圓時並不圓，因為圓只是一個相而已。執著於尖圓之相，就不圓通了。

下一則欽山與臥龍、雪峰煮茶也極有意思：

> 師與臥龍、雪峰煎茶次，見明月徹碗水。師曰：「水清則月現。」臥龍曰：「無水清則月不現。」雪峰便放卻碗水了，云：「水月在什摩處？」(《祖堂集》卷八《欽山和尚》)

茶水碗內映現了月亮，欽山以為，水若清月亮就現出來。臥龍則以為，水不清就現不出月亮。他們二人的意見都以水清為月現的條件。雪峰的意見則破了水清這一條件，他把碗中的水倒了，問：水月又在何處？在他看來，水月是無條件的，無關於水清與否，甚至無關於眼前有沒有一碗水。

在禪師們看來，月亮是一個禪境。法演《送仁禪者》云：

> 白雲岩上月，太平松下影。深夜秋風生，都成一片境。(《古尊宿語錄》卷二十二《黃梅山東山（法）演和尚語錄》)

三平禪師有頌云：

> 菩提慧日朝朝照，般若涼風夜夜吹。此處不生聚雜樹，滿山明月是禪枝。（《祖堂集》卷五《三平和尚》）

菩提慧日（太陽）、般若涼風、滿山明月，三者都是菩提、般若之智的象徵，但是似乎其中唯有明月之喻被禪宗作了位格轉換而成為一個直觀。一方面，道吾、雪峰都已將作為喻象的明月之喻破了，天上的明月不是譬喻而是禪境。另一方面，明月之禪境又延伸向詩境。前舉詩僧明光中秋望明月得詩即是一個好例。

南宋曉瑩《雲臥紀談》載，南宋紹興年間，一位儒士登焦山風月亭，頗有感興，作詩云：

> 風來松頂清難立，月到波心淡欲沉。會得松風元物外，始知江心是吾心。

月庵果禪師評曰：「詩好則好，只是無眼目。」遂將後二句改為：

> 會得松風「非」物外，始知江「月即」吾心。

改「元」為「非」，「心」為「月」，「是」為「即」，使詩作頓具「眼目」。在月庵果禪師看來，「松風」「江月」本無異，並非物外，而「江月」（「江心」）之「即吾心」而非「是吾心」，可見「江月」是一個直觀，它與「吾心」之相即並非邏輯上的關係。[11]這則故事，表明禪對詩的持久薰染，使詩境向禪境轉化的努力。

我們還可以看皎然的兩首詠月詩：

> 夜夜池上觀，禪身坐月邊。虛無色可取，皎潔意難傳。若向空心了，長如影可圓。（《水月》）
>
> 秋水月娟娟，初生色界天。蟾光散浦漵，素影動淪漣。何事無心見，虧盈向夜禪。（《溪上月》，此詩一作法振詩）

在皎然的詩中，水中月既是禪境也是詩境。

王維小詩中也寫月亮，如：

> 人閑桂花落，夜靜春山空。月出驚山鳥，時鳴春澗中。（《鳥鳴澗》）
>
> 獨坐幽篁裏，彈琴復長嘯。深林人不知，明月來相照。（《竹裏館》）

這裡的月亮，儘管給詩歌帶來了動態：「驚山鳥」、「來相照」，但是這種動態其實是王維所鍾情之靜謐的反襯。月亮以其皎潔之光的照臨，使他對夜靜、山空、人閑之態有更深的領悟。這是一種典型的禪觀，但是其中的月亮絕對不是譬喻，而只是一個純粹直觀。可以與明光詩比較：「團團離海角，漸漸出雲衢。此夜一輪滿，清光何處無。」

11 不過，這種改動並不徹底，因為後二句中尚保留有「會」、「知」二字，仍然是在下斷語而非直觀。

這當然是一個證悟之境，但是「清光何處無」之句畢竟尚隱藏著佛教的一多關係，讓人感受著佛理。而王維上引小詩中的月亮卻絕不向人們暗示佛理。同是「得句」與「悟道」相兼，明光詩是禪境勝於詩境，王維詩是詩境勝於禪境。這種詩境與禪境的關聯與區別，在美學上是極有意義的。

現在我們來看蘇軾的名詞《水調歌頭》：

丙辰中秋，歡飲達旦，大醉，作此篇兼懷子由。

明月幾時有？把酒問青天。不知天上宮闕，今夕是何年。我欲乘風歸去，又恐瓊樓玉宇，高處不勝寒。起舞弄清影，何似在人間！轉朱閣，低綺户，照無眠。不應有恨，何事長向別時圓？人有悲歡離合，月有陰晴圓缺，此事古難全。但願人長久，千里共嬋娟。

月的陰晴圓缺，決不隨著人的意願而轉移，它是一個絕對者，而人生卻是充滿了無常，因此人間的團圓與月亮的團圓確實很難相兼，人只能期待。呂本中《采桑子》下片云：「恨君卻似江樓月，暫滿還虧，暫滿還虧，待得團圓是幾時？」也是這個意思。月亮的盈虧與中秋家人團圓或分離相聯繫，是中國的傳統觀念，不過，在蘇東坡月亮意象的意義還不止於此。他的《赤壁賦》云：

客亦知夫水與月乎？逝者如斯而未嘗往也，盈虛者如彼而卒莫消長也。蓋將自其變者而觀之，則天地曾不能以一瞬；自其不變者而觀之，則物與我皆無盡也，而又何羨乎？且夫天地之間，物各有主，苟非吾之所有，雖一毫而莫取，惟江上之清風，與山間之明月，耳得之而爲聲，目遇之而成色，取之無盡，用之不竭，是造物者之無盡藏也，而吾與子之所共適。

蘇軾將水與月提出來，表達了他不同於孔子的觀點。孔子云：「逝者如斯夫，不舍晝夜。」(《論語・子罕》) 那是說江水日夜不停息地流去，永不再回來。這是對人的生命隨時間而逝的感歎。而蘇軾卻提出，流過去的水雖然永遠逍逝了，月亮的盈虛雖然永遠過去了，然而其實卻它們並未真正地過去，因為我們若是觀水，水仍然在不停地流淌，觀月，月還是在不斷地盈虛，它們是永恒的。因此，從變的一方面來看，天地之大也是一瞬間的存在，而從不變的一方面來看，作為客的物和作為主的我（人）都無盡地存在。天地造物，各有其主，如果命中並非為我所有，那就「一毫而莫取」。這大致是莊子的看法。莊子以為，事物的生存，「若驟若馳」，「一虛一滿，不位乎其形」，變化是絕對的，無條件的，「萬物一齊，孰短孰長？道無終始，物有死生」(《莊子・秋水》)。因此，人面對變化生死，只有達觀：「察乎盈虛，故得而不喜，失而不憂，知分之無常也。明乎坦途，故生而不說，死而不禍，知終始之不可故也。」(同上) 蘇軾確實是一個達觀者，不過，他的達觀更體現在審美直觀上。有些東西，「我」是拿不到的，但是江上的清風，山間的明月，「我」的耳朵聽得，眼睛見得，為聲，為色。聲色「取之無盡，用之不竭」，是自然的賜與，是公共的，為人們共同的快適對象。聲色（水月）為什麼是公共的，就是因為它們是人直觀的對象。這裏，顯然有禪重要的影響。

三、釋「意」

「意」，在中國古代哲學當中是一個非常虛靈的概念。這是因為，老莊、玄學和禪宗共同地表達了對語言（名言）描述哲學本體或終極真理功能的懷疑。老子說：「道，可道，非常道；名，可名，非常名。」（《老子・一章》）又說：「道常無名。」（三十二章）莊子則以為：「可以言論者，物之粗也，可以意致者，不可以言傳也。」（《莊子・秋水》）所以他「以卮言為曼衍，以重言為真，以寓言為廣」（《莊子・天下》），發而為「謬悠之說，荒唐之言，無端崖之辭」（同上）。在此語境之中，莊子所云「意致」就是「意會」。這樣一種對語言名相的不信任態度，伴隨著對不可捉摸，幾乎也是不可思議的「意」的珍視，作為一種濃重的懷疑精神，幾乎貫穿了整個中國古代文化。

魏晉大玄學家王弼說過這樣的一段話：

> 夫象者，出意者也；言者，明象者也。盡意莫若象，盡象莫若言。言生於象，故可尋言以觀象；象生於意，故可尋象以觀意。意以象盡，象以言著。故言者所以明象，得象而忘言；象者所以存意，得意而忘象。猶蹄者所以在兔，得兔而忘蹄；筌者所以在魚，得魚而忘筌也。[12]（《周易略例・明象》）

這裡，王弼為《周易》作解，用的是莊子「得魚忘筌」

12 蹄、筌：捕兔、魚的工具。

的觀念。此一解中包含了《周易》、莊子和作為玄學領袖的他自己的見解，影響甚大。王弼的觀念大致有三層意思。其一，象與言是通向意的門戶；其二，須要「得意而忘言」，真正得意是在忘象與言之後；其三，存在一個言、象、意的序列，象出意，言明象。結論是：

> 忘象者，乃得意者也；忘言者，乃得象也。得意在忘象，得象在忘言。（同上）

這樣一種「得意忘言」的玄思，與禪宗「無住、無念、無相」的禪觀是非常相像的。不過，「得意忘言」觀念並未把言與象視為純粹的現象，它只是要求忘象、忘言，視言象為工具，以得意為鵠的。

「意」有游走不定、徘徊無寧的特點，如陶淵明《閑情賦》云「意惶惑而靡寧，魂須臾而九逝」，張籍《秋思》云「洛陽城裏見秋風，欲作家書意萬重。復恐匆匆說不盡，行人臨發又開封」，辛棄疾《沁園春》云「沉吟久，怕君恩未許，此意徘徊」。

印度佛教因明學亦有「意」這個觀念，而且對之極為重視。《正理經》對「意」多有論述：

> 意的表徵説明，它是不能同時產生許多認識的。[13]（第一卷第一章第三節《所量》）
>
> 現量如果不同靈魂（我）和心（意）接觸，則不能產生。（第二卷第一章第三節《現量的探

13 沈劍英注：意：一譯「心」。

討》)

認識不是意的屬性，因爲（1）所知不能同時被知覺。（第三卷第二章第三節《覺是靈魂的屬性》)

意具有迅速的運動性。（同上）

意有三方面的性質：理由性；他存性；偶然性。（同上）

意就是一個，因爲認識是非同時的。（同上，第六節《意》)

意是微量的。（同上）

《正理經》對「意」的規定是非常值得注意的。其一，「意」有迅速的運動性，是微量的，具有偶然性；其二，「意」與認識無關，其原因除了它的運動性，還因為認識存在於時間中是許多次的，在概念的關係之網之中運動的，而「意」的存在是即時的（「非同時的」），非概念的；其三，「意」是現量產生的條件，換言之，刹那的純粹直觀或純粹直覺是與遊走不定的「意」相聯繫著的。「意」在促成現量產生的同時，也為現量作了定位。

因明學還有「言陳」和「意許」兩個相對的概念。唐窺基《因明入正理論疏》云：

言中所帶名自性，意中所許名差別，言中所申之別義故。

謂言所帶名爲自相，不通他故；言中不帶，意所許義名爲差別，以通他故。

《佛地論》云：彼因明論，諸法自性，唯局自

> 體，不通他上，名爲自性；如縷貫華（就像用線把花朵串起來），貫通他上諸法差別義，名爲差別。

這裡涉及兩對概念，自性和差別，言陳和意許。「自性」是指諸法的自己的性質，它特殊而「狹」（外延小），並不關涉他物；「差別」是指諸法間互相聯繫貫通，如瓶和碗為兩物，但是它們都能裝水，兩物而有共性（共相）。當對「自性」和「差別」進行語言表述時，就有「言陳」和「意許」的分別：「言陳」相對「自性」而言，指語言文字所直接表徵的意義（「言中所帶」）；「意許」相對「差別」而言，指語言所沒有直接說明的意之（「意中所許」）。「意許」既然非言說所能範圍，言與意就必然無法達到一致而有差別。因明是佛教邏輯學，它對「意」的規定，將「意許」和「言陳」的對舉，與中國人重意輕言的傳統，尤其是玄學的言意之辯有著某種不期而然的相似。這說明，中國傳統與印度傳統在言意關係問題上是相契的。

禪宗繼承印度佛教真如不可言說的觀念，並將之發展到了教外別傳的境地，在此同時，它也呼應了玄學對語言的懷疑態度，把語言僅僅視為工具，即「方便」。《壇經》上說：「一切經書，及諸文字，小大二乘，十二部經，皆因人置，因智慧性故，故然能建立。」（《壇經校釋》第57－58頁）在慧能看來，所有相均是因人而起，佛經也是人創建的，「一切萬法，盡在自身中」（同上）。

佛教以為，人有八識：眼識、耳識、鼻識、舌識、身識、意識、末那識、阿賴耶識。前五識為感識，認識具體對象；第六識為意識，依意根而起，認識抽象觀念，有想像、推理、預測等作用，而且它不受時空的限制，對過去、現在、未來以及遠近的一切法都能發生作用；第七識為末那識，為我識，執取第八識見分（主觀的認識主體）為自我，又稱為意，此一識為產生心識活動的源泉；第八識為阿賴耶識，[14]是一切現行的種子貯藏之所，又稱藏識。所謂「意識」，狹義地即指第六識，不過我們想從更為根本的意義上來研討一下「意」。在此語境中的「意」，與第八識的轉識有關。慧能說：

> 自性含萬法，名爲藏識。思量即轉識。（《壇經校釋》第92頁）

這個「自性」，即是如來藏，又可以稱為真如、法性。萬法源於自性，這一思想來自《楞伽經》和《大乘起信論》。「藏識」，即是阿賴耶識，它被列為第八識。這一識深深藏匿於心底，似乎是一種全能的下意識，又稱為根本識；前七識因它轉生而起，是為轉識，它們構成了現行的意識活動，稱為現識。「思量即轉識」之「轉識」指第七識末那識，末那識又稱為意。《成唯識論》卷四云：「次第二能變，是識名末那，依彼轉、緣彼，思量為性、相。」這是說，末那識依、緣於阿賴耶識（「彼」）而轉生，它的性質和現相即是思量，思量而有我識產生。根據這一思想，阿賴耶藏識此前一瞬間所含藏的清淨或虛妄，都會作為原因（依、緣）而影響到轉識，形成自我意識，並同時由此自我而形成一切現象。第七識引起第六識意識，人的心理作用變得更為強化了，於

14 第八識舊譯為阿黎耶識，本書第六章中即用此譯。阿賴耶識是玄奘以後的新譯。

是極有可能導致諸種煩惱。

佛教提出，諸種煩惱的最深的因（根源）是由一種叫「無明」的狀態。無明，處於十二因緣之首，是人生的根本煩惱，指沒有智慧和光明的狀態，它沒有方向，是纏繞人的一團渾沌的愚智。雖然人的本心是清淨無染的真如，然而無明卻是伴隨真如心而有的，因此它可能障蔽、染污真如而產生執著。《大乘起信論》就真如與無明的關係作了一個生動的譬喻，真如好比是大海，無明好比是風，大海本來平靜，風吹過就興起波浪，而無論是風平浪靜還是波濤洶湧，大海的濕性都不會變。然而大海起風卻是無緣無故的，依此喻，無明從何而來，何時發生，是無法作出解釋的。因此，佛教以為無始無明。[15]《大乘起信論》這樣說：

> 一切心識之相，皆是無明。無明之相，不離覺性，非可壞，非不可壞。如大海水，因風波動，水相風相不相舍離。而水非動性，若風止滅，動相則滅，濕性不壞故。如是眾生自性清淨心，因無明風動，心與無明俱無形相，不相舍離。而心非動性，若無明滅，相續則滅，智性不壞故。（《大乘起信論校釋》第36頁）

依風與大海之喻，無明並非人的生命之真，它僅是影響人之自我意識的外在因素，如風可以不起，無明也可以消去。風平則浪靜，無明消則真如顯。

值得注意的是，儒道兩家提出人的心理變化可以從所對

15這種意識內化的看法，與儒家和道家對人心應物而動和逐欲而起的看法大相徑

應的外物得到解釋，如著名的物感說即是如此。佛家卻不同，以為人的心理變化產生外界的變化，主觀意識是更為本源的東西，人心即便沒有應對外物，也可能生起妄念和執著的煩惱。因為不能清淨，思來想去，就生出煩惱來了，無明簡直可以「無事生非」。《大乘起信論》說：「以如來藏無前際故，無明之相亦無有始。……又如來藏無有後際，諸佛所得涅槃相應，則無後際故。」（《大乘起信論校釋》第126頁）生滅染法是在時空中進行的人生事件，它從本性上講是虛妄不實、沒有自體的，所謂生死輪迴也是如此。因為如來藏（真如）自體不具有一切生滅諸法，如來藏就並不在具體時空中存在，它是超越時空的，而無明依於真如而生，也沒有具體的時空規定，再進一步說，證成真如的涅槃也同樣沒有具體的時空規定。所不同的是，沒有具體時空規定的真如和涅槃是永恒的實相，而無明與種種染法卻是意識剎那間的產物，只會給人帶來虛妄的煩惱。

再回來看慧能，他接著前面的話說：

> 生六識，出六門，六塵，是三六、十八。由自性邪，起十八邪；若自性正，起十八正。若惡用即眾生，善用即佛。用由何等？由自性。（《壇經校釋》第92頁）

自性最為基本，意識亦極其重要。他把眼、耳、鼻、舌、身稱為「外有五門」，把意稱為「內有意門」，可見其對意識重視之程度。慧能主張自性本來清淨，而意識的作用則存在導向善或惡的兩種可能。善惡正是從意識狀態分流，形成「善用」或「惡用」的兩種相反方向。

玄學主張忘言忘象，視語言為工具，慧能卻是引進空觀來對待語言，將語言看空，這就在本質上不同於玄學。實際上，禪宗是在言語與非言語之間作剎那剎那的遊動，慧能的對法就是如此主張的。當言語一旦用於描述日常經驗的見聞覺知而成為一般語言（理性或常識）而相對凝固起來時（著相），它就立刻被空觀所否定，而不僅僅是如玄學所主張的「忘」而已。象（相）也是如此。換言之，名相是可以給人提供剎那的純粹經驗的而為人所把玩。禪宗帶給「意」的，是一個極其重要的發展，那就是「意」的直觀化或直覺化。

《壇經》上記，五祖為了向門徒傳衣缽，要求門人：「各作一偈呈吾，吾看汝偈，若悟大意者，付汝衣法，稟為六代。」（《壇經校釋》第9頁）這裏的「大意」，指佛法大意，或指所悟佛性。作偈須大大「用意」，於是門人遞相談論，不用如此吃緊，「息心」罷了，因為神秀作偈必占先機。殊不知神秀此時卻苦惱得很，他想：「諸人不呈心偈，緣我為教授師，我若不呈心偈，五祖如何見得我心中見解深淺。我將心偈上五祖呈意，……甚難，甚難。」（同上第12頁）結果神秀竟於半夜三更在南廊的牆壁上題了著名的心偈。可見其意識活動之艱難深隱。且不論此傳說真實與否，神秀的作偈其動機與心態都是十分自私的行為，可以將他的「用意」作心偈以「刻意」來形容，而他的心偈被五祖判為「見即未到」，「作此見解，若覓無上菩提，即未可得」，也是必然的。

《壇經》中多次提到「作意」、「識意」，慧能認為作意則不能做到心口如一的俱善，因此，他主張：「一行三昧者，於一切時中，行、住、坐、臥，常行直心是。」（《壇經校釋》第27頁）又說：「道須通流」，不可滯，「心不住法即通流」。他以為，真如是念（意識）之體，念是真如之用，前念、今念、後念，念念相續，無有斷絕，如果在自性上起念，那麼就不會滯於一念而起邪見，這樣，即便面對見聞覺知，也能不染萬境（在境、相、念上起執著）而常自在。另一方面，也不能為了保證清淨而真的絕念（沒有念），因為一念斷絕即死。換言之，禪宗所謂的從自身真如自性上起念，其實施方法無非是使意識不斷地流動而不停滯下來。[16]神會亦云：「不作意即是無念。」（《神會和尚禪話錄》《南陽和尚問答雜徵義》）[17]這樣，外可離相，內可不亂，這就是所謂「無住、無念、無相」的哲學，我們也可以把它看作是禪宗意識論。

《黃檗（希運）斷際禪師宛陵錄》上記：

> 問：「和尚見今說法，何得言無僧亦無法？」師云：「汝若見有法可說，即是以音聲求我。若見有我，即是處所。法亦無法，法即是心。所以祖師云：『付此心法時，法法何曾法？無法無本心，始解心心法。』實無一法可得，名坐道場。道場者，只是不起諸見。悟法本空，喚作空如來藏。本來無一物，何處有塵埃！若得此中意，逍遙何所論！」問：「本來無一物，無物便是否？」師云：「無亦不是。菩提無是處，亦無無知解。」

16馬祖道一亦云：「前念、後念、中念，念念不相待，念念寂滅，喚作海印三昧，攝一切法。」（《古尊宿語錄》卷一《馬祖道一大寂禪師》）

17神會其實更多地是在「作意」與「不作意」取中道，他說：「今言用心者，為是作意不作意？若不作意，即是聾俗無別；若言作意，即是有所得。以有所得者，即是繫縛故，何由可得解脫？」（《神會和尚禪話錄》《南陽和尚問答雜徵義》）所以他要求「亦無作意，亦無不作意」。

(《古尊宿語錄》卷三)

這一段師徒對話一百四十八字，用了十一個「無」字來否定十四個「法」字，以遮詮的方法表述了心法本空的禪理。其中，僅有一個「意」字。此「意」字的用法極其微妙，它可有可無，刪去似乎也無妨。然而，它的存在卻表徵了禪宗空觀的基本立場：心法須要靈活地去感悟。禪宗語錄中學僧多有「祖師西來意」、「達磨九年面壁，意旨如何」之類問題，這裏所謂「意」和「意旨」，是指禪的根本義。但是師僧從來沒有直接的回答，而是繞路說禪，不予說破。黃檗本人回答「何者是佛」之問以「即心即佛」，就語言表述而論，學僧必然大失所望。問者把佛擬想為某一外在的權威或救世主，而答者則告訴他，他自己就是佛。黃檗建議學僧「直下見此意」、「此意唯是默契得」、「無心忽悟」、「隨意而生」。禪的用「意」極其微妙，非常虛靈，它確實是不落言筌的，但卻不僅僅是如此而已，它旨在隨機地使人於直覺中契會不可思議的禪。因此，所謂的「禪意」既非概念思維的對象，也非譬喻、象徵等類比、聯想思維的對象，它只是對遍在之空的當下直觀，是頓悟。

臨濟義玄云：

> 道一和尚用處，純一無雜，學人三百五百，盡皆不見他「意」。(《古尊宿語錄》卷四《鎮州臨濟(義玄)慧照禪師語錄》)

這話之前，臨濟還有云：

> 到這裏學人著力不通風，石火電光即過了也。學人若眼定動，即沒交涉。擬心即差，動念即乖。有人解者，不離目前。

大意是馬祖道一「純一無雜」之「用意」如「石火電光」般迅捷，極其靈活生動（「通風」、「活潑潑」），是學禪者所難以把捉的。若是人心「不識好惡，向教中取，意度商量，成於句意」，落入「思量擬議」，結果只能是向外「馳求」而「轉遠」，成為「無眼人」。

> 問：「如何是西來意？」師云：「若有意，自救不了。」云：「既無意，云何二祖得法？」師云：「得者是不得。」云：「既若不得，云何是不得底意？」師云：「爲你向一切處馳求心不能歇……」（《古尊宿語錄》卷四《鎮州臨濟（義玄）慧照禪師語錄》）

這裡，學僧死死地從「祖師西來意」追問到「不得底意」，正是臨濟所指斥的「意度商量，成於句意」之「意」，套上了語言枷鎖的意是僵死的，而那個活潑潑的解脫之「意」卻就在「目前」，它並非語言概念所能表詮，正所謂「句不停意，用不停機」（《人天眼目》卷一）。在這個意義上看，臨濟所云之「意」其實是在「有意」「無意」之間不停地運動轉換[18]。這樣的「意」，其「用處無蹤跡」，是直觀的對象，它須人去「會」（領會、悟解），「會」後

18《世說新語・文學》記：「庾子嵩作《意賦》成，從子文康見，問曰：『若有意邪，非賦之所盡；若無意邪，復何所賦？答曰：『正在有意無意之間。』」

也不能用語言概念去表詮，正所謂「不如無事，相逢不相識，共語不知名」。不過，從語言的角度看，不可以表詮的意卻可以以遮詮將它隨意地、偶然地逗引出來，從而在剎那間形成頓悟的直觀，這是禪師們不直接回答「祖師西來意」等問的一個重要原因。前引《祖堂集・投子和尚》中投子與學僧的對答即是一例：「古人有言：『目前無法，意在目前。』作麼生是在目前意？」師曰：「不狂妄。」僧曰：「作麼生？」師曰：「他不是目前法，非耳目之所到。」「目前意」不是耳目對其作見聞覺知的對象，也不是「思量擬議」的對象。「不狂妄」與「不是」兩道遮詮表明，「目前意」是某種現成的須直接領會的東西，正是所謂「心境如如」、「大用現前」。

這樣一種負的使用語言的方法，對莊玄「得意忘言」「得魚忘筌」的語言觀是一個重要的發展。尤其值得注意的是，臨濟已經將「用」與「意」聯繫起來使用，「用意」已經隱然成為一個詞組。

禪宗的「意」，具有空的、當下、剎那的、流動的、超越語言的、非概念的、前思維的諸特徵。作為生動的直觀，它的對象其實不能靜態地分析出它作為工具的性質。這就意味著：玄學視為工具的「筌」與「蹄」亦被空觀所觀照，體與用密不可分地結為一體，成為純粹現象；「得意」、「會意」可以如玄學所主張的在忘言之後，但又不必在忘言之後。如果說玄學論意較具有形而上的意味，那麼禪宗論意則更具有現象學的意味。

這種關於「意」的看法，禪宗起初就有這個意思，晚唐此種意思就更明朗了，到了宋代，倡意已經成為風氣。我以為，這是禪宗走向文人化的結果，同時，也可以視為詩化傾向的抬頭。這是美學上一個極其重要的傾向，值得留意。

以下我們將看到，詩論以及書論等藝術理論中所重視的「意」概念與禪宗之「意」在精神上是同一的。

關於意，早於臨濟的皎然已在論詩中說到：

至如天眞挺拔之句，與造化爭衡，可以意冥，難以言狀，非作者不能知也。（《詩式・序》）

「意冥」即超於語言的默契、意會。詩歌的天真挺拔之句，可以意冥，但言語卻難以形容。這裏明確把意與言對立起來。雖然存在這樣一種對立，但是詩歌卻不得不使用語言，於是就意味著必然已經發生了某種對語言的不同於一般的或者說是新的使用方法。

《文鏡秘府論・南卷》引皎然語云：「後於語，先於意。因意成語，語不使意，偶對則對，偶散則散。」在詩歌的言意之辯中，主張以意引導語而不是相反，明顯重意而輕語。皎然又說：「意，立言盤泊曰意。」(《詩式・辯體有一十九字》）這句話似乎又有了相反的意思，值得細考。

先考一下「盤泊」的詞義：「盤」曰盤旋紆曲；而「盤泊」通「磐礴」，《文選》郭璞《江賦》：「荊門闕竦而磐礴」，李善注云：「磐礴，廣大貌。」。皎然《詩式》多次用到這個詞，而且把它與「勢」和「意」聯繫起來用：

高手述作，如登衡巫，覿三湘、鄢、郢山川之盛，縈迴盤礴，千變萬態（文體開闔作用之勢）……（《詩式・明勢》）

氣象氤氳，由深於體勢；意度盤礴，由深於作用……（《詩式・詩有四深》）

詩人作用，勢有通塞，意有盤礴。勢有通塞者，謂一篇之中，後勢特起，前勢似斷，如驚鴻背飛，卻顧儔侶……意有盤礴，謂一篇之中，雖詞歸一旨，而興乃多端，用識與才，蹂踐理窟，如卞子采玉，徘徊荊岑，恐有遺璞。（《詩式・池塘生春草明月照積雪》）

勢與意緊密是聯繫在一起的，「氣象氤氳」指渾倫一氣的動態「體勢」，「意度盤礴」指使意深隱內在（「興乃多端」）而徘徊縈迴的「作用」。

《詩式・明作用》云：

作者措意，雖有聲律，不妨作用。如壺公瓢中，自有天地日月，時時抛針擲線，似斷而復續。

這是說，詩歌創作中作者「措意」（「作意」）須「作用」，一首詩體制並不能大，但它卻如壺公瓢中自有一番天地，而「意」在其中就似抛針擲線，似斷而復續，是在著力作亦隱亦現的運動的。所謂「作用」，就是要使詩中之「意」產生變化：「詩人意立，變化無有倚傍，得之者懸解其間……」（《詩式・立意總評》）唐張懷瓘有云「以風骨為體，以變化為用」（《法書要錄》卷四《張懷瓘議書》），也是以變化定義「用」。皎然論李陵蘇武詩與古詩十九首的不同說：「……李陵、蘇武二子，天予真性，發言自高，未有作用。《十九首》辭義精炳，婉而成章，始見作用之功，蓋東漢之文體。」(《詩式・李少卿並古詩十九首》)「作用」能使詩歌「婉而成章」，也就是變化的意思。[19]那麼，這種「作用」或「變化」是怎麼發生的呢？我們從皎然《詩式》本身已經發現，「作用」一詞與「意」、「興」、「象」三個觀念有關。

皎然《詩式》中有一個重要的詞——意興。前引「詞歸一旨，興乃多端」一段，所謂「一旨」即指「一意」，同一個意由多端的興來起承之，使之變化無有依傍，其實已經隱含了「意興」的意思。

多次直接提「意興」的是王昌齡，他說：

> 詩有平意興來作者，「頗子勵風規，歸業振羽儀。嗟餘今老病，此別恐長辭。」蓋無比興，一時之能也。(《文鏡秘府論・南卷》)
>
> 凡詩頭，或以物色爲頭，或以身爲頭，或以身意爲頭，百般無定，任意以興來安穩，即任爲詩頭也。(同上)
>
> 凡詩，物色兼意下爲好，若有物色，無意興，雖巧亦無處用之。如「竹聲先知秋」，此名兼也。(同上)

19張伯偉《禪與詩學》不同意明代許學夷釋皎然「作用之功，即所謂完美」；郭紹虞主編《歷代文論選》注「作用」為「指藝術構思」；李壯鷹《詩式校注》謂作用」「意指文學的創造性思維」三說。他提出：「『作用』一詞，原為佛學教理，亦可簡稱為『用』而與『體』相對。」(第26頁）他又提出，晚唐詩格中的「作用」其用法也與佛典相似，即與「體」相對的「用」。他引《二南密旨》「物象是詩家之作用」，說「一物一象」是用以比況「君臣之化」之「體」的「用」。又引《二南密旨》「體以象顯」以證之。張說顯然較前三說為勝。

這裡可以歸納出幾種意思。首先，「意興」可以與「比興」無關，雖然有一個「興」字，但是卻不必是傳統詩論比興的興義；其次，「意興」來去無蹤，飄忽不定，所謂「任意以興」，是說「意興」之來是隨機的、偶然的，詩頭也是偶然得到的；再次，如果「意興」能與「物色」結合起來，兩相兼得，就更好。

王昌齡論「興」與傳統詩論著重於與興所關聯之觀念的看法頗有相異，他更看重創作的實際。[20]

> 凡詩人夜間床頭，明置一盞燈。若睡來任睡，睡覺即起，興發意生，精神清爽，了了明白，皆須身在意中。若詩中無身，即詩從何有？若不書身心，何以為詩？是故詩者，書身心之行李，序當時之憤氣。……（同上）

這裡，當是王氏自己創作的經驗之談。「興發意生」即是「意興」。所謂「身在意中」，是指人生經驗通過詩中之意而得到抒發，但是，此意卻並非靜態的理，而是「意興」。「意興」是人生的感性經驗，它與物色相結合，在詩中「任意縱橫」，是直觀的對象。

同是講「意興」，王昌齡側重直尋，皎然側重於興的多端，落腳點略有不同。因此，皎然更重視「作用」是可以理解的。

與重意相聯繫，傳統詩論比興的觀念在皎然也發生了某

20例如，他說：「凡作詩之人，皆自抄古人詩語精妙之處，名為隨身卷子，以防苦思。作文興若不來，即須看隨身卷子，以發興也。」（《文鏡秘府論・南卷》）

種變化。

> 取象曰比，取義曰興，義即象下之意。凡禽魚草木人物名數，萬象之中義類同者，盡入比興，《關雎》即其義也。（《詩式・用事》）

前一句講比興，把象與義相聯繫，取象叫比，取義叫興，而義則是象下之意。就詩歌而言，意即義。詩歌創作不可能單單取義，更重要的是取象，當皎然說「義即象下之意」(「象下」即象後）之時，似乎是說興已經隱藏在比之下了，兩者不能分離。王昌齡的「物色兼意下」，其實是物色下意，皎然的「義即象下之意」與之有些相像，不過，因為興落腳到了象上，「義即象下之意」就是興的直觀而非抽象的義理，重點在「意」而不在「義」。皎然的說法把王昌齡的意思朝這一方向更推進了一步。一方面，取象並非單純的比，象下還有一個意（義），另一方面，將比與興聯繫起來，其實重心是向興傾斜過去了。皎然說「詩工創心，以情為地，以興為經」(《文鏡秘府論・南卷》)，即是其證。也許可以說，「興」即「作用」。再看「凡禽魚草木人物名數，萬象之中義類同者，盡入比興」一句，表面看與東漢鄭眾「詩文諸舉草木鳥獸以見意者，皆興辭也」(孔穎達《毛詩正義・關雎傳》）的傳統說法並無不同，但是其實變化已經悄悄發生了。這句話可以與牛頭禪的名言「青青翠竹，盡是法身；郁郁黃花，盡是般若」作聯想，所謂的「象」是「萬象」(「萬法」)，它本來是活生生的具有意義的（可以是禪的意義，也可以是生命的意義），而並非簡單的形象。這是符合禪觀簡單化和直觀化的傾向的。

皎然的重興，還有一點值得注意：已經沒有陳子昂所強調的「興寄」之寄託的涵義。這是一個極其重要的變化。錢鍾書論到「言外之意」，有一個頗具啟發意義的說法：

> 夫「言外之意」(extralocution)，說詩之常，然有含蓄與寄託之辨。詩中言之而未盡，欲吐復吞，有待引申，俾能圓足，所謂「含不盡之意，見於言外」，此一事也。詩中所未嘗言，別取事物，湊泊以合，所謂「言在於此，意在於彼」，又一事也。前者順詩利導，亦即蘊於言中，後者輔詩齊行，必須求之文外。含蓄比於形之與神，寄託則類形之與影。(《管錐編》卷一，第108頁)

錢氏區分「含蓄」與「寄託」，謂前者「順詩」，似乎是形與神，後者「輔詩」，似乎是形與影。我們正在討論之中，未必全是「言外之意」，而且所重點關注之直觀者，是不必加以「引申」的。不過，陳子昂所謂「興寄」頗合於錢氏所區分之後者，是明顯的。

重意的說法還有很多，《詩式・辯體有一十九字》云：

> 靜，非如松風不動，林狖未鳴，乃謂意中之靜。遠，非如渺渺望水，杳杳看山，乃謂意中之遠。

可以說，勢是偏於外在的，而意是偏於內在的，這是兩者的不同之處，但是兩者都處於動態變換之中，這是一致的。所謂的「氤氳」、「縈迴」、「徘徊」、「盤礴」、「似斷復續」以及「含蓄」(「思，氣多含蓄曰思」)等都有這個意思，「意」並非詩歌所要表述的靜態的道理，而是活靈靈的直觀的對象。即使是傳統詩緣情的「情」，在皎然詩論中也發生了重要的變化：「情，緣境不盡曰情。」(《詩式・辯體有一十九字》)「詩情緣境發。」(《秋日遙和盧使君遊何山寺宿敭 上人房論涅槃經義》)這個情，又可稱為「道情」：「每笑石崇無道情，輕身重色禍亦成。」(《觀李中丞洪二美人唱歌軋箏歌》)「為依爐峰在，境勝增道情。」(《夏日與綦毋居士昱上人納涼》)緣境而生的情，指由境而觸發的純情，並非世俗之情，他依於境，綿綿不盡，也並非簡單的傳情而已。這些，都顯示了中國人的感性生活受到禪佛教影響而產生的細微變化，是中國美學史和詩學史必須予以非常關注的。[21]

古代哲學與古代文論研究界在對「意」觀念進行研討時，往往把注意力集中於玄學的「言意之辯」。之所以出現這種現象，當與哲學與文論的研究對象主要是語言有關。不過，幾乎就在玄學言意之辯展開的同時或稍後，「意」的觀念卻已經悄悄地滲入書法和繪畫理論，「書意」(「筆意」)和「畫意」伴隨著中國古代書畫理論的萌發和成熟，並成為其一個重要範疇。我們先看書法理論中的「意」。

傳為東晉衛夫人所作《筆陣圖》論書法「執筆有七種」，云「意後筆前者敗，若執筆遠而急、意前筆後者勝」(《法書要錄》卷一《晉衛夫人筆陣圖》)。傳為王羲之所作《王右軍題衛夫人〈筆陣圖〉後》云：「意在筆前，然後作字」，《晉王右軍自論書》云：「須得書意轉深，點畫之間

21 遺憾的是，當代研究者極少有注意到這一點的。

皆有意。自有言所不盡，得其妙者，事事皆然。」（均引自《法書要錄》卷一）

這裡，意筆關係的提出可以看作書法理論成熟的一個重要標誌，從此，人們就形成了一個觀念，即書法不光是實用的工具，而且它自己就是一種「有意味的形式」，具有「書意」。南齊王僧虔著有《筆意贊》，云：「書之妙道，神彩為上，形質次之，兼之者方可紹於古人。以斯言之，豈易多得？必使心忘於筆，手忘於書，心手遺情，書筆相忘，是謂求之不得，考之即彰。」（《書法鉤玄》卷一《王僧虔筆意贊》）所謂的「筆意」是「求之不得」的「神彩」。他還評曰：「張澄書，當時亦呼有意。」（《法書要錄》卷一《王僧虔論書》）由此條，可見書法的評論界早已以「意」作為評價書法的標準了。梁武帝蕭衍作《觀鍾繇書法十二筆意》，將「意」分為平、直、均、密、鋒、力、輕、決、補、損、巧、稱等十二種。他還提出書法「體有疏密，意有倜儻」（《草書狀》），須「任意所之，自然之理也」（《法書要錄》卷二《梁武帝答陶隱居論書》）。從王羲之的「書意」到王僧虔、蕭衍的「筆意」，可以清晰地看出「意」在書法中的重要性。

唐初書法家虞世南認為，蔡邕、張芝、索靖、鍾繇、衛夫人、二王父子，「皆造意精微，自悟其旨也」（《筆髓論・敘體》）。他又說：「虞安吉云：『夫未解書意者，一點一畫，皆求象本，乃轉自取拙，豈成書邪！』」（《筆髓論・指意》）什麼是「書意」呢？我們讀這一段：「字雖有質，跡本無為，稟陰陽而動靜，體萬物以成形，達性通變，其常不主。固知書道玄妙，必資神遇，不可以力求也。機巧必須心悟，不可以目取也。」（《筆髓論・契妙》）強調「無為」、

「神遇」、「心悟」，而不取「力求」、「目取」，這是「書意」的本質所在。

唐太宗李世民以為書法須「先作意」(《佩文齋書畫譜》卷五《唐太宗論書》)。他的《唐太宗指意》在引了虞世南《筆髓論・指意》「虞安吉云……」一節後，接著說：「縱放類本，體樣奪真，可圖其字形，未可稱解筆意……」(《佩文齋書畫譜》卷五）意思相同。

把書法藝術分為神、妙、能三品的張懷瓘論書法云：「意與靈通，筆與冥運，神將化合，變出無方」(《法書要錄》卷七《張懷瓘書斷上》)，「考其法意所由，從心者為上，從眼者為下」(《法書要錄》卷四《張懷瓘文字論》)，評王獻之「意逸乎筆，未見其止」，評蕭子云「意趣飄然」(《法書要錄》卷八《張懷瓘書斷中》)。所謂的「意逸」，就是「靈」、「冥」、「神」、「變」，才「意趣飄然」。

顏真卿《述張長史筆法十二意》云：「趣長筆短，雖點畫不足，常使意氣有餘」，「意外生體，令有異勢」。

由上可見，筆意雖然被區分為十二種，略略失之機械，但是它仍然是書法中作為靈魂的東西，是書法所以為藝術的決定性因素。

再看畫論方面。南朝宋宗炳《畫山水序》是較早提到「意」的：「理絕於中古之上者，可意求於千載之下；旨微於言象之外者，可心取於書策之內。」這裏的「理」，同「序」有一個解釋：「以應目會心為理。」[22]他以為，古人賞會山水的「應目會心」雖然已不復再現，但是後人卻可以「意求於千載之下」。

22元黃公望云：「作畫只是個『理』字最緊要。吳融詩云：『良工善得丹青理。』」(《寫山水訣》)

與王僧虔差不多同時的謝赫《古畫品錄》評顧愷之云：「格體精微，筆無妄下；但跡不迨意，聲過其實。」「跡」與「意」的關係，其實也是言與意的關係。陸機《文賦》談自己的寫作心得，「恒患意不稱物，文不逮意」，就是這個意思。謝赫又評張則云：「意思橫逸，動筆新奇。師心獨見，鄙於綜采。……」評劉頊云：「用意綿密，畫體纖細，而筆跡困弱，形制單省。……」繪畫中「橫逸」的「意思」是「師心獨見」的創造，當然，「綿密」的「用意」也可能偏於「纖細」。

傳為王維所作《山水論》云：「凡畫山水，意在筆先。」朱景玄《唐朝名畫錄》評王維《輞川圖》「山谷郁郁盤盤，雲水飛動；意出塵外，怪生筆端」。[23]

唐張彥遠的畫論史名著《歷代名畫記》云：「夫象物必在於形似，形似須全其骨氣，骨氣形似皆本於立意而歸乎用筆，故工畫者多善書。」張氏基於「工畫者多善書」的觀點，指出了論畫的意筆關係其實是來自書法理論。他還要求繪畫「意存筆先，畫盡意在」，「雖筆不周而意周」。清鄭績釋云：「作畫須先立意，若先不能立意而遽然下筆，則胸無主宰，手心相錯，斷無足取。夫意者筆之意也。先立其意而後落筆，所謂意在筆先也。」(《夢幻居畫學簡明・論意》)

可見，「意」也是畫的靈魂。

「意」觀念到了宋代，似乎更受到重視。圓悟克勤《碧岩錄》卷三第二十五則《蓮花峰拈柱杖》云：「不妨句中有眼，言外有意。」而差不多同時的黃庭堅論詩也用了「句中有眼」：「拾遺句中有眼，彭澤意在無弦。」(《贈高子勉四

23 韓愈寫散文也倡「師其意，不師其辭」(《韓昌黎文集校注》卷三《答劉正夫書》)。

首》之四)杜甫詩句中有眼，而陶潛琴則意在弦外，可見句中有眼指的是詩意，與弦外之意相同。他還以之評書法：「用筆不知擒縱，故字中無筆耳。字中有筆，如禪家句中有眼，非深解宗趣，豈易言哉！」(《豫章黃先生文集》卷二十九《自評元祐間字》)

宋人葉夢得的這一段話也許是有代表性的：

> 大抵儒以言傳，而佛以意解。非不可以言傳，謂以言得者未必眞解，其守之必不堅，信之必不篤，且墮於言，以爲對執，而不能變通旁達爾。此不幾吾儒所謂『默而識之，不言而信』者乎？兩者未嘗不通。自言而達其意者，吾儒世間法也；以意而該其言者，佛氏出世間法也。若朝聞道，夕可以死，則意與言兩莫爲之礙，亦何彼是之辨哉？」(《避暑錄話》卷上)

我以為，葉夢得雖然欲調和儒佛，不過「儒以言傳，佛以意解」，[24]確是唐宋人比較儒佛而得出的基本看法。而歐陽修所首肯的梅堯臣的「狀難寫之景，如在目前，含不盡之意，見於言外」之論，似乎更能代表宋人美學上的意見。此「意」是什麼涵義呢？梅堯臣說：「若溫庭筠『雞聲茅店月，人跡板橋霜』，賈島『怪禽啼曠野，落日恐行人』，則道路辛苦，羈愁旅思，豈不見於言外乎？」可見，它不通過語言的傳達和理解而得到，是意會、妙悟，是直覺和直觀。意境之意也應作如是解。如果按這個思路想過去，那麼意境

24 請比較因明學的「言陳」與「意解」概念。

就不會是儒家傳統的產物。而佛禪的「意解」，一方面聯繫著莊玄的得意忘言、得魚忘筌傳統，更進一步的則是強化了「意」的直觀和流動的特性。如果僅僅是「得意」「得魚」而「忘言」「忘筌」，那麼意境的產生也是不可能的。這一點是許多意境研究者有所忽略的。

引用書目

1. 日本大正新修《大藏經》臺灣新文豐出版股份有限公司影印本。
2.《大般涅槃經》（北涼）曇無讖譯，《大正藏》第十二卷。
3.《妙法蓮華經》（姚秦）鳩摩羅什譯，《大正藏》第九卷。
4.《維摩詰所說經》（姚秦）鳩摩羅什譯，《大正藏》第十四卷。
5.《楞伽阿跋多羅寶經》（劉宋）求那跋陀羅譯，《大正藏》第十六卷。
6.《觀無量壽佛經》（劉宋） 彊良耶舍譯，《大正藏》第十二卷。
7.《楞嚴經》（唐）般刺蜜帝譯，《大正藏》第十九卷。
8.《大方廣佛華嚴經》（唐）實叉難陀譯，《大正藏》第十卷。
9.《大智度論》（印度）龍樹撰，（後秦）鳩摩羅什譯，《大正藏》第二十五卷。
10.《中論》（印度）龍樹撰，鳩摩羅什譯，《大正藏》第三十卷。
11.《成唯識論》（印度）護法等撰，玄奘譯，《大正藏》第三十一卷。
12.《大乘起信論校釋》（梁）真諦譯，高振農校釋，中華書局排印本，1992年版。
13.《高僧傳》（梁）慧皎撰，湯用彤校注，中華書局排印本，1992年版。
14.《出三藏記集》（梁）僧祐撰，中華書局排印本，1995年版。
15.《弘明集》（梁）僧祐撰，《大正藏》第五十二卷。
16.《洛陽伽藍記校注》（北魏）楊衒之撰，範祥雍校注，上海古籍出版社排印本，1978年新一版。
17.《大唐西域記校注》（唐）玄奘、辯機撰，季羨林等校注，中華書局排印本，1985年版。
18.《壇經校釋》（唐）慧能撰，郭朋校釋，中華書局排印本，1983年版。
19.《壇經對勘》（唐）慧能撰，郭朋對勘，齊魯書社排印本，1981年版。
20.《神會和尚禪話錄》楊曾文編校，中華書局排印本，1996年版。
21.《肇論疏》（唐）元康撰，《大正藏》第四十五卷。
22.《續高僧傳》（唐）道宣撰，《大正藏》第五十卷。
23.《廣弘明集》（唐）道宣撰，《大正藏》第五十二卷。
24.《因明入正理論疏》（唐）窺基撰，光緒二十二年金陵刻經處本。
25.《華嚴經探玄記》（唐）法藏撰，《大正藏》第三十五卷。
26.《華嚴金師子章校釋》（唐）法藏撰，方立天校釋，中華書局排印本，1983年版。
27.《圓覺經大疏鈔》（唐）宗密撰，《續藏經》第十四冊。
28.《禪源諸詮集都序》(唐)宗密撰，《大正藏》第四十八卷。
29.《傳法寶記》（唐）杜朏編，《大正藏》第八十五卷。

30.《楞伽師資記》(唐)淨覺撰,《大正藏》第八十五卷。
31.《歷代法寶記》(唐),《大正藏》第五十一卷。
32.《宗鏡錄》(五代)延壽撰,《大正藏》第四十八卷。
33.《祖堂集》(南唐)釋靜 釋筠編撰,岳麓書社排印本,1996年版。
34.《碧岩集》(宋)圓悟克勤撰,《大正藏》第四十八卷。
35.《人天眼目》(宋)晦岩智昭編,《大正藏》第四十八卷。
36.《景德傳燈錄》(宋)道原編,《大正藏》第五十一卷,《四部叢刊三編》本。甲
37.《宋高僧傳》(宋)贊寧撰,中華書局排印本,1987年版。
38.《古尊宿語錄》(宋)賾藏主編集,蕭箑父、呂有祥點校,中華書局排印本,1994年版。
39.《五燈會元》(宋)普濟編集,蘇淵雷點校,中華書局排印本,1984年版。
40.《大慧普覺禪師語錄》(宋)蘊聞編,《大正藏》第四十七卷。
41.《廬山記》(宋)陳舜俞撰,《大正藏》第五十一卷。
42.《中國佛教思想資料選編》石峻等編,中華書局,1992年版。
43.《漢魏兩晉南北朝佛教史》湯用彤著,北京大學出版社,1997年版。
44.《湯用彤學術論文集》湯用彤著,中華書局,1983年版。
45.《中國禪宗史》印順著,上海書店,1992年版。
46.《中國佛學源流略講》呂澂著,中華書局,1979年版。

47.《中國禪宗通史》杜繼文、魏道儒著，江蘇古籍出版社，1993年版。
48.《中國禪學思想史》（日）忽滑谷快天著，上海古籍出版社，1994年版。
49.《佛家名相通釋》熊十力著，中國大百科全書出版社，1985年版。
50.《佛教大辭典》吳汝鈞編著，商務印書館國際有限公司，1992年臺灣第一版，1995年北京第三次印刷。
51.《莊子集釋》（清）郭慶藩撰，中華書局排印本，1961年版。
52.《荀子集解》（清）王先謙撰，中華書局排印本，1988年版。
53.《毛詩正義》（漢）毛亨傳，鄭玄箋，（唐）孔穎達疏，《十三經注疏》本。
54.《王弼集校釋》樓宇烈校釋，中華書局排印本，1980年版。
55.《嵇康集校注》戴名揚校注，人民文學出版社排印本，1962年版。
56.《陶淵明集》逯欽立校注，中華書局排印本，1979年版。
57.《文賦集釋》（晉）陸機撰，張少康集釋，上海古籍出版社排印本，1984年版。
58.《世說新語箋疏》（修訂本）（南朝宋）劉義慶撰，余嘉錫箋疏，上海古籍出版社排印本，1993年版。
59.《世說新語校箋》徐震堮校箋，中華書局排印本，1984年版。
60.《謝靈運集校注》（南朝宋）謝靈運撰，顧紹柏校注，中州古籍出版社排印本，1987年版。
61.《古畫品錄》（南朝齊）謝赫撰，王伯敏標點注譯，人民美術出版社排印本，1962年版。
62.《詩品注》（南朝梁）鍾嶸撰，陳延傑注，人民文學出版社排印本，1958年版。
63.《文心雕龍注》（南朝梁）劉勰撰，范文瀾注，人民文學出版社排印本，1958年版。
64.《文選》（南朝梁）蕭統編，（唐）李善注，人民文學出版社排印本，1958年版。
65.《王右丞集箋注》（唐）王維撰，（清）趙殿成注，上海古籍出版社排印本，1984年新一版。
66.《詩式校注》（唐）皎然撰，李壯鷹校注，齊魯書社排印本，1986年版。
67.《韓昌黎文集校注》（唐）韓愈撰，馬通伯校注，上海古籍出版社排印本，1986年版。
68.《柳宗元全集》上海古籍出版社排印本，1997年版。
69.《白居易集箋校》（唐）白居易撰，朱金城箋校，上海古籍出版社排印本1988年版。
70.《歷代名畫記》（唐）張彥遠撰，俞劍華注釋，上海人民美術出版社排印本，1964年版。
71.《法書要錄》（唐）張彥遠集，人民美術出版社排印本，1984年版。
72.《全唐詩》中華書局排印本，1960年版。
73.《文鏡秘府論校注》（日）弘法大師撰，王利器校注，中國社會科學出版社排印本，1983年版。
74.《六一詩話》（宋）歐陽修撰，《歷代詩話》，中華書局排印本，1981年版。

75.《蘇東坡全集》中國書店暨世界書局1936年版影印本。
76.《豫章黃先生文集》(宋)黃庭堅撰,《四部叢刊》本。
77.《詩集傳》(宋)朱熹集注,中華書局排印本,1958年版。
78.《古詩源》(清)沈德潛編,中華書局排印本,1963年版。
79.《中國歷代僧詩全集》沈玉成、印繼梁主編,當代中國出版社,1997年版。
80.《王國維文集》中國文史出版社,1997年版。
81.《人間詞話新注》(修訂本)王國維著,滕咸惠校注,齊魯書社,1986年新一版。
82.《王國維及其文學批評》葉嘉瑩著,河北教育出版社,1997年版。
83.《美學散步》宗白華著,上海人民出版社,1981年版。
84.《中國文學批評史》羅根澤著,上海古籍出版社,1984年新一版。
85.《管錐編》錢鍾書著,中華書局,1979年版。
86.《中國詩學》葉維廉著,三聯書店,1992年版。
87.《內在超越之路》余英時著,中國廣播電視出版社,1992年版。
88.《中國文人的自然觀》(聯邦德國)W.顧彬著, 上海人民出版社,1990年版。
89.《因明學研究》沈劍英著,中國大百科全書出版社,1985年版。
90.《唐音佛教辨思錄》陳允吉著,上海古籍出版社,1988年版。
91.《中國禪宗與詩歌》周裕鍇著,上海人民出版社,1992

年版。
92.《禪與詩學》張伯偉著，浙江人民出版社，1992年版。
93.《禪詩與詩情》孫昌武著，中華書局，1997年版。
94.《中國宗教與文學論集》葛兆光著，清華大學出版社，1998年版。
95.《嵇康美學》張節末著，浙江人民出版社，1994年版。
96.《狂與逸》張節末著，東方出版社，1995年版。
97.《判斷力批判》（德國）康德著，宗白華譯，商務印書館，1964年版。
98.《作為意志和表象的世界》（德國）叔本華著，石沖白譯，商務印書館，1982年版。

後記

後記

　　這本書本來並不在我的寫作計劃之中。我曾經發願要寫一部多卷本的《中國美學史》，作為我中國古代美學研究的最後成果。在此之前，首先，須研究中國美學史的若干重要理論問題，如人格、情感、意境等，因此我寫了《古典美學與人格》等論文。其次，重點作好斷代史美學的若干個案，魏晉一段，我寫的《嵇康美學》，那是博士論文。我預計，明清一段的《船山美學》寫完，就可以開始寫《中國美學史》了。當我把《中國古代美學中的情感問題》作為一篇論文的題目與某刊物的編輯徵求意見時，她勸我把這個題目做成一本書。我接受了她的意見，於幾年前開始寫《情感之維》，那本書相當於一部《中國古代情感理論史》，已經有幾家出版社有興趣出版它。正在此時，我偶爾去浙江人民出版社坐坐，《禪學叢書》責編楊淑英女士告訴我，她策劃下一批要出理論性較強些的禪學研究專著，其中有一本《禪宗美學》，她以為我能寫得好，問我願意擔當否。我甚為猶豫，那意味著要中斷《情感之維》的寫作。我仔細權衡了一下，覺得自己唯獨對美學史上唐宋一段還未真正深摸過，禪宗美學也許正是補上這一課的一個契機，何況，研究禪宗美學與我的中國美學史研究並不矛盾。於是下定決心接下這本書來。不想，一下子就投入了幾年的時間。讀經，玄思，寫作。為之入迷。佛學領域之寬闊，教理之精深，以前只是聽人講罷了，一旦真的進入，才有了感性認識。一切是那麼的新鮮，那麼的迷魅人，讓我吃驚，興奮。我感覺，禪宗起來以後，中國人的審美經驗就有了某種新的意味。可惜這種變化以前接觸、研究得太少了，美學界對中國美學史的宏觀把握不免有些前後失據。

經過近三年的「磨蹭」，書總算寫完了。我的書都不厚，以前只能寫十萬十幾萬字的小冊子。有一天一位看好我的學術前景的編輯忠告我：現在出書不厚不行。於是，我就學著把書寫厚，這本書終於有了三百幾十頁的厚度。我以為，一本書寫得是否差強人意，可以拿一個非常機械的標準來衡量，就是看這本書有幾分之幾的內容可以作為專題論文在專業的學術刊物上發表。刊發出來的，不會差到那裏去，餘下部分有多少水份就不好說了。好在本書中的一些篇章得到責任編輯的首肯，已經在《哲學研究》、《文藝研究》、《天津社會科學》、《浙江學刊》等幾個刊物發表，有了一些回響。楊女士本不贊同這些篇章作為單篇論文先期發表，我就對她說，先發文章其實是做廣告，對書的銷路只會有好處，才獲准。

這本書，如果自己覺得有什麼著力之處，大概有三。其一，對從莊、玄到禪的歷史轉換作了別人基本沒有做過的思考和研究，尤其對禪宗現象空觀的出現的哲學史、美學史轉換過程下了功夫。不斷的研討思考中，我產生了一個強烈的感覺，那就是中國美學史上似乎有一個類似於現象學的傳統。因為我對西方的現象學瞭解不多，也就不敢亦不可能在書中展開這方面的比較。在後記中談一談這個問題卻是相宜的。本書思考和寫作中，我開始使用「現象學」一詞，經我師兄楊國榮教授提醒：使用此詞可能使人誤以為古代中國已經有了現象學的理論系統，後來改為「現象直觀」，大意是直觀現象或對現象作直觀。感覺此詞組似乎過於西化，不過，又覺得書中不使用「現象」一詞難以把禪宗的色空關係從感性經驗的層面上闡發清楚，於是再三斟酌，又改為「現象空觀」。現象是西方哲學的術語，而空觀是佛教的術語，中西合璧。這個詞組其實可以簡單地稱為「色空觀」，色即現象，現象空觀意為對現象作空觀，或空觀現象，更為直接。

我以為，以現象學的視角研究中國古代美學是可能的。莊子的泛神論具有現象學的意味，向秀和郭象的《莊子注》的獨化說大概可以說是準現象學的，而禪宗的現象空觀已經比較純粹地具有現象學的學術品格了。我可以大膽地說，禪者的覺悟從來沒有像印度佛教那樣經過譬喻方式而獲得的，譬喻方式是間接的，須通過聯想、比較和推論來領會佛理，博喻則顯得過於繁複，而禪者都是直接覺悟的，尤其是在色（現象）上當下（剎那間）獲得覺悟。換言之，禪者的覺悟並非徑直參悟空，而是透過色去參悟空而頓然獲得的。要知道，即色觀空比直接去懸想空要快捷、鋒利得多。如果禪宗（佛教）不把傳統的物的觀念轉換為色的觀念，並從而使色在哲學上定位於現象層面，使得禪者有可能在色上觀空，禪者的覺悟就大多不會發生。我讀禪籍，經常發現禪宗大德的覺悟之境往往是一個純粹現象，或純粹直觀。不管等上多少年，他總是期待著這個奇蹟的出現，而這個奇蹟總是在不經意之中到來，是緣份而不是意志的努力或理論的盤算使然。這種方法，與儒家道德努力的刻意真是有著天壤之別。正是因為如此，我總是覺得現象一詞尤其適合描述禪者的觀空法。需要說明的是，本書在現象學的意義上使用「現象」一詞，並非意在表明中國古代已經有或多或少相合於現象學的觀念存在，以及得力於西方思想的喜悅，其用意，完全起於也限於學理的興趣，即希冀真實地揭示禪宗的感性經驗。僅此而已。

這樣，我已經涉及到本書的第二個努力之處，就是企圖直接去面對禪宗的感性經驗，而不是取道於文藝現象來達到感性。我有一個基本看法，中國美學史上的突破往往首先是在哲學層面上取得的，因此，若是要對中國美學作基礎的考察，那是必須直搗黃龍，從最基本的感性經驗入手。這方面，西方有一個榜樣，那就是康德。康德在哲學美學研究的定位方面是真正的大家。從最基本的感性經驗即審美經驗的考察入手，是哲學美學的必經之路。與許多美學研究者相反，我的研究往往繞開文藝現象（至少入手時是這樣），而落腳於哲學現象。這裏，須明確一個前題，即找準中國古代美學史研究的基礎文本。我以為，中國美學史上發生過兩次大的突破，在此過程中美學發生了極為重要的變化。若要對這種變化有一種清晰而具有歷史感的瞭解，那麼我們就必須正確地判定莊、玄、禪美學所分別立足的基礎文本，如此，美學史的研究才可能免於南轅北轍。道家美學的基礎文本是《莊子》，其重要性聞一多、宗白華、徐復觀諸先生早已指出。莊子倡汪洋恣肆之氣和逍遙遊，《莊子》一書主要由寓言構成，哲學上是泛神論的。玄學之基調為無，哲學上講究有無之辯，也以逍遙為自由，玄學美學的基礎文本主要就是《世說新語》，而不是《詩品》或《文心雕龍》。《世說新語》的重要性為宗白華先生所再三強調。我以為，如果不把《王弼集》、《嵇康集》和向郭的《莊子注》中的哲學和美學思想吃透，不熟讀《世說新語》，去同情地瞭解魏晉士人生動的感性經驗，那是用不著急急忙忙地去研究《詩品》和《文心雕龍》的。禪宗是主空的，禪宗語錄之於唐以後的美學、文學批評的重要性，大致相當於《世說新語》之於玄學美學。基於此，我必須這樣來規定《禪宗美學》的理論目標，即它並不在說明禪宗對詩歌、繪畫、音樂和小說等文藝品種的影響，還原式地描述禪宗的感性經驗應是當務之急。所以，禪籍如《壇經》、《祖堂集》、《景德傳燈錄》、《古尊宿語錄》和《五燈會元》等才是研究禪宗美學甚至是唐宋美學所倚重的主要資源。我以為諸禪籍（包括某些印度佛教原典）對禪宗美學的重要性應該被鄭重地認可。我讀禪籍，產生這樣一個直覺：如果能夠把色與空的關係講清楚，那麼意境之迷也許就找到解開繩結的線索了，因為那是禪宗最基本的感性經驗。至於受到禪宗影響而產生的詩學理論，如王昌齡、皎然、司空圖、嚴羽等人的觀點，有人研究得更早，也更好，我的書中因為定位的問題，雖有涉及，但不是作為重點來展開研究的。

本書的第三個理論努力，是企圖解決意境的問題。意境問題，長期以來越說越糊塗。為什麼？癥結就在從未給意境作一個美學史或詩學史上的定位。意境是什麼？中國是一個詩的國度，意境是從先秦到明清那麼一個歷史過程的產物。許多學者都是這樣看的。歷史彌久，頭緒彌雜，那當然無法說清楚。我的方法是一段一段地回溯中國人感性經驗的歷史發展過程，考察：中國人的感性經驗發生過幾次突變？意境的感性基礎是什麼？結論是：意境應當是禪宗的美學突破的產物，它的感性基礎是現象空觀。禪宗美學佔據了唐代美學的核心地位，這一點無庸置疑。不過，我的這些看法只是給意境的研究提供一個大的理論的論域，尚有許多微觀的工作可做。足以寫好多篇令人著迷的妙文，如以下我將要提到的諸位先行者所做的那樣。

基於以上的三點，我預計我的這本書大體是不會同坊間若干關於禪宗的美學、文藝等研究專著重復了。也不是有意要與別人不同，其實我並沒有讀過幾本關於禪宗的美學著作。進入某一學術領域，先摸一摸別人在這方面的研究成果，似乎是一個前提條件，但是在我們這個浮躁、急功近利的時代卻並不必需。學術的諸「山頭」都已經被聰明人搶先佔據了，書店裏放著一本極好題目的書，赫然醒目，拿在手上翻幾頁看，卻一點兒也沒有產生伸手掏錢包的衝動，原來它內裡的貨色未必佳。退一步說，看同類題目的書無論如何有一個不利之處，那就是這會引導你在它的學術問題圈子裡轉，會把你拴在它所使用的材料上面。而提出新問題進而超越舊問題，找到從未發現的材料或對熟視無睹的舊材料作出新的詮釋，是學術創新的基本功。更何況，學術路上的孤獨感，未必是壞事，當然如果有同氣相求、同聲相應，固然能壯膽，不過也許正在不知不覺中「炒」學問。夜晚的田間蛙聲一片，不便於作學術沈思。於是各人自說自話，最好。

話是這樣說，時賢的著作、論文還是拜讀過一些的，舉出印象較深的，我以為學術底氣充足而又有創造性的四位。陳允吉先生的《唐音佛教辨思錄》極具參考價值，那篇《論王維山水詩中的禪宗思想》無論是材料的把握還是理論分析的功力都堪稱上乘。此文因寫作時間較早（1980年）在觀念上略顯陳舊，但儘管如此，我在近二十幾年後的今天讀這篇論文仍然興趣盎然而獲益匪淺。葛兆光先生的論文《禪意的「雲」：唐詩中一個語詞的分析》，實在是一個出色的個案研究，雖然我以為他的象徵說是說錯了。周裕鍇先生的《中國禪宗與詩歌》第四章「空靈的意境追求」寫得相當深入透闢。讀了他的書，我覺得好些意見已經被他講去了，儘管似乎尚存在若干可商榷之處。張伯偉先生的《禪與詩學》

也相當地有學術價值。

還有一點需要作出說明，本書題為《禪宗美學》，只是作了一些基本的在我看來尚屬於起步階段的工作，遠不能賅括禪宗美學的大多數理論問題和整個禪宗美學史。因此本書只是以上述三個理論努力所涉範圍為它的範圍。我以為，如果把意境列為禪宗美學的主要成就，那麼以盛唐王、孟、韋、柳的小詩為代表，就已經大體完成了。而禪宗在中晚唐和兩宋還有一長段極有意思的發展，我感覺，那一段是不能簡單地以意境的感性經驗來賅括它的，因為它正轉向把禪宗的語錄、燈錄作為新經典，其審美經驗與前期禪宗超越文字語言的經驗迥然有別。而那一段禪的歷史文本，堆積著極其龐大的文字量，需要數年的研讀，才能把其中與審美經驗相關的材料加以董理，把其中所蘊含的審美經驗加以還原，本書只是初步對此有所涉及，談不上深入。因此，禪宗美學的領域還十分地寬廣，今後它將吸引更多的研究者的關注，是可以預期的。我自己若今後時間許可，將寫一些題目稍大、時間跨度稍長的專題論文，繼續本書未能深入研討、闡發的問題，如《從玄的「意」到禪的「意」》等等。

本書的寫作，責任編輯楊女士要求有可讀性與學術性結合在一起，要求少引那些已經用得爛熟的禪宗公案。這兩個要求看似不高，其實真正做到很難。我都努力去實行。如果仍然引用了讀者都較熟的公案，大概也是出於研究的內在需要，而且儘量變換角度去作解，力求有新鮮的意義呈示出來。希望不使讀者失望。

在此，也要對浙江省社科聯規劃辦公室曾曄、劉東二位表示感謝。正是因了她們以及評審專家的美意，本研究課題有幸被列入本年度研究課題。資助雖不算多，於我的支持、鼓勵卻是不能以錢數為天平來衡量的。正因為如此，我的寫作也更增添了幾分嚴肅。現在成果出版了，想來也不致於使她們失望。

1999年9月18日
於杭州西溪路寓所

國家圖書館出版品預行編目資料

禪宗美學 / 張節末著. --初版.-- 臺北市：世界宗教博物館基金會,
2003[民92] 面； 公分. --(經典對話系列2)
參考書目： 面
ISBN 957-97653-8-3 (平裝)

1.禪學 2.美學 3宗教類

226.6 92003483

禪宗美學 經典對話系列 2

作者 / 張節末
發行人 / 釋了意
出版者 / 財團法人世界宗教博物館發展基金會附設出版社
執行主編 / 賴皆興
責任編輯 / 陳美妏、劉巧雲
封面及內頁設計 / 周木助
法律顧問 / 北辰著作權事務所 蕭雄淋律師
地址 / 106 台北市和平東路一段238號9樓
電話 / (02)2369-2437 (02)2369-4127
傳真 / (02)2362-5290
統一編號 / 78358877
E-mail / zongbo1@mwr.org.tw zongbo2@mwr.org.tw
總經銷/ 生智文化事業有限公司
電話 / （02）2366-0309
郵政劃撥帳戶 / 財團法人世界宗教博物館發展基金會附設出版社
郵政劃撥帳號 / 18871894
初版一刷 / 2003年3月出刊
定價 / 350元
本書是由浙江人民出版社授權在台發行繁體中文版